Doppel-Klick

Das Sprach- und Lesebuch 6

Herausgegeben von
Renate Krull

Erarbeitet von
Filiz Feustel, Harald Fiori, Christiane Frauen,
Michaela Greisbach, August-Bernhard Jacobs,
Renate Krull, Rosemarie Richter, Lisa Rivo,
Anne-Meike Schild, Stephan Theuer

Cornelsen

Themen

Von Angst und Mut 60

Sich verständigen – sich verstehen 72

Wale – die Könige der Meere 86

Projekt Lesen 98

Gattungen, Autoren, Medien

itsch
itsch
grunz
un...

Arbeitstechniken

Training Schreiben

Richtig schreiben lernen

Training Grammatik

Durch dick und

FANTASTISCH
RIESIG
ENORM WICHTIG
UNHEIMLICH GUT
NOTWENDIG
DURCH DICK UND DÜNN
EINFACH TOLL

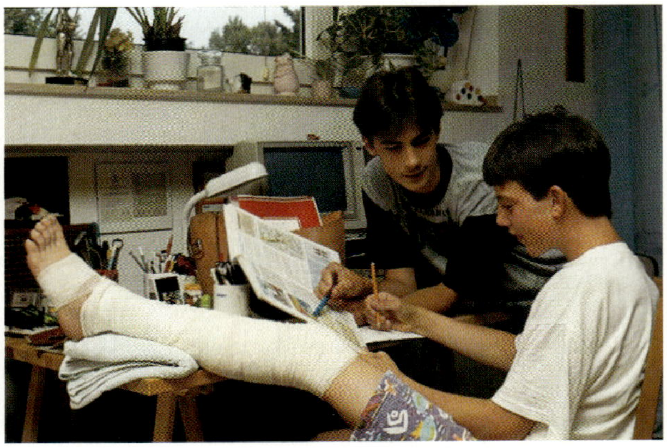

dünn

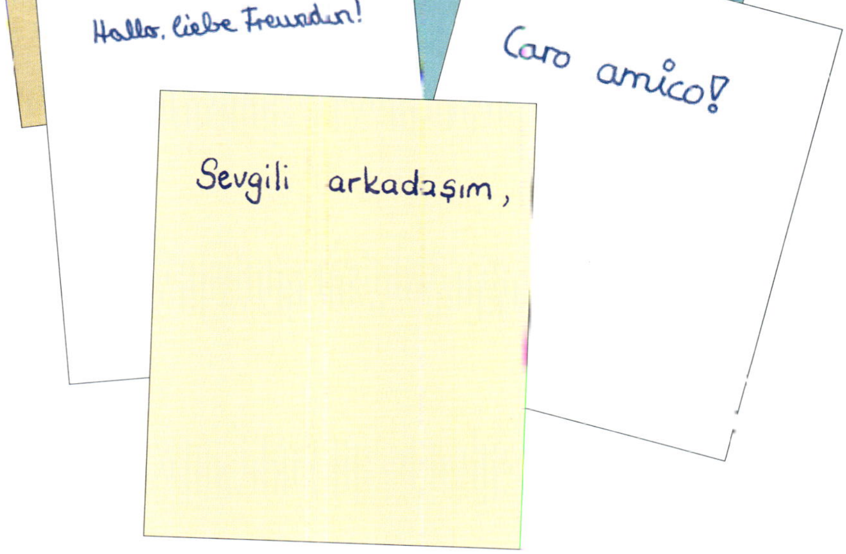

¡Querida amiga!
Дорогая подруга,
Carissima amica!
My dearest friend,
Дорогой друг,
Lieber Freund,
Ma chère amie,
Hallo, liebe Freundin!
Caro amico!
Sevgili arkadaşım,

Freunde suchen – Freunde finden

Aber wen?
Warum der und nicht der andere?
Warum die und nicht die andere?
Wie sollte ein Freund sein?
Wie müsste eine Freundin sein?
Soll sie hübsch sein, soll er gut aussehen?
Wie klug muss sie oder er sein?
Oder sollten Freunde besonders lustig und witzig sein?
Was ist wichtig?

1 Überlegt gemeinsam, wie ein Freund oder eine Freundin sein sollte.
a. Sprecht darüber.
b. Schreibt die Eigenschaften an die Tafel.

Tipp: Eigenschaften werden oft mit Adjektiven benannt.
Adjektive werden kleingeschrieben.

sportlich
lustig
verschwiegen
zuverlässig
dunkelhaarig
nicht ängstlich
mutig
...

2 Wie wünschst du dir einen Freund und eine Freundin?
Schreibe Sätze in dein Heft.

Starthilfe

Mein Freund sollte ... sein
Meine Freundin sollte ...

Mit Sebastian wollen alle befreundet sein.
Er ist ... und auch sonst ist er richtig nett.
Auch die Mädchen scheinen so zu denken.
Natascha könnte jedes Mädchen zur Freundin haben.
Sie ist so, dass alle sie mögen – auch die Jungen.

3 Und du? Was könntest du tun, um Freunde und/oder Freundinnen zu gewinnen?
- Solltest du dich vielleicht ändern?
- Oder sollen Freunde dich mögen, wie du bist?

a. Denke darüber nach.
b. Sammele Eigenschaften, wie du bist und wie du manchmal gerne wärst.
c. Schreibe dazu Sätze in dein Heft.

Starthilfe

Ich bin oft ... Manchmal wäre ich lieber ...
Viele mögen gerne ... Freunde. Aber ich bin nun mal ...
Ich wäre gerne so ... wie ...

Wissenswertes über Adjektive S. 279

Kleinanzeige und Steckbrief

Olga, 12, rote Haare, Sommersprossen, bin sehr romantisch. Welches Mädchen …

Dirk, 12, etwas rundlich, toller Kumpel, immer gut drauf, suche …

Ibrahim, 13, ruhig, zuverlässig, Computerexperte, suche nette …

Katharina, 13, sportlich. Wer trainiert mit mir …

Du suchst einen Freund oder eine Freundin.

4 a. Schreibe eine „Kleinanzeige“ für eure Pinnwand.

eine Kleinanzeige schreiben

Arbeitstechnik

Kleinanzeige schreiben

- Stelle dich zuerst kurz vor.
  Schreibe deinen **Namen** und dein **Alter** auf.
  Nenne dann ein paar **typische Eigenschaften**,
  vielleicht auch **Hobbys**.
- Schreibe, wie du dir den Freund oder die Freundin wünschst.
  Vielleicht sollte er oder sie **ein bestimmtes Hobby** haben.
  Oder er/sie sollte besonders **zuverlässig** oder … sein.
- Vielleicht findest du einen netten oder witzigen **Schlusssatz**.

b. Hefte die „Kleinanzeige“ an eure Pinnwand.
Wer weiß, vielleicht entsteht so eine neue Freundschaft!

Möchtest du noch etwas von deinen Freunden oder Freundinnen wissen?

5 Dann lasse sie in dein Freundschaftsbuch schreiben.

Starthilfe

Mein Name: …
Mein Geburtstag: …
Meine Größe: …
Mein Lieblingstier: …

Brief an Martina

**Jeder braucht Freunde oder Freundinnen.
Aber manchmal machen Freundschaften auch traurig oder gar böse.**

lesen **1** Lest diesen Brief.

Brief an Martina

Wenn du bei mir zu Besuch bist, reißt du meiner liebsten Puppe ein Bein aus, schmierst Schokolade auf meine schönen Bücher, sagst, dass bei dir alles besser sei, steckst heimlich mein neues Matchboxauto ein, schnäuzt deinen Nasenrotz in meine Gardine, lachst meine Oma aus, weil die ein bisschen dick ist, und immer, wenn ich es dir nicht recht mache, sagst du: Ich geh heim!
Wenn ich bei dir zu Besuch bin, darf ich deine liebste Puppe nicht anfassen, bekomme ich ekligen Kakao mit Haut zu trinken, muss ich dir meine schöne neue Haarspange schenken, soll ich dir unsere Rechenhausübung vorsagen, muss ich deinen widerlichen kleinen Bruder herumtragen, die Schuld an der kaputten Fensterscheibe, die du eingeschlagen hast, auf mich nehmen, und immer, wenn ich es dir nicht recht mache, sagst du: Geh heim!

Wenn ich dich nicht so schrecklich lieb hätte, würde ich mit so einem hundsgemeinen Luder wie dir nicht einmal eine Sekunde meines Lebens verbringen!

Christine Nöstlinger

über Freundschaft sprechen **2** Sprecht gemeinsam über die Geschichte.

a. Wie verhält sich Martina, wenn sie zu Besuch ist?
b. Was geschieht, wenn das andere Mädchen bei Martina zu Hause ist?
c. Die Briefschreiberin nennt Martina ein „hundsgemeines Luder“. Wie denkt ihr darüber?
d. Überlegt, warum die Briefschreiberin das alles aushält.

ein Antwortbrief Martinas zum Schreibenüben S. 216

3 Was würdest du tun, wenn Martina deine Freundin wäre?

Gedichte über Freundschaft schreiben

Ihr habt über Freundschaft gesprochen. Sicher sind euch dabei viele gute Gedanken gekommen.
Ihr könnt eure Ideen in ein Elfchen „verpacken“.

Ein Elfchen besteht aus fünf Zeilen und aus insgesamt elf Wörtern.
Diese elf Wörter sind so angeordnet:

1. Zeile = ein Wort	Das erste Wort sagt, worüber in dem Gedicht gesprochen wird.
2. Zeile = zwei Wörter	In den folgenden drei Zeilen werden weitere Gedanken dazu gesagt.
3. Zeile = drei Wörter	
4. Zeile = vier Wörter	
5. Zeile = ein Wort	Das Wort in der letzten Zeile sollte das Schlusswort sein.

ein Elfchen schreiben

1 Schreibe nun selbst ein Elfchen.
- Du kannst aus dem Angebot kreuz und quer auswählen.
  Im Angebot versteckt sich auch ein Vorschlag auf Englisch.
- Du kannst auch dein eigenes Elfchen schreiben.

1. Zeile	ich	wir	zwei	we	zusammen	Freunde
2. Zeile	du ich	mag dich	mögen uns	verstehen uns	we together	sind Freunde
3. Zeile	haben viel Spaß	you and I	wir lachen viel	erzählen uns alles	hast mich gern	du bist lustig
4. Zeile	we have much fun	wollen alles gemeinsam tun	vertrauen uns alles an	erzählen uns viele Geschichten	gehen zusammen nach Hause	mögen beide denselben Film
5. Zeile	Freund-schaft	zwei	Freunde	friendship	wir	Gemeinsam-keit

Eine Geschichte über Freundschaft

Auch dies ist eine Geschichte über Freundschaft. Es ist eine wahre Geschichte.

Lena Richter

Eifersucht

Nur Mädchen zanken sich. Sie sind eifersüchtig, heute dicke Freundinnen, morgen Todfeinde.

Nur Mädchen?

Es war schon November, also mitten im Schuljahr. An einem Donnerstagmorgen in der ersten Stunde brachte die Schulsekretärin einen neuen Schüler herein. Frau Seibold, die Klassenlehrerin, nahm ihn in Empfang. „Das ist Martin. Er ist jetzt euer Klassenkamerad." Sie setzte ihn zu Hermann, unserem Klassensprecher. Der Platz neben ihm war frei. „Hermann, kümmere dich ein wenig um Martin, er kennt sich hier schließlich nicht aus. Zeig ihm in der Pause, wo bei uns der Kiosk, die Toiletten und all das zu finden ist. Wer von euch will, kann ja helfen."

Martin sah eigentlich nett aus. Er war etwas still und schüchtern, aber das ist wohl jeder am ersten Tag in einer neuen Klasse.

Etwas Neues macht neugierig und ist überaus interessant. Ein neuer Schüler machte auch neugierig. Also fanden sich in der Pause außer Hermann noch andere Schüler, auch einige Mädchen, die mit Martin über das Schulgelände zogen. Besonders Thomas fand gleich guten Kontakt zum „Neuen". Sie kamen nämlich beide von derselben Schule, wo sie wegen einiger Probleme nicht bleiben wollten. Doch gerade als sie am Kiosk warteten, um sich etwas zu kaufen, da tauchte plötzlich Denis auf. Klein und drahtig baute er sich vor der Gruppe auf.

Er hatte es auf Thomas abgesehen, denn mit vor Wut zitternder Stimme fragte er ihn, nein, bellte er ihn an: „Warum gehst du mit denen? Warum spielst du nicht mit uns?“ Fußballspielen war in jeder Pause angesagt.

Thomas war zunächst sprachlos, auch die anderen schwiegen verblüfft. Irgendjemand meinte: „Immer cool bleiben, Mann.“ Aber keiner lachte.

„Wir zeigen dem Martin die Schule und alles, das hast du doch gehört“, erklärte Thomas schließlich. „Dann brauchst du auch nicht mehr mein Freund zu sein!“, schrie Denis mit schriller Stimme, ging im selben Augenblick mit den Fäusten auf den Klassenkameraden los und schlug ihm ins Gesicht. Alle, die ringsherum standen, erwachten aus der Erstarrung, griffen nach den schlagenden Armen, zogen Thomas zur Seite und verhinderten Schlimmeres.

In der folgenden Stunde erfuhr die Klassenlehrerin von dem Vorfall. Einige von denen, die dabei gewesen waren, berichteten davon. Das Schlimmste für Denis war, als ein Mädchen behauptete:
„Du bist ja nur eifersüchtig!“
Nicht nur die Mädchen kicherten.
Den Rest der Stunde starrte er nur auf sein Heft.
Er, Denis, und eifersüchtig?
Er war doch kein Mädchen!

Fragen zum Text beantworten

1 a. Warum kümmert sich Thomas in der Pause um Martin?
b. Aus welchem Grund gehen noch andere Schüler mit?
c. Warum ist Denis so zornig?

Ein Mädchen behauptet: „Du bist ja nur eifersüchtig!“

2 Wann ist jemand „eifersüchtig“?
Sprecht darüber.

die Geschichte erzählen

Stichpunkte schreiben

3 Erzähle die Geschichte von Martin, Thomas und Denis.
Dabei können dir Erzählkärtchen helfen.

a. Lies noch einmal die Geschichte.
b. Schreibe Stichpunkte auf kleine Kärtchen.
c. Ordne die Kärtchen in der richtigen Reihenfolge und erzähle dann die Geschichte mit Hilfe deiner Kärtchen.

Starthilfe

November
mitten im
Schuljahr

neuer Schüler
Martin

„Hermann, kümmere
dich …“

Pause
Thomas

…

eine Geschichte schreiben

4 Warst du selbst schon einmal eifersüchtig?
Schreibe eine eigene Eifersuchtsgeschichte.

Einen Streit schlichten

Streit – und nun?

Die Geschichte „Eifersucht“ erzählt von einem handfesten Streit.

1 Versucht diesen Streit in einem **Rollenspiel** zu schlichten.
Ziel sollte dabei sein:
- Alle sollen sich aussprechen können.
- Alle sollten Ideen zur Schlichtung des Streites beitragen.
- Keiner der Streitenden soll sich ungerecht behandelt fühlen.
- Am Schluss soll jeder Tipps für andere Streitfälle mitnehmen.

ein Rollenspiel durchführen

Arbeitstechnik

Streit schlichten im Rollenspiel

1. Zunächst werden die **Rollen** der Personen **vergeben**.
2. Dann wird **der Spielleiter oder die Spielleiterin bestimmt**. Das ist eine sehr wichtige Rolle. Er oder sie sorgt nämlich dafür, dass jeder zu Wort kommt und in Ruhe ausreden kann.
3. **Danach berichtet jeder** von dem Ereignis so, wie er oder sie es erlebt hat.
4. Anschließend **bittet der Spielleiter oder die Spielleiterin um Ratschläge**, wie man den Streitfall lösen könnte.

Wenn der Streit beigelegt ist, kommen die Beteiligten noch einmal zu Wort.

über das Rollenspiel nachdenken

2 Wie fühlt ihr euch jetzt? Wurdet ihr gerecht behandelt? Sprecht darüber.

Gefühle ausdrücken:
zufrieden, versöhnt,
ungerecht behandelt,
frustriert, beleidigt,
traurig, zornig,
fair behandelt, …

Streit gibt es immer wieder

Vielleicht gab es in den letzten Tagen einen Streit, der eure Klasse stark beschäftigt hat.

3 a. Überlegt gemeinsam, welche Streitsituationen häufig auftreten.
b. Einigt euch auf einen Streitfall, den ihr im Rollenspiel klären wollt.
c. Spielt diese Situation durch, wie ihr es oben kennen gelernt habt.

Extra: Grammatik

Spielen mit Fragewörtern

**Thomas und Denis haben ihren Streit beendet.
Alle in der Klasse fragen Martin nun aus: „Von welcher Schule kommst du denn?" „Welche Hobbys …?" „W…?"**

Fragewörter finden

1 Sammelt Fragewörter mit W am Anfang. Schreibt sie an die Tafel.

Spielidee: Der Fragenwürfel

einen Würfel basteln

2 Bastelt einen Fragenwürfel.

Bastelanleitung

Ihr braucht: ein DIN-A4-Blatt aus dem Zeichenblock, einen Bleistift, ein Geodreieck, eine Schere, Klebstoff, farbige Stifte.

- Zeichnet zunächst ein Würfelnetz wie auf dem Bild – nur größer. Vergesst nicht die Klebefalze!
- Schreibt nun 6 Fragewörter auf die 6 Würfelflächen.
- Faltet das Würfelnetz an den Linien.
- Klebt den Würfel an den Klebefalzen zusammen.

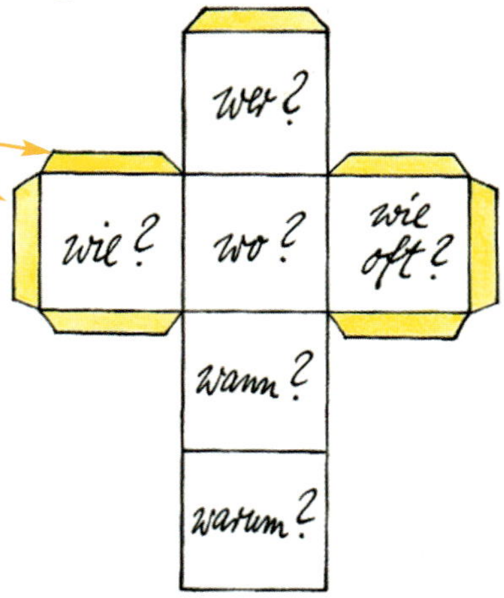

mit Fragewörtern spielen

3 Spielt nun zu zweit oder zu mehreren das Spiel mit dem Fragenwürfel.

Spielregeln

- Würfele ein Fragewort.
- Stelle deinem Partner oder deiner Partnerin mit diesem Fragewort eine Frage, um mehr über ihn oder sie zu erfahren.
- Dein Partner oder deine Partnerin antwortet darauf.
- Dann wechselt ihr euch ab.

Wenn ihr das Spiel zu mehreren spielt, dann stellt die Fragen im Uhrzeigersinn. Derjenige, der geantwortet hat, würfelt und stellt die nächste Frage.

Fragewörter:

wer – wo – wohin – woher – wann – wie lange –
wie oft – wie – wodurch – wozu – warum –
weshalb – weswegen – wieso?

Starthilfe

Du würfelst vielleicht die Frage **„wie?"**. Dann könntest du fragen: „**Wie** gefällt dir der Film …?"

Wer-Wann-Wo-Wie?-Geschichten

Fragewörter können euch verführen, Geschichten zu schreiben.

4 Stellt dazu selbst ein Spiel her.
- Knickt ein DIN-A4-Blatt viermal.
- Faltet es wieder auseinander.
- Beschriftet die Vorderseite so wie im Muster.
- Schreibt Antworten auf die vier Fragen auf die Felder der Rückseite.

Wer?	Wer?	Wer?	Wer?
Wann?	Wann?	Wann?	Wann?
Wo?	Wo?	Wo?	Wo?
Wie?	Wie?	Wie?	Wie?

Starthilfe

- Zerschneidet das Blatt an den Faltlinien.
- Sortiert die Kärtchen auf vier Stapel.

Wer? Wann? Wo? Wie?

- Mischt jeden Stapel gut durch.

Nun kann das Spiel beginnen.

5 a. Jeder nimmt sich vier Kärtchen, von jedem Stapel eins, z. B.:

Eva (Wer?) heute (Wann?) zu Hause (Wo?) laut (Wie?)

b. Schreibe zu den vier Kärtchen eine Geschichte.
c. Nimm vier weitere Kärtchen vom Stapel. Baue die Antworten auch in die Geschichte ein.

Geschichten nach Zufallswörtern schreiben

Weiterführendes: Über Freundschaft lesen

Kann man Freunde kaufen?

Christine Nöstlinger

4er-Märchen

Es war einmal
ein kleines Mädchen,
das kaufte sich
jeden Mittag
4-mal 4 Minuten Freundlichkeit.
Weil es vom Schultor
bis zur Konditorei
4 Minuten Wegzeit
waren und
4 Kinder mit ihm
von der Schule zur
Konditorei liefen
und freundlich zu ihm waren.
Denn das kleine Mädchen
kaufte in der Konditorei
4 Lollipops
und verteilte sie an die
4 Kinder.
Und jeden Abend
bekam das kleine Mädchen
4-mal 4 Ohrfeigen.
4 von der Mutter,
4 vom Vater,
4 vom Bruder und
4 von der Schwester.
Weil es denen am Morgen
4-mal 4 Schilling[1] geklaut hatte
für die
4 Lollipops
für die
4 Kinder

[1] Schilling: 4 Schilling entsprechen 0,29 €

1. Warum hat das Mädchen Geld gestohlen? Sprecht gemeinsam darüber.

2. Erzählt die Geschichte in der Reihenfolge, in der alles passiert.

Starthilfe
Am Morgen klaute ...
Jeden Mittag ...

Es müssen keine Lollis sein. Es können auch ... sein oder das Abschreibenlassen der Hausaufgaben oder ... .

3. Unterhaltet euch über solche Situationen. Beantwortet dabei die Frage:
Kann man Freundschaft kaufen oder nicht?

4. Schreibe einen Text zu der Überschrift: Das ist wahre Freundschaft!

eine Geschichte über Freundschaft zum Vorlesen S. 180–183

Lesetipps: Bücher über Freundschaft

Henrik sucht einen neuen Besitzer für sein Meerschweinchen und außerdem eine Freundin ...

Das Mädchen Shirin kommt aus dem Iran nach Hamburg. Sie möchte so sein wie alle anderen, und sie wünscht sich eine Freundin ...

Emma, das Mädchen aus der nordschwedischen Wildnis, und Daniel aus der Großstadt Stockholm können sich nicht leiden. Aber da geraten sie in einen Schneesturm ...

Micki ist nicht der Mutigste. Er hat es deshalb nicht leicht, Freunde zu finden. Immer wird er schikaniert. Aber Andi ist noch schwächer als er ...

Ludo Malefiz Mau-Mau Dschopa

Spiel mit!

Käsekästchen Adi Tavla Stadt-Land-Fluss

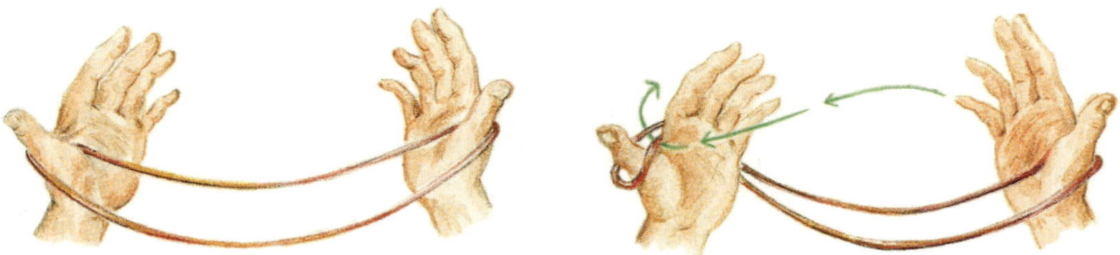

Brennball Domino Mikado Lotto

Quartett

Solitär

Bingo

Mpira

Mensch-ärgere-dich-nicht

Murmeln

Gogos

Gummitwist

Verstecken

Sich über Spiele verständigen

Spiele gibt es auf der ganzen Welt: Spiele für Einzelne, Partnerspiele, Spiele für Gruppen, Spiele für drinnen und draußen.

Spiele sammeln 1 Welche Spiele kennt ihr?
Sammelt die Namen an der Tafel.

Spiele ordnen 2 Spiele kann man nach bestimmten Merkmalen ordnen.
a. Legt eine Tabelle an.
Am besten zeichnet ihr die Tabelle auf ein Plakat.
b. Schreibt die Spiele, die ihr gesammelt habt, in die Tabelle.

Starthilfe

Spiele für drinnen	**... für draußen**
Brettspiele:	**Pausenspiele:**
Mensch-ärgere-dich-nicht Solitär ...	Gummitwist ...
Kartenspiele:	**Ballspiele:**
Dschopa ...	Brennball Federball ...

3 Überlegt euch weitere Merkmale, nach denen ihr eure Spiele ordnen könnt, z. B. Spiele für Gruppen oder für …

Ein Spielenachmittag

„Mensch-ärgere-dich-nicht" und „Lotto" kennen nicht nur Kinder in Deutschland.
Aber ist es auch immer dasselbe?

Das ist nicht Lotto, das ist Bingo, das kenne ich.

Da steht es doch in russischen Buchstaben: L-o-t-o.

Nein, das ist Bingo, frag doch meine Mutter. Wir spielen das immer, wenn wir Besuch haben.

Dann …

4 „Dann …" – Überlegt, wie das Gespräch weitergehen könnte.

5 Und welches Problem haben die Spieler auf dem Foto?
a. Seht euch das Foto an und lest die Sprechblasen.
b. Sprecht darüber.
c. Überlegt, wie sich die Spieler einigen könnten.

Hey, ich habe der Weg blockiert.

Wieso den Weg blockiert? Das kann man gar nicht!

Bist du blind? Zwei von meinen Steinen stehen auf einem Feld!

Na und?

Eine Reportage lesen und besprechen

Spiel mit Hindernissen oder Ein Spiel regeln

gleiche Spiele – verschiedene Namen

„Das ist nicht Lotto, das ist Bingo, das kenne ich“, ruft Steffi. Elena holt gerade ein Spiel aus der Tasche. Ihre Familie hat es aus Russland mitgebracht. „Da steht es doch in russischen Buchstaben: L-o–t-o“, erwidert sie. „Nein, das ist Bingo, frag doch meine Mutter!“, brüllt Steffi. „Dann …“ Beleidigt packt Elena ihr Spiel ein.

1 Warum steckt Elena ihr Spiel wieder ein? Sprecht darüber.

gleiche Spiele – verschiedene Regeln

*Rufname zu „Malik“

In einer anderen Ecke packen Malik, Marina, Timo und Lars ein Spielemagazin aus. Lars legt ein Brettspiel in die Mitte. „Oh, toll, Ludo, das kenne ich aus Gambia.“ Malik freut sich. „Also hier heißt das ‚Mensch-ärgere-dich-nicht‘, aber ist doch egal – los, wir spielen.“ Lars verteilt die Setzsteine. Jede Person erhält vier von einer Farbe. „Wer eine Sechs würfelt, fängt an.“ „Alles klar!“ Malik würfelt: „Vier.“ Er würfelt noch einmal. „Hey, Milko*, nicht schummeln, einmal reicht.“ Malik guckt etwas erstaunt und gibt Marina den Würfel. Sie würfelt eine Sechs und stellt sich an den Start. „Wieso schummeln?“, denkt Malik. Das Spiel geht weiter.

Nach ein paar Runden hat Malik seine zweite Figur im Spiel. Er würfelt eine Zwei. Beide Figuren kommen auf dasselbe Feld. Er setzt einen Setzstein über den anderen. Die anderen lachen. „Was gibt’s denn da zu lachen? Na, egal.“ Jetzt würfelt Timo. Er will gerade an den Doppelsetzsteinen vorbeiziehen, da wacht Malik aus seinen Gedanken auf. „Hey, ich habe den Weg blockiert“, ruft er jetzt empört. „Wieso den Weg blockiert? Das kann man gar nicht!“ – „Bist du blind? Zwei von meinen Steinen stehen auf einem Feld!“ – „Na und?“ – „Keiner hält sich hier an die Spielregeln.“ Malik ist jetzt sauer.

2 Schreibe die Regel auf, die Malik nicht kennt.

3 Malik spielt nach einer Regel, die in Deutschland nicht bekannt ist. Schreibe sie auf.

4 Als die anderen lachen, denkt Malik: „Na, egal.“ Später aber wird er sauer. Wie kannst du das erklären?

Sich spielend verständigen

Jetzt geht Lars ein Licht auf: „Mensch, klar, das sieht so aus, als ob wir das gleiche Spiel kennen, aber irgendwie ist es doch anders.“ „Ja“, sagt Malik, das hab ich schon am Anfang gemerkt, aber ich wollte ja nichts sagen.“ – „Dann können wir eben nicht zusammen spielen.“ Timo guckt sich schon nach einem anderen Mitspieler um. „Klar können wir das. Wir brauchen uns doch nur abzusprechen“, meint Lars. „Ja. Also in Gambia würfeln wir zum Beispiel am Anfang immer zweimal. Aber das ist schon okay, ich würfele dann eben auch nur einmal.“ – „Und warum sollen wir denn nicht das mit den doppelten Setzsteinen übernehmen?“, schlägt Marina vor. „Immer mit denselben Spielregeln zu spielen ist doch langweilig!“

Wenn man zusammen spielen will, müssen gemeinsame Regeln vereinbart werden.

5 Worauf einigt sich die Gruppe? Schreibt die Regeln auf.

Überall auf der Welt denken sich die Menschen immer neue Varianten* zu Spielen aus, die sie schon oft gespielt haben.

*andere Möglichkeiten

Spielregeln verändern

„Wir können uns doch mal neue Spielregeln ausdenken.“ – „Oh ja: Wenn man auf einer Ecke steht und eine Eins würfelt, darf man eine Abkürzung nehmen.“ – „Ja, und wenn …“ Alle machen Vorschläge. Das Spiel wird immer lustiger.

6
a. Denkt euch selbst weitere Varianten zu „Mensch-ärgere-dich-nicht“ aus.
b. Probiert sie aus.
c. Schreibt dann die neuen Regeln auf.

Starthilfe

Wer eine Eins hat, darf noch einmal würfeln.

Wer zweimal hintereinander eine Sechs würfelt, darf bis zur nächsten Ecke vorrücken.

…

7 Kennt ihr noch andere Spiele, die in verschiedenen Ländern unterschiedlich gespielt werden? Schreibt die Namen der Spiele und der Länder auf.

Spielideen entwickeln

... ganz normale Kieselsteine

Mit Kieselsteinen könnt ihr verschiedene Spiele spielen.

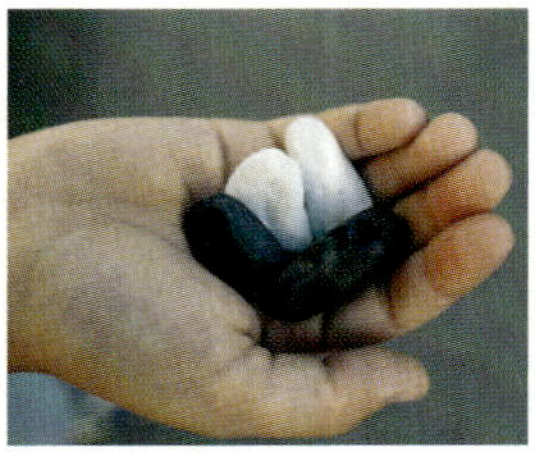

1. a. Überlegt, was ihr mit den Kieselsteinen spielen könnt.
   b. Probiert eure Spielideen aus.

2. a. Einigt euch auf Spielregeln. Schreibt sie auf.
   - Ihr könnt aus dem Angebot im Kasten auswählen.
   - Ihr könnt aber auch eure eigenen Regeln aufschreiben.

   b. Probiert die Regeln aus.
   c. Hängt die Spielanleitung an einer Spielewand auf.

Leitfragen	**Spielregeln**	
Wie viele Personen spielen mit?	zwei, drei, vier ...	
Was braucht man?	• 5 Steine	• 12 Steine
Wie bereitet man das Spiel vor?	keine besonderen Vorbereitungen	• einen Kreis in die Mitte eines Blattes Papier zeichnen • eine Kuhle im Boden ausheben • einen Strich, 3 Meter von der Kuhle entfernt, ziehen
Wie verläuft das Spiel?	• einen Stein in die Luft werfen • zwei Steine gleichzeitig in die Luft werfen • alle Steine in die Luft werfen • einen Stein auf dem Hand-rücken fangen • beide Steine gleichzeitig mit einer Hand fangen • so viele Steine wie möglich mit einer Hand fangen, mindestens drei • Wenn der Stein nicht gefangen wurde, ist der Nächste dran. • Wenn weniger als drei Steine gefangen wurden, ist der Nächste dran.	• den Stein möglichst nahe an die Kuhle werfen • einen Stein in das Loch schieben • zwei Steine auf einmal in das Loch schieben • Wenn die beiden Steine beim dritten Versuch nicht in die Kuhle geschoben werden, ist der Nächste dran.
Was ist das Ziel des Spiels? Wer hat gewonnen?	• Wer die meisten Steine gefangen hat, hat gewonnen.	• Wer es schafft, alle Steine in einer Runde ins Loch zu schieben, hat gewonnen.

Eine Spielanleitung verstehen und ausprobieren

Dieses Spiel heißt in Afrika Bao, Mancala, Kalaha oder Awele.

Ziel: Dem Gegenspieler so viele Steine wie möglich wegnehmen
Anzahl der Mitspieler: zwei
Material: • Kreise auf Papier oder Kuhlen im Sand
• 36 kleine Kieselsteine
Vorbereitung: einen Zettel mit 12 Kreisen bemalen
(oder 12 Kuhlen im Sand ausheben).
Kieselsteine sammeln

Durchführung:

- Die Spieler setzen sich einander gegenüber.
  Jeder hat sechs Kreise vor sich.
- In jeden Kreis werden drei Kieselsteine gelegt.

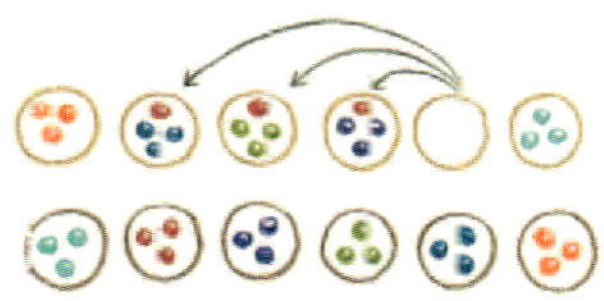

- Der Erste nimmt aus einem seiner Kreise die Steine heraus und verteilt sie von links nach rechts auf seine folgenden Kreise.
  Pro Kreis darf nur ein Stein abgelegt werden.
  Kein Kreis darf ausgelassen werden.

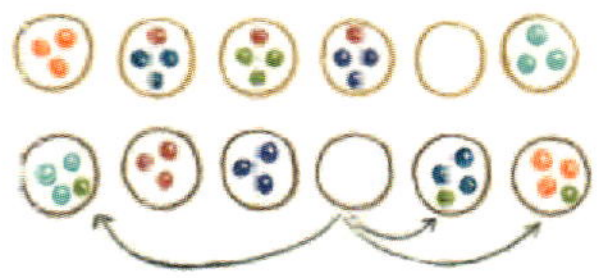

- Gibt es rechts keine Kreise mehr zum Ablegen, so beginnt man wieder links.
- Dann ist der andere dran.
- Die Spieler versuchen den letzten Stein in einen leeren Kreis abzulegen.

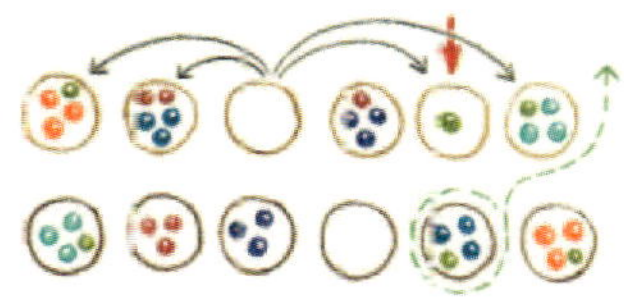

- Denn fällt der letzte Stein in einen leeren Kreis, dürfen alle gegenüberliegenden Steine des Gegenspielers weggenommen werden.
- Das Spiel ist beendet, wenn einer keine Steine mehr im Spiel hat.

1 Welchen Namen wollt ihr dem Spiel geben? Vielleicht „Steineklau“ oder „Steine gewinnen“ oder einen der afrikanischen Namen?

2 Kennt ihr weitere Pausenspiele? Vielleicht könnt ihr Mitspieler und Mitspielerinnen für euer Pausenspiel gewinnen.
a. Überlegt euch, was ihr für das Spiel braucht.
b. Legt die Spielregeln fest. Schreibt Spielanleitungen auf.
c. Stellt sie auf einer Spielewand aus.

Hinweise zum Überarbeiten S. 30

Extra: Einen Text überarbeiten

Achtung: Fehler

Zublinzeln

Material: ein Stuhlkreis
Mitspieler: mindestens acht, möglichst mehr

Die Hälfte der Mitspieler muss sich in den Stuhlkreis setzen
und die anderen müssen hinter ihnen stehen
und sie müssen ihre Hende hinter dem Rücken halten.
Einer steht hinter einem leeren Stuhl.
Er muss einem Mitspieler, der sitzt, zublinzeln.
Und er muss dann aufstehen und schnell zum Leeren Stuhl laufen
und der andere, muss fersuchen zu verhindern, dass er wegläuft.
Und das geht dann immer so weiter.

Diese Spielanleitung muss noch überarbeitet werden, bevor sie an der Spielewand ausgestellt werden kann.

Satzanfänge
kürzere Sätze
Mitspieler bezeichnen
Rechtschreibfehler berichtigen

1 Überarbeite die Spielanleitung.
a. Wähle verschiedene **Satzanfänge**.
b. Einige Sätze sind schwer zu verstehen, weil sie so lang sind. Überlege, wo du **kürzere Sätze** schreiben könntest.
c. Manchmal weiß man nicht genau, wer was machen soll. **Bezeichne die Mitspieler** genauer.
d. Es haben sich **Rechtschreibfehler** eingeschlichen. Berichtige sie.

2 a. Überlege dir noch andere Spielregeln für das Spiel.
b. Schreibe das Spiel noch einmal mit den veränderten Spielregeln auf.

Starthilfe
zwei leere Stühle / auf einem Bein weghüpfen / nicht blinzeln, sondern Zunge rausstrecken

Tipps zum Überarbeiten in der Schreibkonferenz S. 188 – 191

3 Du fragst dich, ob deine Spielanleitung gut gelungen ist? Probiert das Spiel aus, dann werdet ihr es gemeinsam feststellen!

Jemanden auffordern

In einer Spielanleitung kann man eine Gruppe ansprechen:
Setzt euch in einen Kreis.
Man kann auch einzelne Mitspielerinnen und Mitspieler direkt ansprechen: Setze dich auf einen Stuhl.

1 Lies die Spielanleitung.

Sammelt zuerst fünf Kieselsteine.
Legt die Kieselsteine in eine Kuhle.
Erster Mitspieler: Wirf einen Stein in die Luft.
Schiebe jetzt einen Stein aus der Kuhle.
Fange dann den fliegenden Stein aus der Luft auf.
Wirf den Kiesel noch einmal hoch.
Und nun schubse den nächsten Stein aus der Kuhle.
Wenn das Auffangen nicht geklappt hat, fangt von vorn an.

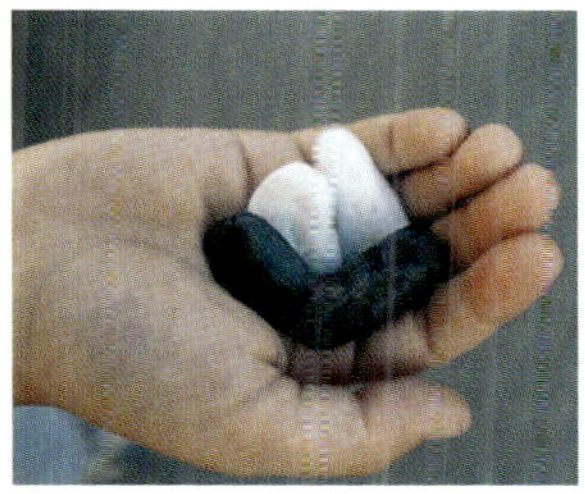

Aufforderungen schreiben

2 a. Schreibe die Spielanleitung in dein Heft.
b. Unterstreiche Verben, die Einzelne auffordern, rot.
c. Unterstreiche Verben, die eine Gruppe auffordern, grün.

3 a. Lege in deinem Heft eine Tabelle an.
b. Trage die Verben aus der Spielanleitung ein.
c. Ergänze jeweils die Verbformen in der anderen Spalte.

ein Mitspieler wird aufgefordert	eine Gruppe wird aufgefordert
sammle	sammelt
lege	…

4 Betrachte dann die Endungen der Verben in jeder Spalte. Welche Gemeinsamkeiten fallen dir auf?

5 Schreibe die Spielanleitung von Seite 32 so um, dass eine Person direkt angesprochen wird.

Starthilfe
Lege das Band um beide Daumen.
Die Handflächen zeigen zum Gesicht.
Drehe dann … **Führe** mit der …

6 Überarbeite den Text, sodass nun eine Gruppe angesprochen wird.

Weiterführendes: Spieltipps

ein Spiel für unterwegs kennen lernen

Fadenspiele können gut unterwegs gespielt werden, z. B. während einer Klassenfahrt.
Du brauchst dafür ein 2 m langes Band.

Der Moskito – Ein Fadenspiel aus Ghana

1. Magbule legt das Band um beide Daumen. Die Handflächen zeigen zum Gesicht.

2. Dann dreht sie die linke Handfläche. Mit der rechten Hand führt sie das doppelte Band um den Handrücken der linken Hand herum. Dabei lässt sie das Band mit dem rechten Daumen nicht los.

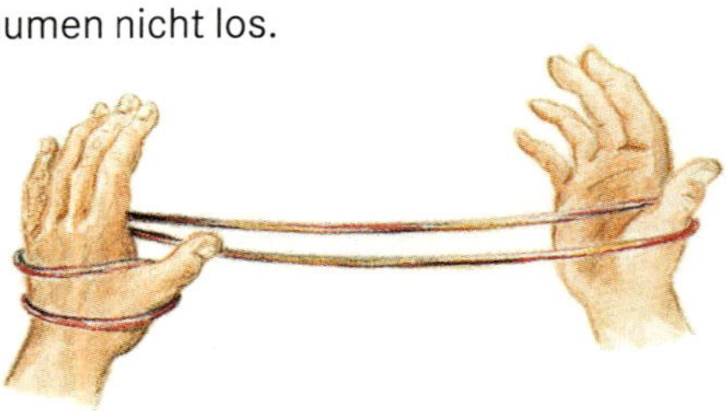

3. Mit dem kleinen Finger der rechten Hand nimmt sie jetzt die doppelte Schnur zwischen Daumen und Zeigefinger der linken Hand auf und ...

4. ... zieht fest!

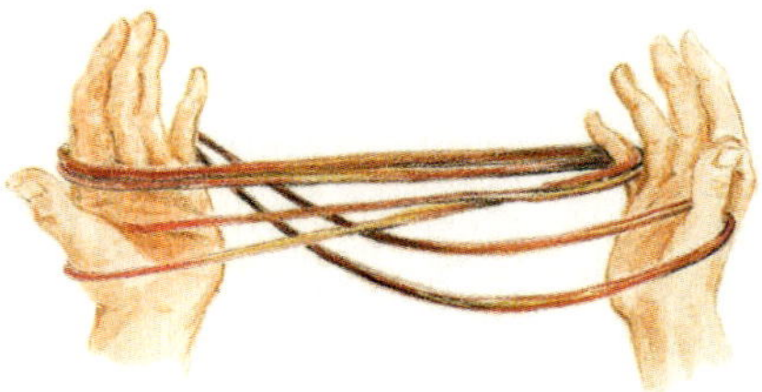

5. Mit dem kleinen Finger der linken Hand nimmt sie dann die doppelte Schnur auf, die zum Daumen der rechten Hand läuft, und ...

6. … zieht fest.

7. Nun hebt sie mit der rechten Hand die doppelte Schnur, die auf dem linken Handrücken liegt, über diese Hand hinweg und …

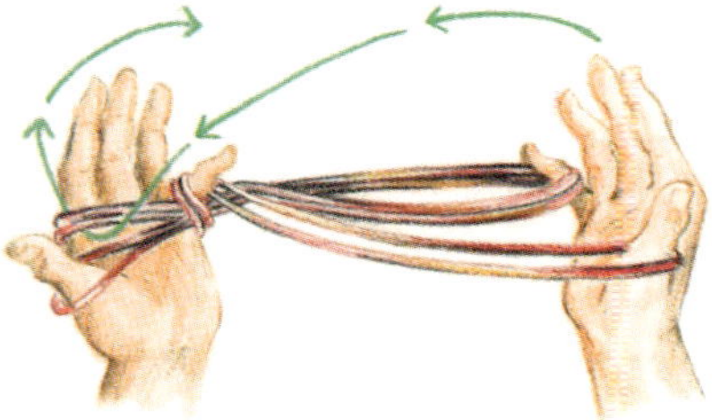

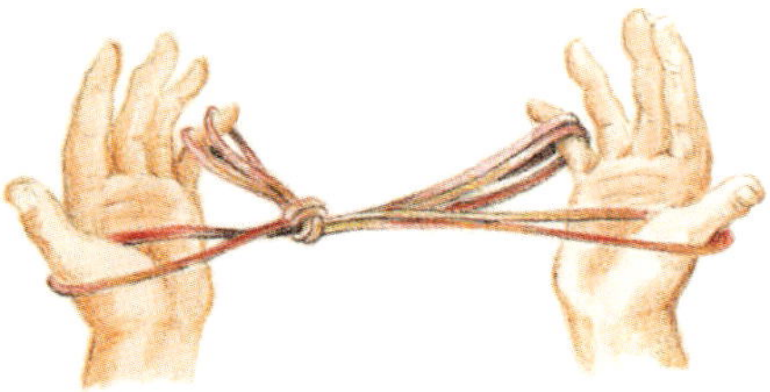

8. … lässt sie fallen. „Seht ihr den Moskito?“, fragt sie.

9. „Den müssen wir fangen, bevor er uns sticht!“ Sie klatscht in die Hände und lässt beim Öffnen der Hände die Schlaufen von den kleinen Fingern rutschen. „Weg ist der Moskito!“

1 Stellt gemeinsam eine Spielesammlung her.
a. Wählt Spiele aus und schreibt Spielanleitungen auf.
b. Schreibt dazu, warum ihr die Spiele besonders empfehlt.

Und wie wollt ihr eure Spiele sammeln? Auf einer Spielewand, in einem kleinen Heftchen oder auf Karteikarten?

Trends und Moden

IN
OUT
MUSS JETZT MIT!
SCHOKO RIEGEL
DIE
RAPPER
KOMMEN
MIT DEM
SPORTIVE
MODE
GIBTS BE

Ein Gedicht sprechen und besprechen

Des Kaisers neue Kleider

Viele Menschen wollen „trendy“ und schick gekleidet sein.

1. Sprecht in der Klasse über das Wort „trendy“.

2. Lies das Gedicht über jemanden, der sehr eitel war und besonders „trendy“ sein wollte.

Es war einmal ein Kaiser

Es war einmal ein Kaiser,
der wollte neue Kleider:
’nen Rock aus Samt und Seide
und mächtig viel Geschmeide.

Der Kaiser wollte trendy sein
und fragte dann zwei Schneiderlein.
Das waren zwei Betrüger,
die waren wirklich klüger.

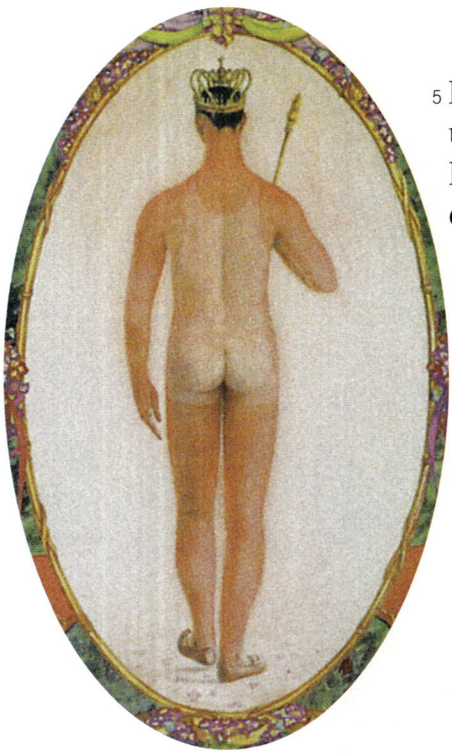

Die webten neue Kleider,
sehn konnt’ man sie nicht – leider.
Sie machten sich ’nen Spaß daraus.
Der Kaiser ging nun nackt vors Haus.

Es wollte keiner wagen,
ihm Folgendes zu sagen:
„Herr Kaiser, Sie sind leider nackt!“
Und so mied jeder den Kontakt.

Bis dann der Kaiser traf ein Kind.
Das Kind, das war ja gar nicht blind!
Das rief: „Der Kaiser hat nichts an!
Der Kaiser ist ein nackter Mann!“

das Gedicht vortragen

*schneller, rhythmischer Sprechgesang

3. a. Übe das Gedicht vorzulesen.
   b. Du kannst das Gedicht auch als Rap* vortragen.
   c. Trage das Gedicht auswendig vor.

Starthilfe

Es **war** ein**mal** ein **Kai**ser,
der **woll**te **neu**e **Klei**der:

Die webten neue Kleider,
sehn konnt' man sie nicht – leider.

4 Erzähle den Inhalt des Gedichts mit eigenen Worten.

erzählen

Vielleicht kennst du das Märchen „Des Kaisers neue Kleider". Hier sind einige Zeilen aus dem Märchen:

Die sagten, sie seien Weber und könnten die allerschönsten Stoffe weben, die man je gesehen habe. Die Farben und Muster seien schon außergewöhnlich genug, doch zudem hätten die Kleider, die aus diesen Stoffen genäht würden, die Eigenschaft, dass sie nur der sehen könne, der für sein Amt tauge und nicht dumm sei.
„Das wären Kleider für mich!", sagte sich der Kaiser.

5 Warum ist der Kaiser auf das Angebot der Betrüger eingegangen?
a. Welche Antwort darauf findest du im Gedicht?
b. Und welche Antwort geben die Zeilen aus dem Märchen?
c. Schreibe die beiden Antworten auf.

Fragen zum Text beantworten

6 Die Menschen mochten dem Kaiser nicht sagen, dass er nackt ist. Dafür kann es unterschiedliche Gründe geben. Sprecht darüber.

über den Text nachdenken

7 Gab es in deinem Leben auch schon einmal eine Situation, in der du dich nicht trautest zu sagen, was du schön oder nicht schön findest? Erzähle davon.

8 Oder gab es einmal eine Situation, in der dir gesagt wurde, dass irgendetwas an dir nicht schick oder trendy war? Wie hast du reagiert? Schreibe es auf.

9 Wonach beurteilst du Kleidung? Schreibe auf, was für dich wichtig ist.

Ein Bild beschreiben

Des Kaisers neue Kleider im Bild

Es gibt viele Illustrationen zu „Des Kaisers neue Kleider“. Hier ist eine aus „Andersens Märchenbuch“.

1 Beschreibe, was auf der Abbildung zu sehen ist.

Das war früher modern …

Die wichtigste Person auf der Abbildung ist der Kaiser.

2 a. Beschreibe den Kaiser.
b. Beschreibe auch seine Umgebung.

Der Kaiser trägt zwar keine Kleider, aber alle anderen Leute sind bekleidet. Auf der Illustration kannst du sehen, was die Leute früher trugen.
Diese drei Personen sind auch auf der Illustration zu sehen.

3 a. Finde die drei Personen auf der Abbildung.
b. Beschreibe, welche Kleidungsstücke sie tragen.
Du kannst dafür die Wörter neben den Personen verwenden.
c. Schreibe den Text in dein Heft.

4 Die drei Personen sind nicht allein abgebildet.
Um sie herum kann man noch weitere Personen sehen.
a. Wähle eine der Personen aus.
b. Beschreibe die Kleidung dieser Person.
c. Vergleiche zwei Personen miteinander, indem du besondere Auffälligkeiten herausstellst.

Starthilfe
Rechts von dem Träger ist … zu sehen.
Vor ihm …
Links neben ihm befinden sich …
Hinter ihm …

Ein Text über Trends und Moden

Im Trend der Zeit …

Wie kommt es eigentlich zu Trends und Moden? Davon handelt der folgende Text. Er ist nicht ganz ernst gemeint.

„Au Backe", rief Frau Schmitt, als sie die neue Warenlieferung auspackte. Auf den Kartons stand zwar „100 Jeanshosen Größe S/M", aber darin lagen Hosen in XXXL.

Da klingelte das Telefon. Es war der Sprecher der Nationalmannschaft der Gewichtheber. Die gelieferten Hosen waren aus allen Nähten geplatzt, als sich die Sportler in Größe S/M hineinzwängen wollten.

Nun war Frau Schmitt einiges klar. Aber ein Umtausch war nicht mehr möglich, denn geplatzte Hosen in S/M konnte man schlecht verkaufen.

Aber wie sollte sie solche Riesenhosen verkaufen???

In ihrer Not rief Frau Schmitt die Werbeagentur „Trendsetter" an und bat die Agentur, eine Werbekampagne für die XXXL-Hosen zu starten.

Kurze Zeit später sah man auf allen Plakaten, in Jugendzeitschriften, in Fernsehserien und in Musik-Videoclips junge Männer mit Riesenhosen, die herunterzurutschen drohten.

Ein neuer Trend war geboren: Die Kids stürmten die Geschäfte. Die Jeansfirma kam mit der Lieferung kaum nach.

Und wenn die Hosen nicht heruntergerutscht sind, dann tragt ihr sie noch heute.

Fragen zum Text beantworten

1. Was war geschehen?
   a. Warum erhielt Frau Schmitt die XXXL-Hosen?
   b. Wodurch wurden die XXXL-Hosen zum Hit?

Die Werbeagentur sorgte dafür, dass die Hosen bekannt wurden.

2 a. Wo überall machte die Agentur die Hosen bekannt?
b. Warum hat „Trendsetter" gerade in Jugendzeitschriften und Jugendsendungen Werbung für die XXXL-Hosen gemacht?

Werbeträger benennen

Könnte es auch so gewesen sein …
… mit euren Turnschuhen?

… mit euren Bodybags?

… mit euren Baseballkappen?

3 Sprecht darüber.

4 Schreibe einen Text, in dem du berichtest, wie Bodybags oder Baseballkappen oder Turnschuhe zum Trend wurden.

einen Bericht schreiben

Im Jahre 2000 wurde in einer Jugendzeitschrift folgende In-/Out-Tabelle veröffentlicht:

IN	OUT
Bodybags	Parkas
bunter Lidschatten	Rastalocken
Handy	Strickpullover
Inline-Skater	Wandern

5 Welche Sachen sind bei euch „in" und „out"?
a. Legt eine Tabelle für eure Klasse an.
b. Vergleicht eure Tabelle mit der In-/Out-Tabelle aus dem Jahr 2000.

eine In-/Out-Tabelle nach dem Alphabet S. 184

6 Wie steht ihr zu Mitschülerinnen und Mitschülern, die Sachen tragen, benutzen oder Dinge tun, die „out" sind? Sprecht darüber.

Stellung beziehen

7 Spielt ein Gespräch. Eine Person vertritt die Meinung, dass etwas „out" ist, die andere Person jedoch sagt das Gegenteil.

Werbung untersuchen und gestalten

In der Zeitung, im Fernsehen und im Radio sowie auf Plakaten habt ihr schon viele Werbesprüche gesehen und gehört. Hier einige Beispiele:

Wir machen den Weg frei.

Heute Nudeltag ... und alles wird nudelstark

BAH ... die 48-Stunden-Frische
für hipfrische Menschen

Die Extraportion Biss – der global gesunde Cerealienmix

Erst „Megafix“ auf den Kopf
– dann megafix in die Spur

1. a. Lest die Werbesprüche.
   b. Für welche Produkte könnte hier geworben werden? Sprecht darüber.

2. Betrachtet die Fotos.
   a. Welche Stimmung drücken sie jeweils aus?
   b. Welche Werbesprüche passen zu den Fotos?
   c. Wie könnten die Fotos für die übrigen Werbesprüche aussehen?

Die Werbetexter erfinden oft neue Wörter wie bioaktiv, Frühlingsfrische, megastark oder Weekend-Feeling. Diese Wörter nennt man Kunstwörter.

über die Sprache der Werbung nachdenken

3. a. Sucht solche Kunstwörter aus den Werbesprüchen heraus.
   b. Sammelt sie an der Tafel.
   c. Was bedeuten diese Wörter? Versucht sie zu erklären.

Starthilfe
megafix = besonders schnell

4. Sucht Werbesprüche mit Kunstwörtern in Zeitungen, Illustrierten und Prospekten.
   a. Schneidet die Kunstwörter aus.
   b. Schreibt neue Werbetexte mit den Kunstwörtern und klebt sie auf.

So könnte eine Werbeanzeige für eine Sonnenbrille aussehen:

5 Sieh dir die Werbeanzeige an.
a. Was fällt dir zuerst auf?
b. Wie wirkt die Werbeanzeige auf dich?

ein Werbeanzeige betrachten

6 Die Anzeige enthält einen Werbespruch (Werbeslogan).
a. Lies den Werbespruch laut vor. Wodurch kommt hier die besondere Wirkung zustande?
b. Schreibe ähnliche Werbesprüche mit den Buchstaben H, M oder …

einen Werbespruch untersuchen

7 Sieh dir die Sonnenbrille genauer an.
Beschreibe sie.
Benutze dazu auch Adjektive, die ein Werbetexter verwenden würde, z. B.: **superschick, ultracool, megastark.**

mehr über Adjektive S. 250–253

8 Entwerft ein eigenes Werbeplakat für eure Fantasiebrille.
Bildet dazu Gruppen mit vier bis fünf Partnern.
a. Zeichnet eure Fantasiebrille.
b. Schreibt einen Werbespruch (Werbeslogan).

ein Werbeplakat entwerfen

9 a. Klebt eure Fantasiebrille auf Tonpapier.
b. Schreibt den Werbeslogan in einer besonderen Schrift dazu.

Tipp: Vielleicht könnt ihr die Werbeanzeige auch im Kunstunterricht gestalten.

Arbeitstechnik

Einen Werbeslogan schreiben

Ein guter Werbeslogan besteht aus
→ fantasievollen, zusammengesetzten Adjektiven,
→ Kunstwörtern,
→ Sprachspielen, z. B. können alle Wörter mit dem gleichen Buchstaben anfangen (Reime, Gegensätze, Bildsprache),
→ leicht zu merkenden Wörtern.

Extra: Wörter für Kleidungsstücke

Für Kleidungsstücke gibt es immer wieder neue Namen.

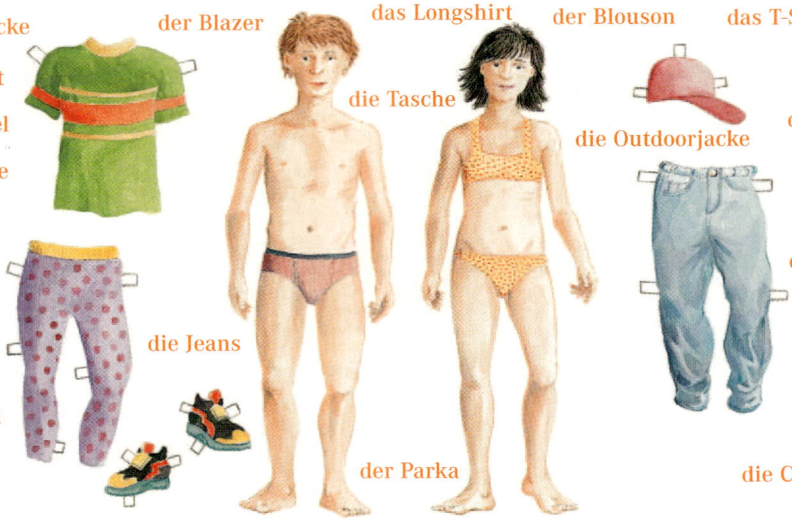

die Lederjacke
das Sweatshirt
der Mantel
die Hose
der Overall
die Leggins
der Pullover
die Stiefel
die Sporthose
der Blazer
die Jeans
das Longshirt
die Tasche
der Parka
die Jogginghose
der Blouson
die Outdoorjacke
das T-Shirt
die Boots
die Latzhose
die Baseballkappe
die Trainingshose
die Bermudas
das Hemd
die Caprihose

1. Ordne die Kleidungsstücke den Oberbegriffen **Jacke**, **Pullover**, **Hemd**, **Hose** und **Schuhe** zu.

Viele der Wörter stammen aus dem Englischen.

Nachschlagen üben S. 184 – 187

2. a. Schlage im Englisch-Wörterbuch die deutsche Bedeutung der englischen Wörter nach.
   b. Schreibe die Bedeutung auf.

Starthilfe

Boots = Stiefel
Outdoor-Jacke = ...

boot /buːt/ *Nomen* **1** Stiefel **walking boots** Wanderschuhe **football boots** Fußballschuhe **2** (*im Auto*) Kofferraum

outdoor /ˈaʊtdɔː(r)/ *Adj* (*nur vor Nomen*) im Freien; (*Kleidung*) Straßen- **an outdoor job** eine Arbeit im Freien **outdoor furniture** Gartenmöbel
outdoors /ˌaʊtˈdɔːz/ *Adv* draußen, im Freien

Auch Bodybag, Wellness und Walking kommen aus dem Englischen.

3. a. Schlage die Wörter nach. Schreibe sie mit ihren Bedeutungen auf.
   b. Schreibe weitere englische Wörter aus der Werbesprache auf.

4. Überlegt in der Klasse, warum für bekannte Kleidungsstücke immer andere Namen gefunden werden.

Extra: Wörter für Kleidungsstücke

Wortschatztraining

Ein Wortnetz hilft dir, noch mehr Wörter zum Bereich „Kleidung“ zu finden und Kleidungsstücke genauer zu bezeichnen.

Wortnetze bilden

5 a. Übertrage das Wortnetz für **Hose** in dein Heft.
b. Ergänze weitere Namen für Hosen.
c. Schreibe zu jeder Hosenart mindestens ein Adjektiv auf.

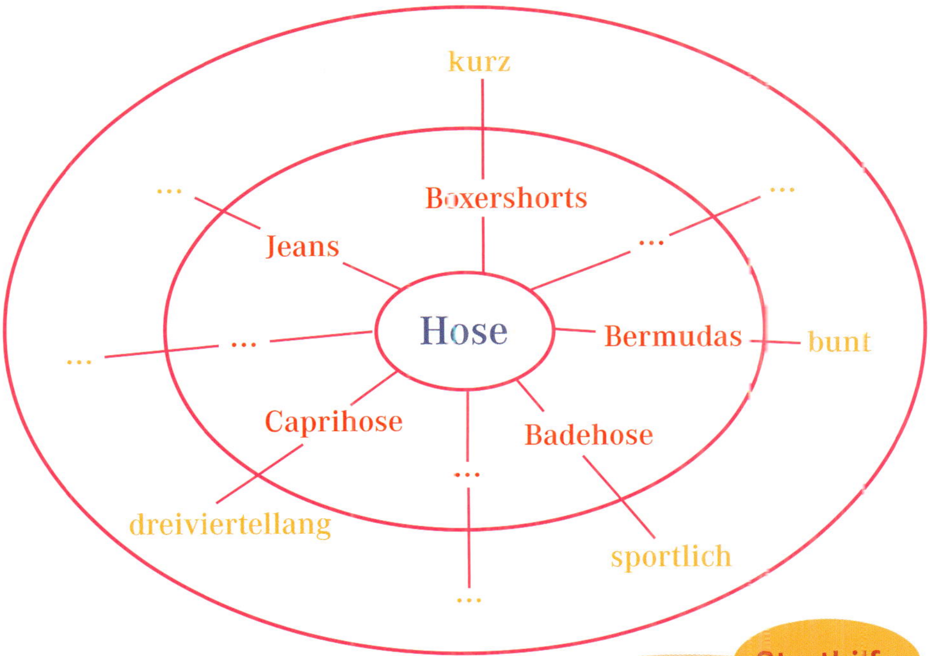

6 Bildet weitere Wortnetze für:
Jacke Schuhe Tasche

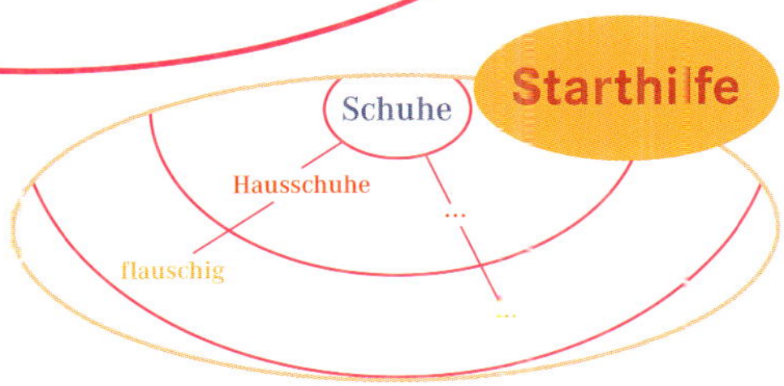

Spielidee
Wer rät, wessen Kleidung beschrieben wird?

- Beschreibe deine Kleidung möglichst genau.
  Verwende dabei treffende Adjektive.
- Schreibe Sätze in dein Heft.
- Sammelt eure Hefte ein.
- Wählt einen Vorleser oder eine Vorleserin.
- Die Beschreibungen werden nacheinander vorgelesen.
- Ratet, wessen Kleidung jeweils beschrieben wird.

mit Adjektiven beschreiben S. 250–253

ein Trainingstext zum Schreibenüben S. 222

Projekt: Modenschau

Die besondere Modenschau

Habt ihr Lust, in eurer Klasse eine Modenschau zu veranstalten? Plant euer Vorhaben sorgfältig, damit es gut gelingt.

1 Einigt euch auf ein Motto.

Einladung schreiben S. 192 – 193

2 Schreibt eine Einladung für die Gäste.

Wer veranstaltet was?
Wen möchtet ihr einladen?
Wann geht es los?
Wo soll die Modenschau stattfinden?

3 Entscheidet euch für ein ausgefallenes Material, z. B. bei einer Modenschau für Zeitungspapier.

4 Bevor ihr eure Modenschau vor einem Publikum präsentiert, überlegt, welche Fachlehrerinnen und Fachlehrer ihr um Hilfe bitten könnt:

Kunst

Musik

Technik

Geschichte

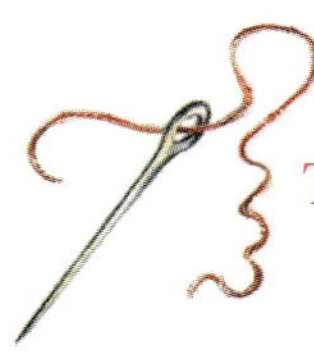

Textil

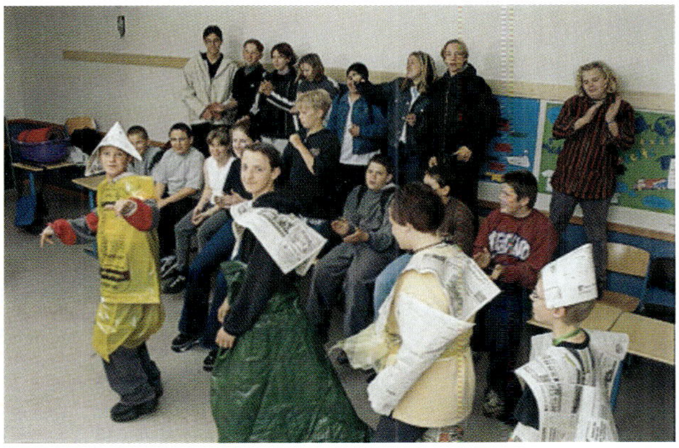

megastark
extrahip
hypertrendy
herbstzeitmäßig
superluftig
druckfrisch
federleicht
figurfreundlich
bioaktiv
preiswert
frühlingsfrisch
auffällig

5 Damit alle mitmachen können, bildet Zweiergruppen. Jeder ist dann mal Model, mal Moderator, d. h., ihr stellt euch gegenseitig vor.

a. Das Model schreibt zu seinem „Outfit“ und dem Material eine Karteikarte mit Stichworten.
b. Überlegt euch auch einen Namen für das Kleidungsstück.

Starthilfe

Outdoor-Overall
megaleicht
herbstzeitmäßig
Trendyfarbe

c. Jeder Moderator übt das fehlerfreie Vortragen der Texte mit Hilfe der Karteikarten.

Starthilfe

Sie können die einmalige Kreation … bestaunen.
Dieses Hemd ist megastark …

mit Adjektiven beschreiben S. 250–253
Possessivpronomen S. 260–263

6 Zur Modenschau gehören außerdem
- ein geeigneter Raum
- eine Musikanlage und Mikrofon
- geeignete Musik passend zum Motto
- Spots zur Beleuchtung
- ein Laufsteg (z. B. ein langer Teppich, Tapetenrollen, Holzbretter, Tische etc.)
- Dekoration
- Fotokamera oder Videokamera

Damit alles reibungslos verläuft, solltet ihr einen Ablaufplan erstellen.

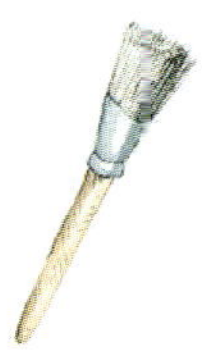

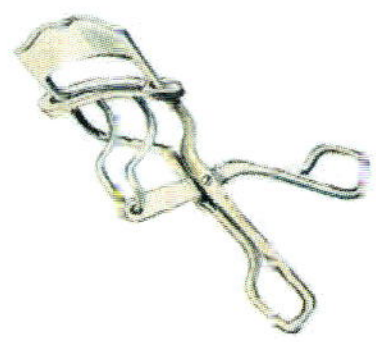

UND JETZT VORHANG AUF!

Spurensuche

Rüffel (Waschbrett)

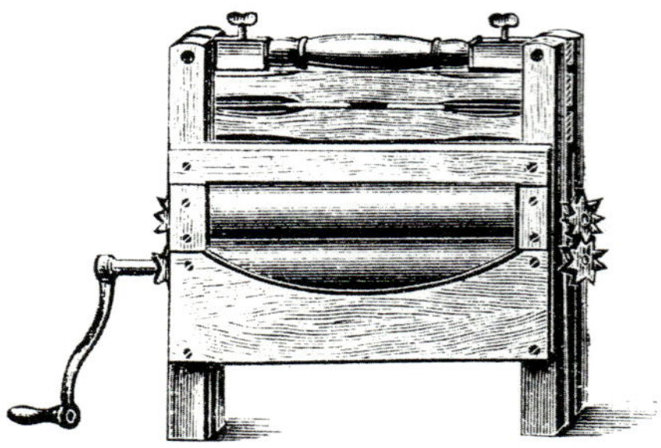

Wringmaschine

Teppichklopfer

Waschbalje, Waschbüdd
(Waschbalge, Waschbütte)

Waschkessel

Radio, Kofferplattenspieler

Staubsauger

Waschmaschine

Fernsehapparat, Videorekorder, Hifi-Anlage

Informationen einholen und ordnen

Gegenstände von früher und heute

Die Gegenstände auf den Seiten 48 und 49 geben euch Auskunft über Tätigkeiten aus früheren Zeiten und von heute.

1 Betrachtet die Gegenstände genauer.
Was erfahrt ihr über das Waschen und Teppichreinigen früher und heute?

**Musik haben auch eure Großeltern gehört.
Aber ihre Musikanlage unterschied sich doch stark von einer heutigen Hifi-Anlage ...**

Gegenstände beschreiben

2 Beschreibt die Unterschiede.

Janet und Elli haben diese alten Gegenstände auf dem Dachboden gefunden.

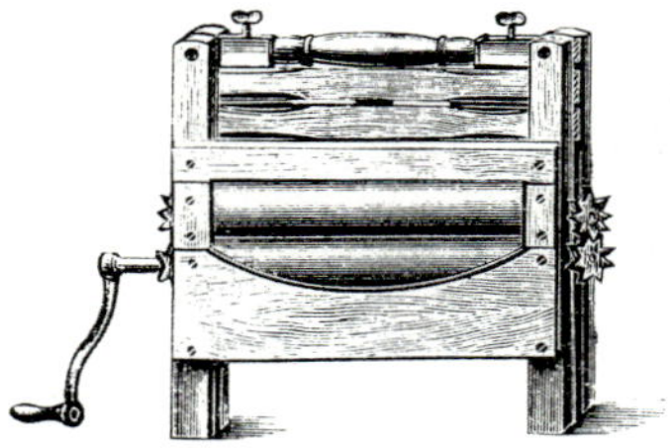

Sie befragen dazu ihre Großeltern. Die Großeltern haben ihnen erklärt, was das für Gegenstände sind und was man früher damit gemacht hat.

Aussagen zuordnen

3 a. Schreibe die Namen der Gegenstände auf oder zeichne sie.
b. Schreibe die passenden Sätze dazu.

- Sie erleichterte das Auswringen der Wäsche nach dem Waschen.
- Unser altes Radio und der alte Plattenspieler! Dass es die noch gibt!
- Mit dem Klopfer habe ich früher den Staub aus den Teppichen geklopft.
- Daran haben wir viel Freude gehabt, so am Abend nach der Arbeit. Wir haben alle davor gesessen.

- Das war ziemlich anstrengend, jedes nasse Wäschestück zwischen die Rollen zu legen, die Kurbel zu drehen und so das Wasser herauszudrücken.
- Das ist ein Ausklopfer für Teppiche.
- Wir haben Musik gehört oder auch gute Hörspiele.
- Ach ja, die alte Wringmaschine meiner Mutter.
- Zuerst musste ich die Möbel vom Teppich wegrücken. Dann wurde der Teppich aufgerollt, runtergeschleppt in den Hof und über die Teppichstange gehängt. Und dann habe ich den Teppich geklopft, bis der ganze Staub draußen war.

Wäsche waschen früher

Großmutter schlägt ein altes Fotoalbum auf. „Seht mal“, sagt sie, „hier bin ich mit meiner Mutter in der Waschküche. Das ist ein Waschkessel. Den musste sie lange vorheizen. Und auf dem Waschbrett haben wir früher die Wäsche gerubbelt.“

Waschkessel:
- Wasser in den Waschkessel füllen
- den kleinen Ofen im unteren Teil des Waschkessels anheizen
- Seife in das heiße Wasser schütten
- Wäsche in der Seifenlauge waschen

Waschbrett:
- das Waschbrett an den Rand der Waschbütt mit der Seifenlauge legen
- die Wäsche mit der Hand am Waschbrett reiben, von oben nach unten

4 Was könnte die Großmutter noch erzählt haben?
a. Lies dir die Informationen in den Kästen durch.
b. Schreibe einen Sprechblasentext der Großmutter.

Sprechblasentexte schreiben

Starthilfe
In den Waschkessel füllte meine Mutter …

5 Wäsche waschen früher. Schreibe mit Hilfe der Stichworte in den Kästen eine kurze Anleitung.

eine Anleitung schreiben

Einen Zeitungstext lesen

Wenn man viele Dinge aus alter Zeit zusammenträgt, kann man eine Ausstellung veranstalten. Darüber berichtet der folgende Zeitungsartikel.

31.1.2000

Ausstellung erzählt von der „großen Wäsche“ zu Großmutters Zeiten

Mit Rubbelbrett und Stampfer

Von Nachrichten-Mitarbeiterin Heike Thevis

Aachen. Darius (9) staunt. Wie eine große Gemüsereibe sieht das Ding aus, das in der Wanne steht. „Darauf haben wir früher Wäsche gerubbelt“, erzählt Agnes Theuer (71).

Mit der „großen Wäsche“ zu Großmutters Zeiten befasst sich eine Ausstellung in der Schule „Am Römerhof“.

Christian greift ein Holzbrett aus einem Zinkkessel. „Komisches Teil“, wundert sich der Drittklässler. Abgewetzt und verblichen sieht es aus. Heiße Lauge[1] hat ihre Spuren hinterlassen. „Schmutzige Wäsche musste früher erst einmal eingeweicht werden. Mit dem Stab fischten wir sie aus dem kochend heißen Wasser“, erklärt Agnes Theuer den Schülern die Gerätschaften, mit denen man früher dem Schmutz an den Kragen ging.

Berichte von Zeitzeugen

Agnes Theuer gehört zu den Senioren[2], die regelmäßig am Erzählcafé von „Picco Bella“ teilnehmen, um frühere Zeiten Revue passieren zu lassen[3]. An jedem ersten Mittwoch im Monat treffen sich die Senioren in der Alexanderstraße 69–71. Mitarbeiter von „Picco Bella“ dokumentieren[4] die Erfahrungsberichte der Zeitzeugen[5]. Auf diese Weise hoffen sie, die wertvollen Erzählungen auch nachfolgenden Generationen[6] zu erhalten.

Geschichte hinterfragen

Dass Geschichten aus Großmutters Zeiten nicht dröge und langweilig sein müssen, beweist die derzeitige Ausstellung. […] Sie lädt Besucher dazu ein, nach der Entstehungsgeschichte inzwischen selbstverständlich gewordener Gegenstände des Alltags zu fragen, wie es vollautomatische Waschmaschinen inzwischen geworden sind.

Aus erster Hand lernen die Kinder, was eine „Waschbüdd“ ist, dass eine Holzwaschmaschine mit Drehflügelschraube beinahe schon eine kleine „Revolution[7]“ im Haushalt bedeutete und Wäsche „in die Mangel“ genommen werden konnte.

Parallel gehen die Schüler auch im Sachunterricht auf eine Reise in die Vergangenheit. „Der Austausch zwischen Jung und Alt bietet Erfahrungen, die zum Verständnis der heutigen Welt wichtig sind“, freut sich Schulleiterin Maria Linden über die Ausstellung.

Christian, Lisa und Matthias staunten: Mit einem Holzbrett angelten Frauen früher die auf dem Waschbrett gerubbelte Wäsche aus der Büdd.

Foto: Heike Lachmann

[1] Lauge: Seifenwasser
[2] Senioren: alte Menschen
[3] Revue passieren lassen: sich an etwas erinnern
[4] dokumentieren: schriftlich festhalten
[5] Zeitzeugen: Leute, die man nach der vergangenen Zeit befragen kann
[6] Generation: Abstand zwischen Eltern und Kindern, etwa 20 – 30 Jahre
[7] Revolution: hier Fortschritt, Neuerung

1 Lies den Zeitungsartikel aufmerksam.

lesen

2 Sind die folgenden Textstellen aus dem Artikel richtig oder falsch?

den Inhalt sichern

A. „Das sieht aus wie eine Gemüsereibe."
B. „Darauf haben wir früher Kartoffeln geschält."
C. „Wäsche musste früher erst einmal eingeweicht werden."
D. „Mit dem Sieb fischten wir sie aus dem kalten Wasser."
E. Das Erzählcafé heißt „La Isla".

3 Berichtigt die falschen Aussagen und schreibt sie dann richtig auf.

Der Zeitungsartikel ist gegliedert. Dadurch liest er sich leichter und ist besser zu verstehen.

Aachen. Darius (9) staunt. Wie eine große Gemüsereibe sieht das Ding aus, das in der Wanne steht. „Darauf haben wir früher Wäsche gerubbelt", erzählt Agnes Theuer (71). ← Absatz

Einzug → Mit der „großen Wäsche" zu Großmutters Zeiten befasst sich eine Ausstellung in der Schule „Am Römerhof".

Zu jedem der sieben Absätze des Zeitungsartikels gehört eine der folgenden Überschriften.

4 Ordne die Überschriften den Absätzen zu.
Tipp: Die Buchstaben in Klammern ergeben ein Lösungswort.

Überschriften zuordnen

Senioren im Erzählcafé (C)

„Waschbüdd" und Wäschemangel (E)

„Große Wäsche" zu Großmutters Zeiten (A)

Ausstellung: Waschen früher (H)

Ein Ding wie eine Gemüsereibe (W)

Schmutzige Wäsche waschen (S)

Austausch zwischen Jung und Alt (N)

Einen Handlungsablauf beschreiben

Ein langer Waschtag zu Großmutters Zeit

Bilder und Texte zuordnen

1. a. Sieh dir die Bilder zusammen mit einem Partner oder einer Partnerin an.
   b. Lest euch die Textstreifen durch und überlegt, zu welchen Bildern sie gehören.

1 den Waschkessel heizen

2 die Wäsche im Waschkessel erhitzen oder kochen

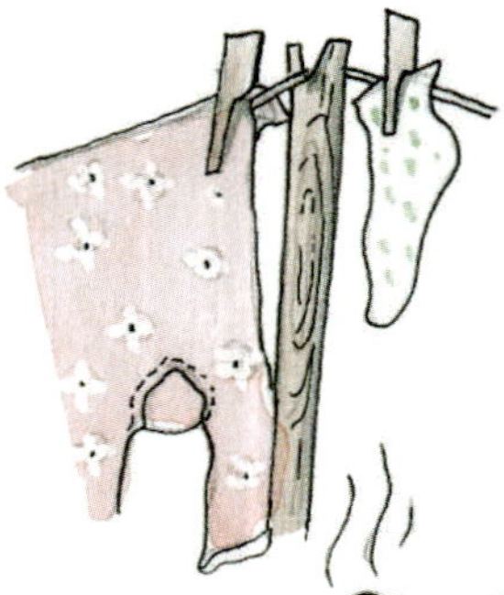

3 die Wäsche mit dem Stab aus dem heißen Wasser holen

4 die Wäsche auf dem Bock abtropfen lassen

5 die Wäsche mit Kernseife oder grüner Seife in der Waschbüdd (Waschbalje) auf dem Waschbrett (auf der Rüffel) rubbeln oder mit der Bürste bearbeiten

6 die Wäsche spülen

7 die Wäschestücke einzeln durch die Wringmaschine drehen

8 die Wäscheleinen spannen

9 die Wäschestücke aufhängen

10 die Leinen mit der Wäsche durch Wäschestützen stärken

2. Erzählt den Ablauf eines Waschtages früher, so wie ihn Großmutter erzählt hätte.

Ein alter Waschkessel könnte so manches berichten …

Einmal hatte ich ein Loch.

Auch zum Grünkohlkochen wurde ich eingesetzt.

3. Schreibe einen Bericht aus der Sicht des Waschkessels.

Ein Interview planen und durchführen

Alt und Jung begegnen sich …

Von alten Menschen lernen

Ältere Leute sind „Zeitzeugen“. Sie wissen über viele Dinge von früher Bescheid. Vielleicht gibt es auch in eurem Ort ein „Erzählcafé“ oder einen anderen Treffpunkt für ältere Leute. Dort könnt ihr die Zeitzeugen befragen, z. B. über:

Straßennamen — Verkehr früher — alte Gebäude — Schule früher — alte Geräte — Fernsehen damals — alte Autos — Arbeiten früher

Informationen beschaffen

1. Erkundigt euch, ob und wo in eurem Ort Jung und Alt zusammentreffen können.

das Interview planen

2. Bildet Gruppen zu dritt oder zu viert. Überlegt gemeinsam, zu welchem Thema ihr etwas von den Senioren erfahren möchtet.
   a. Sammelt Fragen zu diesem Thema und schreibt sie mit der Überschrift ins Heft.
   b. Übertragt die Fragen auf einen Interviewbogen. Lasst hinter jeder Frage Platz für die Antwort.
   c. Jedes Gruppenmitglied sollte die Möglichkeit haben, mindestens eine Frage zu stellen. Sprecht euch ab, damit keine Frage doppelt gestellt wird.
   d. Vergesst nicht die Frage: „Können Sie uns ein eigenes Erlebnis über … erzählen?“

Starthilfe

War das Fernsehen damals anders als heute?
Was war anders?
…

3. Organisiert ein Treffen mit den Zeitzeugen. Denkt an die Telefonnummer, einen Termin, den Ort, das Datum und die Uhrzeit.

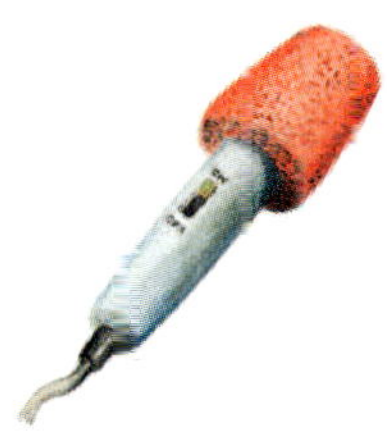

Tipps für ein Interview:

Für ein Interview benötigt man
- einen **Interviewbogen** mit Fragen und Platz für die Antworten,
- einen **Kassettenrekorder** (er kann die Arbeit erleichtern, wenn man nicht so schnell mitschreiben kann),
- eine **Mappe**, in der man die Interviewbögen mit den Antworten abheftet.

Extra: Grammatik

Früher und heute

Früher benutzte man eine Gemüsereibe. Sie diente dazu, Gemüse wie Möhren, Kohlrabi und Gurken per Hand klein zu raspeln.
Gemüsereiben gibt es immer noch. Aber einfacher geht es heute, wenn man eine Küchenmaschine benutzt.
Sie raspelt auf Knopfdruck das Gemüse.

Präteritum und Präsens üben

Präteritum und Präsens S. 258

1 a. Zeichne eine Tabelle in dein Heft.
b. Schreibe die Verbformen aus dem Text in die richtige Spalte.
c. Ergänze die fehlenden Verbformen im Präsens oder Präteritum.

Starthilfe

Präsens	Präteritum
benutzt ...	benutzte ...

2 a. Bilde aus den folgenden Wortgruppen Sätze.
Fange den ersten Satz entweder mit „Früher" oder mit „Heute" an.
b. Unterstreiche die Verbformen.
c. Trage die Verbformen in die Tabelle (Aufgabe 1) ein.

Starthilfe

Früher weichte man die schmutzige Wäsche ...

die schmutzige Wäsche – einweichen – in der Seifenlauge – die Wäsche – mit dem Stab – aus dem heißen Wasser – herausfischen – rubbeln – auf dem Waschbrett
die schmutzige Wäsche – einfüllen – in die Waschmaschine – das Waschpulver – hinzufügen – im Hauptwaschgang bei 60 Grad – automatisch waschen

den Glaszylinder abnehmen – Petroleum – nachfüllen – den Docht der Lampe – anzünden – die Helligkeit – mit dem Rädchen – regeln
den Schalter – drücken

Wenn man über Vergangenes berichtet, benutzt man meist das Präteritum.

Präteritum üben

Der Präteritumstern

3 Übe das Präteritum mit dem Präteritumstern.

Vorbereitung:
- Übertrage den Stern auf ein Blatt.
- Schreibe die Verbformen in die Dreiecke.
- Schneide den Stern aus.
- Zerschneide ihn in die einzelnen Dreiecke.

Spiel:
Setze den Stern immer wieder richtig zusammen.

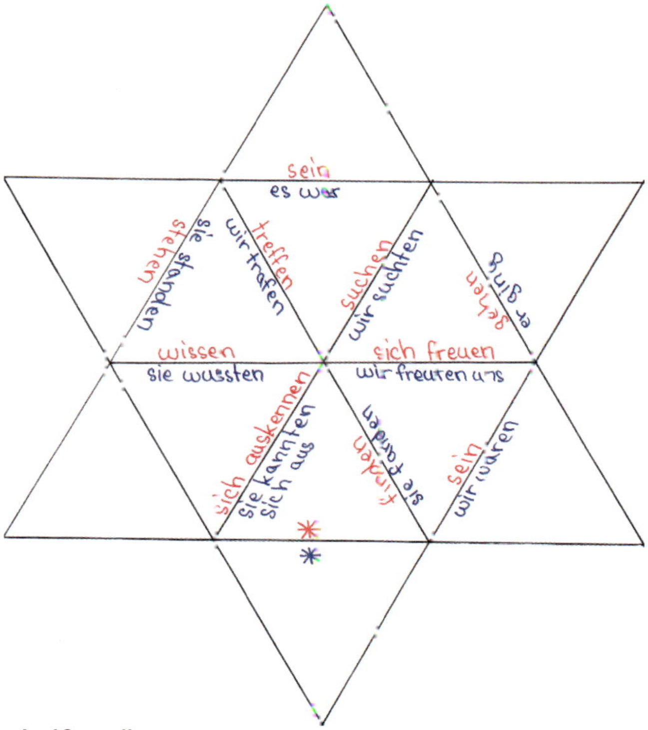

In dem folgenden Artikel für die Schülerzeitschrift müssen noch Verben im Präteritum ergänzt werden.

4 Schreibe den Artikel ab und ergänze ihn mit den richtigen Verbformen.
Du findest sie im Präteritumstern.

Jung trifft Alt

Am 15.4. dieses Jahres ___ es endlich so weit. Nach langen Planungen und Vorbereitungen ___ wir endlich unsere Interviewpartner: vier Senioren vom Gesprächskreis „Kaffeekränzchen“. Zuerst ___ wir ein bisschen schüchtern und wir ___ ganz schnell nach unseren Fragebögen. Wir ___ uns, dass wir Fragen aufgeschrieben hatten. Die Senioren ___ sich gut aus und ___ viel zu erzählen. Sie ___ es schön, etwas aus der alten Zeit zu erzählen. Stellt euch vor, auf unserem Schulgelände ___ früher eine Süßwarenfabrik. Der Vormittag mit unseren Interviewpartnern ___ leider zu schnell zu Ende.

weitere Übungen zu Präteritum und Präsens S. 256–258

eine Geschichte über eine „Spurensuche“ zum Schreibenüben S. 224

Weiterführendes: Zu einem Bild schreiben

Zeitsprung: Reise in die Vergangenheit

Dieses alte Puppenhaus stand früher in einem Kinderzimmer reicher Leute.

1 a. Sieh dir das Puppenhaus genau an.
Gehe mit den Augen durch alle Räume.
b. Versetze dich nun in eine Person, die im Puppenhaus lebt.
Schreibe auf, was du als diese Person machst.

Tipps zum Überarbeiten S. 270

2 Überarbeite deinen Text.
- Achte auf die **Satzanfänge:** Früher … Damals … Als … Wenn …
- Kann man sich genau vorstellen, was sich wo befand?
- Hast du **Abschnitte** gemacht, wenn ein neuer Gedanke anfängt?

Weiterführendes: Eine Geschichte weiterschreiben

Zeitsprung: Reise in die Gegenwart

**Was wäre, wenn es eine Zeitmaschine gäbe?
Dann wäre diese Geschichte nicht unmöglich.**

Ich sitze hier, während ich das schreibe, auf einem Stein. Der Lärm, der mich umtost, ist nicht übermäßig; ein, zwei Li[1] weiter ist er viel schlimmer. Nicht weit von dem Stein muss das kleine Sommerhaus sein, wo ich dich vor tausend Jahren und drei Tagen zum Abschied umarmt habe. Es ist kein Staubkorn mehr davon vorhanden. Eine Reihe von hässlichen Häusern steht dort. Den anderen Stein habe ich nicht mehr gefunden, den wir im Park eingerammt haben in der Hoffnung, er würde tausend Jahre überdauern.

1. a. Lies den Text.
   b. Beantworte die folgenden Fragen:
   - Aus welcher Zeit ist die Person in die Gegenwart gekommen?
   - Was steht heute an der Stelle des kleinen Sommerhauses?
   - Hat die Person aus der Vergangenheit den vergrabenen Stein wiedergefunden?

Für die Person aus der Vergangenheit hat sich mit Sicherheit noch mehr verändert bei ihrer Ankunft in der Gegenwart.

2. Schreibe fünf Dinge auf, von denen du meinst, sie seien fremd für sie.

3. Du triffst die Person und erklärst ihr die fünf Dinge.
   Schreibe deine Erklärungen auf.

5. Schreibe die Geschichte nun weiter.
   Wie endet die Reise in die Gegenwart in deiner Geschichte?

Was-wäre-wenn-Geschichten
S. 130–141

[1] 1 Li: ungefähr 600 m

Von Angst

und Mut

Über Angst nachdenken

Jeder Mensch hat manchmal Angst: große Menschen, kleine Menschen, alte Menschen, junge Menschen, starke Menschen, schwache Menschen.

einen Cluster anfertigen

1 Was heißt Angst für euch?

a. Fertigt in Gruppen einen Cluster zu dem Wort „Angst" an.

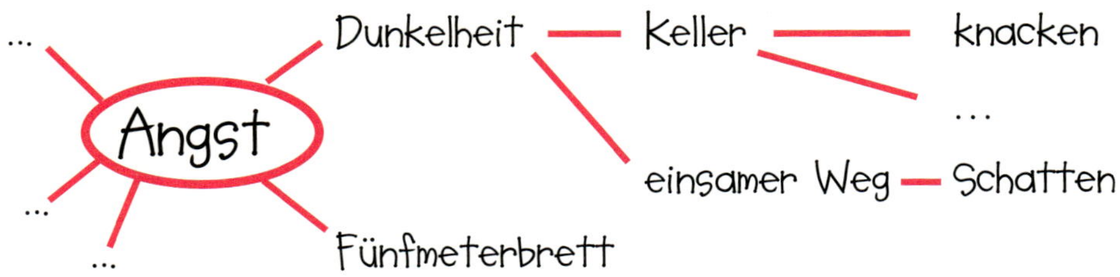

b. Welche Gedanken erscheinen euch besonders wichtig? Markiert sie.

c. Stellt euch gegenseitig eure Cluster vor.

Arbeitstechnik Cluster S. 156, 272

Über Angst gibt es viele Meinungen.

Wer Angst hat, ist ein Feigling.

Angst ist ein Gefühl wie andere auch.

Angst lähmt. Angst ist lächerlich.

Mädchen haben mehr Angst als Jungen.

2 a. Wählt in Partnerarbeit Angstsätze aus.

b. Findet weitere Angstsätze, die ihr für richtig haltet.

c. Schreibt die Sätze auf.

d. Sprecht in der Klasse über eure Angstsätze.

e. Gibt es Ängste, die viele gemeinsam haben? Stellt die Rangfolge der Ängste fest.

Angst ausdrücken

Man kann Angst auch mit Farben und Formen ausdrücken.

3 Male ein Angst-Bild.

a. Zeichne einen gruseligen Umriss auf ein Blatt Papier.

b. Welche Farben fallen dir bei dem Wort „Angst" ein? Male mit diesen Farben der Angst deinen Umriss aus.

Tipp: Du darfst wild durcheinander malen! Male auch über den Rand hinweg.

Über Mut nachdenken

Es gibt echten und falschen Mut.

sich entschuldigen

vom Fünfmeterbrett springen

im Kaufhaus etwas klauen

schnell über die Autobahn rennen

zu einem anderen Kind halten

1 Was ist echter Mut? Was ist falscher Mut?
   a. Sprecht darüber.
   b. Notiert selbst weitere Beispiele auf kleine Kärtchen – eure Mutkärtchen.

über Mut schreiben

2 Schreibe eine kleine Geschichte zu einem Mutkärtchen.

Angstgefühle sind manchmal schwer auszudrücken.

Welche Farbe hat Angst?	Angst ist tiefschwarz/blaugrün/knallrot
Und wie schmeckt sie?	Und hat den Geschmack von Zitronensaft/von hartem Brot/saurer Milch
Wie riecht Angst?	Angst riecht nach beißendem Qualm/nach fauliger Erde/nach kaltem Schweiß
Und wie sieht sie aus?	Und sieht aus wie ein dunkler Schatten/ein greller Blitz/ein scharf bremsendes Auto
Wie hört sich Angst an?	Angst ist das Dröhnen eines Panzers/Pfeifen eines Düsenjägers/Surren eines Zahnarztbohrers
Und wie fühlt sie sich an?	Und fühlt sich an wie eine huschende Spinne am Rücken/ein Schlag ins Gesicht/ein zentnerschwerer Stein im Magen

einen Angsttext schreiben

3 Schreibe einen Angsttext, vielleicht auch ein Angstgedicht.
   a. Beantworte die Fragen in der linken Spalte.
   b. Wähle passende Wörter und Wortgruppen aus der rechten Spalte aus.

ein Mutgedicht schreiben

4 Schreibe auch ein Mutgedicht.

Starthilfe

Welche Farbe hat Mut?
Mut ist hellblau …

Eine Geschichte über Angst und Mut

Die Geschichte von Ursula Wölfel handelt von einem Jungen, der seine Angst überwindet und mutig wird.

Ursula Wölfel

Der Nachtvogel

einen Mut-Text lesen

Ein Junge hatte immer große Angst, wenn er nachts allein in der Wohnung sein musste. Seine Eltern gingen oft am Abend fort.

Dann konnte der Junge vor Angst nicht einschlafen. Er hörte etwas rauschen, und das war, als ob jemand im Zimmer atmete.

Er hörte ein Rascheln und ein Knacken, und das war, als ob sich etwas unter seinem Bett bewegte.
Aber viel schlimmer war der Nachtvogel.

Der Junge sah ihn immer ganz still draußen auf der Fensterbank sitzen, und wenn unten ein Auto vorbeifuhr, schlug der Vogel mit den Flügeln und der Junge sah den riesigen Schatten von den Flügeln an der Zimmerdecke.

Der Junge erzählte seinen Eltern von der Angst. Aber sie sagten nur: „Stell dich doch nicht an! Du bildest dir das alles nur ein."

Und sie gingen immer wieder am Abend fort, weil sie den Vogel nicht sehen konnten, weil sie das alles nicht glaubten.

Einmal war der Junge wieder allein | und es schellte an der Wohnungstür. ||

Der Junge wurde steif vor Angst. ||

Wieder schellte es. ||

Es schellte und schellte. ||

Dann war es still, | lange Zeit war es still. ||

Dann kratzte etwas an der Hauswand. || Das war der Vogel! || Jetzt kletterte er mit seinen Krallen an der Mauer hoch. || Jetzt war er an der Fensterbank. || Und jetzt schlug er mit seinem Schnabel an die Scheibe! || Einmal, | zweimal, | immer wieder, | immer lauter, | und gleich würde das Glas zerbrechen, | gleich würde der Vogel ins Zimmer springen! ||

Der Junge packte die Blumenvase vom Tisch neben dem Bett. || Er schleuderte sie zum Fenster. ||

Das Glas zersplitterte. || Wind fuhr ins Zimmer, | dass der Vorhang hoch an die Wand schlug, | und der Vogel war fort. ||

Auf der Straße unten hörte der Junge seine Eltern rufen.

Er rannte auf den Flur, er fand im Dunkeln sofort den Lichtschalter und den Knopf vom Türöffner. Er riss die Wohnungstür auf und lief den Eltern entgegen.

Er lachte, so froh war er, dass sie da waren.

✱ Aber sie schimpften. Ihre schönen Ausgehkleider waren nass vom Blumenwasser.

„Was soll denn das wieder heißen?“, fragte der Vater. „Jetzt ist die Scheibe kaputt!“

„Und mein Mantel! Sieh dir das an!“, rief die Mutter.

„Der Nachtvogel war am Fenster“, sagte der Junge. „Der Nachtvogel hat mit seinem Schnabel ans Fenster gepickt.“

„Unsinn!“, sagte der Vater. „Wir hatten den Schlüssel vergessen und du hast das Schellen nicht gehört. Darum haben wir mit einer Stange vom Bauplatz an dein Fenster geklopft.“

„Es war der Nachtvogel, wirklich!“, sagte der Junge. „Der Nachtvogel war es!“

Aber die Eltern verstanden das nicht. Sie gingen immer wieder am Abend fort und ließen den Jungen allein.

Er hatte immer noch Angst, er hörte immer noch das Rauschen und Knacken. Aber das war nicht so schlimm.

Denn der Nachtvogel kam nie mehr wieder, den hatte er vertrieben.

Er selbst hatte ihn vertrieben, er ganz allein.

Fragen zum Text beantworten

1 „Denn der Nachtvogel kam nie mehr wieder …“
a. Was bedeutet das für den Jungen? Sprecht gemeinsam darüber.
b. Warum ist dies auch eine Geschichte über Mut?

vorlesen

2 Der blaugrau unterlegte Teil der Geschichte ist besonders spannend.
a. Übt das Vorlesen der Textstelle in Partnerarbeit.
b. Lest ihn dann mit ausdrucksvoller Stimme vor.

Tipps zum Vorlesen S. 180–183, 269

Tipp: Beachtet die Pausenzeichen: | = kurze Pause,
|| = längere Pause

einen anderen Schluss finden

3 Eine Stelle im Text ist mit einem Sternchen * gekennzeichnet.
Hier könnte die Geschichte auch anders weitergehen.
Überlege dir einen anderen Schluss und schreibe ihn auf.

Starthilfe

Besorgt schauten die Eltern ihn an.
Die Mutter fragte:
„Was ist denn bloß passiert?“
Da erzählte der Junge: „…“

Ein Sachtext über Angst

einen Sachtext lesen

Angst lähmt – Angst schützt

Was geschieht in deinem Körper, wenn du Angst hast?
Dein Gehirn meldet blitzschnell: Gefahr!
Dein Körper produziert so genannte Stresshormone.

Diese Stoffe führen im Gehirn dazu, dass du nicht mehr richtig denken kannst.

Das ist der Grund dafür, dass du manchmal bei Klassenarbeiten nicht mehr weißt, was du vorher so gut gelernt hast, oder dass du, wenn du aufgerufen wirst, einfach vergessen hast, was du sagen wolltest.

Wie der Körper auf Angst reagiert, ist bei jedem Menschen anders. Vielleicht wird dir heiß oder kalt, vielleicht wirst du blass oder bekommst rote Flecken am Kopf und am Hals. Vielleicht werden deine Hände feucht oder fangen an zu zittern oder dein Mund ist ganz trocken. Möglicherweise klopft dein Herz wie wild und du atmest schneller. Es kann dir auch passieren, dass deine Knie zittern, du eine Gänsehaut bekommst oder am ganzen Körper zitterst.

Für Urzeitmenschen waren solche Angstreaktionen lebenswichtig. Wurden sie zum Beispiel von einem wilden Tier angegriffen, mussten sie sofort reagieren und sich verteidigen. Durch schnelleres Atmen und schnelleren Herzschlag waren sie in der Lage, besonders viel Kraft aufzuwenden. Stell dir vor, die Urzeitmenschen hätten erst nachgedacht, was zu tun sei! Das hätte für sie den sicheren Tod bedeutet.

über den Text nachdenken

1. a. Wie reagiert dein Körper, wenn du Angst hast? Schreibe Beispiele aus dem Text auf.
   b. Schreibe auf, warum Angstreaktionen für Urzeitmenschen lebensnotwendig waren.

Starthilfe
Wenn ich Angst habe, …

2. Auch heute gibt es Situationen, in denen Angst uns schützen kann. Sprecht gemeinsam darüber.

3. Und was spürst du, wenn du dich ganz mutig fühlst? Sprich mit einem Partner darüber oder schreibe es auf.

4. Schreibe zu Aufgabe 2 oder 3 eine Angst- bzw. Mutgeschichte.

Extra: Grammatik

Wenn ich Angst, Mut, Freude … habe

Wenn wir ausdrücken, was wir bei Angst, Mut, Ärger, Freude empfinden, dann können wir wenn-dann-Sätze verwenden.

Wenn ich Ärger habe, dann gucke ich ganz böse.

Wenn ich Ärger habe, dann könnte ich platzen.

wenn-dann-Sätze notieren

1 Schreibe fünf wenn-dann-Sätze auf.

Tipp: Denke an das Komma!

Wenn ich	Angst Wut Ärger Mut Freude	**habe, dann**	werde ich ganz nervös. könnte ich platzen. gucke ich ganz böse. bekomme ich eine Gänsehaut. fühlt sich mein Körper ganz leicht an. wird mir angenehm warm. spüre ich ganz viel Kraft in mir.

Auch Tiere zeigen ihre Gefühle.

Ein Hund freut sich.
Er wedelt dann mit dem Schwanz.

Ein Kaninchen hat Angst.
Es klopft dann mit seinen Hinterläufen.

Ein Vogel ist aggressiv.
Er hackt dann mit dem Schnabel.

Ein Igel hat große Angst.
Er rollt sich dann ein und stößt einen Schrei aus.

Ein Meerschweinchen fühlt sich wohl.
Es gluckert dann.

2 Verknüpfe immer zwei Sätze miteinander und schreibe sie auf.

Starthilfe

Wenn ein Hund sich freut, dann wedelt er mit dem Schwanz. Wenn …

3 Finde eigene wenn-dann-Sätze. Schreibe sie auf.

Merkwürdige Geräusche

Du liegst nachts im Bett und hörst merkwürdige Geräusche: ein Rascheln, ein Knacken, ein Rauschen, ein Knirschen, ein Krachen, ein Ticken, ein Knarren, ein Klappern …

Verben werden zu Nomen

Wissenswertes zu Nomen S. 277

1. Schreibe auf, was du hörst.
   Tipp: Achte dabei auf die Groß- und Kleinschreibung:
   rascheln – das/ein **R**ascheln, knacken – das/ein **K**nacken

Starthilfe

Die Heizung rauscht.
Daher kommt das Rauschen.
Die Treppenstufen …
Daher kommt das …

der Vorhang
der Wecker
das Bett
die Tür
der Fensterrahmen
der Fensterladen

Viele Menschen haben Angst, wenn sie nachts alleine sind. Es gibt verschiedene Möglichkeiten, damit umzugehen:

Ich sehe fern oder lese.
Ich telefoniere mit meiner Tante.
Ich höre Musik.
Ich bastle etwas.

beim Fernsehen
beim Lesen
beim Telefonieren
beim Musikhören
beim Basteln

2. a. Schreibe die Sätze in dein Heft.
   b. Schreibe immer eine Begründung dazu.

Starthilfe

Ich sehe fern und lese.
Denn beim Fernsehen und beim Lesen vergesse ich die Angst.
…
Denn beim …

3. Was würdest du machen, wenn du Angst hast?
   a. Schreibe es auf.
   b. Schreibe auch eine Begründung dazu.

eine Geschichte über Angst zum Schreibenüben S. 220

4. Übt die Sätze als Partnerdiktat oder als Laufdiktat.

Hinweise zum Partnerdiktat S. 212, zum Laufdiktat S. 214

Weiterführendes: Mutmacher schreiben

Wenn andere uns kränken oder verletzen, ist es manchmal schwer, mutig zu sein.
Diese Sätze sind richtige „Fertigmacher".
Sie verletzen und kränken.

Was soll denn das wieder heißen?!

Ih, was hast du denn für eine bescheuerte Hose an!

So eine dumme Antwort!

Hau bloß ab, du alte Flasche!

Guckt mal, da kommt wieder unser Angsthase!

mit Fertigmachern umgehen

1 a. Sprecht darüber, warum die Sätze Fertigmacher sind.
b. Nennt noch weitere Fertigmacher.

2 Fertigmacher wollt ihr in eurer Klasse nicht mehr hören.
a. Notiert alle Fertigmacher auf kleinen Zetteln.
b. Werft die Zettel auf einen großen Haufen.
Lest sie nacheinander vor, zerreißt sie und werft sie in den Müll.

Mit „Mutmachern" können wir anderen Menschen zeigen, dass wir sie wichtig finden.

Du hast ein tolles Gedicht geschrieben!

Die nächste Klassenarbeit wird bestimmt wieder besser!

Du kannst prima Witze erzählen!

Dir kann man Geheimnisse anvertrauen!

mit Mutmachern umgehen

3 Schreibe deinem Nachbarn oder deiner Nachbarin einen Mutmacher.

4 Bildet Gruppen von etwa sechs Schülerinnen und Schülern und schreibt Mutmacher für jedes Gruppenmitglied.
a. Jeder erhält ein Blatt Papier und schreibt in die Mitte seinen Namen.
b. Geht nun von Blatt zu Blatt und notiert für die betreffende Person einen Mutmacher.
c. Ihr könnt die Zettel auch auf eure Rücken kleben.

Auch Gedichte können Mutmacher sein.

ein Mutmacher-gedicht lesen und abschreiben

Hans Manz
Wunder des Alltags

Manchmal, da habe ich eine Angst.
Manchmal, da habe ich einen Zorn.
Manchmal, da habe ich eine Wut.

Manchmal, da habe ich keine Freude.
Manchmal, da habe ich kein Vertrauen.
Manchmal, da habe ich keinen Mut.

Aber manchmal,
da kommt plötzlich jemand
und fragt mich: „Komm, du, geht's dir nicht gut?"

5 Verschenke das Gedicht an jemanden, dem du Mut machen möchtest.
a. Schreibe das Gedicht sorgfältig und sauber auf einen Zettel. Ein Linienblatt kann dir dabei helfen.
b. Verziere deinen Zettel besonders schön.

6 Mutmacher kann man auch als kleine Botschaft verschicken.
- vorsichtig zusammengerollt in die Federtasche legen,
- in Geschenkpapier eingewickelt auf den Tisch legen,
- glatt zusammengefaltet unters Kopfkissen stecken,
- ...

a. Sammelt gemeinsam weitere Ideen und schreibt sie auf.
b. Überlege, an wen du einen Mutmacher schicken möchtest. Schreibe den Mutmacher auf und verschicke ihn.

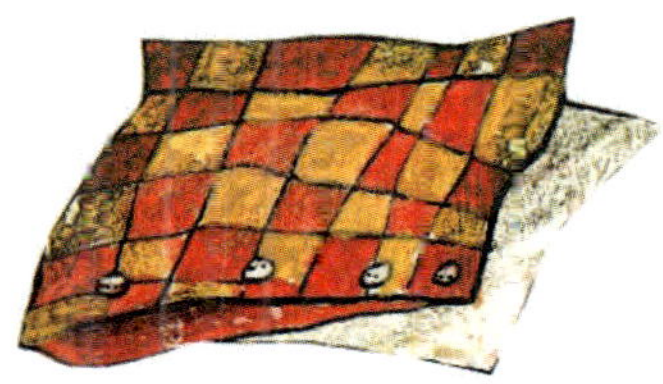

Sich verständigen

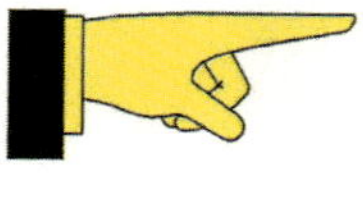

– sich verstehen

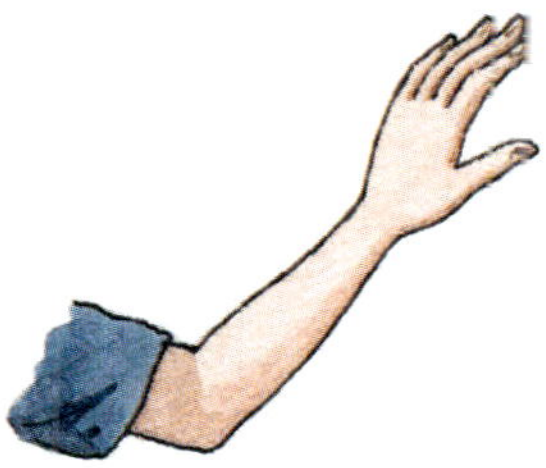

Sich durch Zeichen verständigen

Wir können uns nicht nur durch Worte, sondern auch durch Zeichen verständigen. Wenn wir sie verstehen, können wir uns damit richtig „unterhalten“. Zeichen können aber auch missverstanden werden.

Zeichen und ihre Bedeutung 1 a. Schaut euch die Bilder gemeinsam an.
b. Sprecht darüber, was sie bedeuten könnten.

1

2

3

4

Diese Zeichen werden z. B. in Süditalien verwendet. Was sie genau bedeuten, erfährst du, wenn du die Aussagen richtig zuordnest.

Aussagen zuordnen 2 a. Zeichne die Abbildungen ab.
b. Schreibe die Aussagen zu den Bildern.

Das ist schön! (CH) Ruhe! (EI)
Pass auf! (Z) Das ist ja lächerlich! (EN)

Tipp: Wenn du die Aussagen richtig zuordnest, erhältst du aus den Buchstaben ein Lösungswort.

**In einem anderen Land verstehen wir manches,
auch wenn wir die Sprache gar nicht verstehen.
Dabei helfen uns Schilder auf der Straße oder in Gebäuden.**

3 Seht euch die Schilder an. Was bedeuten sie?

Zeichen betrachten

**Die meisten Schilder kennt ihr.
Manchen seid ihr vielleicht noch nie begegnet.
Und trotzdem versteht ihr sie – meistens.**

4 Was könnte dieses Schild bedeuten?
Sprecht darüber.

Vermutungen äußern

5 Kennt ihr noch andere Schilder,
die nicht so leicht zu verstehen sind?
Zeichnet sie an die Tafel.

Bastelidee

Wie wäre es mit Schildern und Wegweisern für eure Schule?

- Ihr braucht dafür nur feste Pappe und bunte Stifte.
- Hängt die Schilder und Wegweiser auf. So finden sich auch neue Schülerinnen, Schüler und Eltern schnell in eurer Schule zurecht.

Wegweiser herstellen

Einen Sachtext lesen

Zeichen können in verschiedenen Ländern Verschiedenes bedeuten.

1 Lies den Text zunächst durch.

So viele Zeichen, so verschiedene Bedeutungen …

Zeichen, die uns bekannt sind, bedeuten in anderen Ländern manchmal etwas anderes.

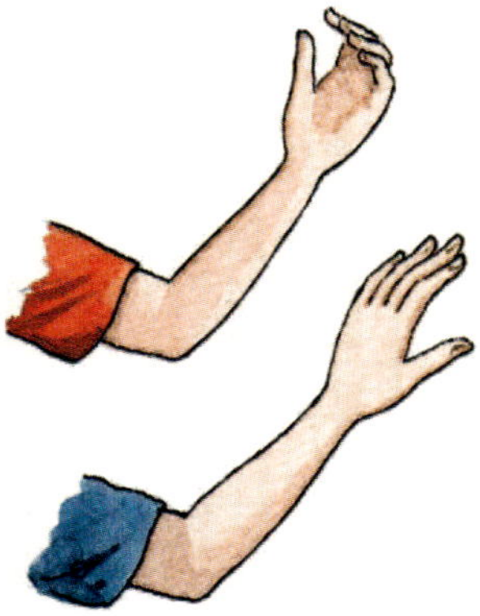

Wenn Deutsche mit dem Kopf nicken, bedeutet es „Ja“. Entsprechend schütteln sie mit dem Kopf, wenn sie „Nein“ sagen möchten. Griechen senken ihren Kopf nur ganz leicht, wenn sie „Ja“ sagen möchten. Sie heben ihn ganz kurz, um „Nein“ zu sagen. Wenn Türken schnell mit dem Kopf schütteln, heißt das: „Wie bitte? Was?“

Wenn man in Deutschland jemandem „Geh weg!“ sagen möchte, kann man es auch mit der Hand „sagen“: Man hebt sie hoch und hat dabei den Handrücken oben. Dann lässt man die Hand fallen und wiederholt es. In Italien und der Türkei bedeutet dieses Zeichen aber: „Komm her!“

Auch beim Essen geben wir Zeichen. Wenn man mit dem Essen fertig ist, legt man in Deutschland das Messer und die Gabel nebeneinander auf den Teller. Legt man sie aber über Kreuz, so bedeutet es: „Ich möchte noch etwas!“ Türken legen ihren Teelöffel auf das Teeglas und wollen damit sagen, dass sie keinen Tee mehr möchten.

So viele Zeichen, so verschiedene Bedeutungen …

den Text erschließen

2 a. Überlegt gemeinsam:
- Von welchen Zeichen ist im Text die Rede?
- Was bedeuten die Zeichen in den verschiedenen Ländern?

b. Zeichne eine Tabelle in dein Heft.

c. Trage die Zeichen und ihre Bedeutungen in die Tabelle ein.

Starthilfe

Zeichen	Deutschland	Griechenland	Türkei	Italien
– mit dem Kopf nicken	„Ja“	„Nein“	–	–

Über Bräuche nachdenken

Leyla und Marion haben sich gegenseitig zu Hause besucht.
Leyla ist zum ersten Mal bei einer deutschen Familie zu Besuch.
Marion hat noch nie eine libanesische Familie besucht.

Vor der Tür standen viele Schuhe.

Ich bekam Parfüm auf die Hände. Ob ich schlecht roch?

Die anderen haben ihre Hände mit dem Parfüm eingerieben.

Der Tisch war überhaupt nicht gedeckt. Dann bekam ich einen Teller voll Kuchen.

Ich habe auf die Sahne gewartet, aber es kam keine.

Als ich meine Schuhe auszog, guckten alle so komisch.

Ich habe auf das Limonenparfüm gewartet, aber es kam nicht.

Als kein Parfüm kam, wusch ich meine Hände mit Wasser und Seife.

Jeder hat sich ein Stück Kuchen genommen. Ich nicht. Ich habe gewartet.

Da stand eine Schüssel mit etwas Weißem. Ich nahm nichts.

über unterschiedliche Bräuche sprechen

1 a. Lest, was die beiden Mädchen sagen.
b. Sprecht gemeinsam über die Bräuche einer deutschen und einer libanesischen Familie.

2 Schreibe die unterschiedlichen Bräuche auf.

Starthilfe

Deutsche Familie: Die Schuhe werden nicht ausgezogen.
…
Libanesische Familie: Die Schuhe werden vor der Tür ausgezogen.
…

Eine Geschichte über Bräuche

Hacivat und Karagöz sind sehr bekannte Schattenfiguren aus der Türkei. Hacivat gilt als der Klügere der beiden.

Andere Länder, andere Bräuche

Hacivat und Karagöz besuchen die Kampmanns. Weil Karagöz immer alles falsch versteht, erklärt ihm Hacivat, was in deutschen Familien anders ist.

Hacivat: Also, Schuhe werden nicht ausgezogen.
Karagöz: Was wird nicht eingefroren?
Hacivat: Na, deine Schuhe.
Karagöz: Warum sollen die denn auch eingefroren werden? Allah, Allah* ...
Hacivat: Die Schuhe werden doch nicht eingefroren. Ausgezogen, Karagöz, ausgezogen.
Karagöz: Ja, wie bei uns.
Hacivat: Nein, eben nicht. Du ziehst sie nicht aus. Ansonsten benimm dich!

*Lieber Gott

Als sie bei den Kampmanns vor der Tür stehen, werden sie herzlich begrüßt. Herr Kampmann hebt seine Hand mit der Handfläche nach oben hoch und lässt sie dann wieder fallen. „Komm rein!", möchte er damit sagen. Karagöz schaut seinen Gastgeber wütend an.

Karagöz: Hej, Hacivat, der Mann sagt, wir sollen gehen.
Hacivat: Nein, das heißt: „Komm!"
Karagöz: Du bist wohl schon zu lange in Deutschland! Kennst du die Handzeichen nicht? Wir sollen gehen. Ich geh dann jetzt wieder. Ich fahre zurück nach Istanbul!

Hacivat hält aber seinen Freund zurück und zieht ihn in die Wohnung.

Die beiden finden im Wohnzimmer einen nett gedeckten Tisch vor. Auch zwei Kuchen stehen in der Mitte. Als sich die beiden hinsetzen, kommt Petra, die Tochter, mit einer Sahne-Sprühflasche herein. Karagöz hält sofort seine Hände auf und schaut lächelnd Petra an.

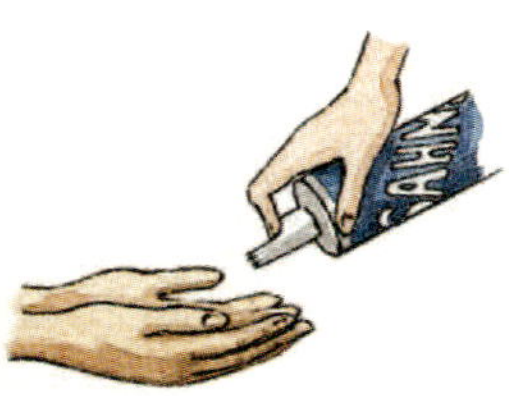

Petra: Mama, ich glaube, Türken nehmen Sahne in die Hand.
Frau Kampmann: Ja, dann gib ihm etwas.

So sprüht Petra Karagöz eine kleine Portion Sahne in die offenen Handflächen.

Karagöz: Hacivat, das sieht aber gar nicht wie Kolonya* aus.

Hacivat: Das ist es ja auch nicht, Schafskopf! Das ist Sahne. Die macht man sich auf den Kuchen! Es gibt hier kein Parfüm, mit dem man sich die Hände reinigt. Hier waschen sich die Menschen nur die Hände, bevor sie essen.

Karagöz: Ja, warum sprüht sie sie mir dann in die Hände? Jetzt muss ich ins Bad.

*Limonenparfüm

Karagöz entschuldigt sich und steht auf. Das Bad ist im Flur. Er macht sich auf die Suche und läuft an der Toilette vorbei. Herr Kampmann bemerkt es und geht hinterher. Er zeigt ihm die Toilettentür. Karagöz liest WC, winkt ab und geht weiter. Herr Kampmann hält ihn zurück und öffnet die Tür. Karagöz erkennt das Bad und betritt es. Anschließend kommt er aufgeregt zurück.

Karagöz: Du, Hacivat, ich hab das Bad erst nicht gefunden. An der Tür stand ja nur WC und nicht 00. Aber Herr Kampmann hat es mir gezeigt.

Hacivat rollt nur mit den Augen.

Frau Kampmann hat Tee gekocht, weil sie weiß, dass ihre Gäste lieber Tee als Kaffee trinken. Nach zwei Tassen hat Karagöz genug und legt den Teelöffel auf die Tasse. Petra, die Tochter, geht in die Küche und kommt mit der Teekanne zurück. Sie nimmt den Löffel weg und gießt Karagöz' Tasse wieder voll. Karagöz schaut Petra ärgerlich an.

Karagöz: Ich wollte doch keinen Tee mehr!

Petra: Warum haben Sie das nicht gesagt?

Karagöz: Hab ich doch! Ich habe den Löffel auf die Tasse gelegt.

Jetzt versteht Petra.

Karagöz hat einige Dinge gelernt, die Kampmanns ebenfalls …

1 Lest die Geschichte einmal mit verteilten Rollen.

mit verteilten Rollen lesen

Während des Besuchs bei den Kampmanns kommt es zu Missverständnissen.

den Text erschließen

2 a. Was für Missverständnisse sind das? Lest noch einmal im Text nach.
b. Erzählt die einzelnen Situationen nach. Nehmt dabei die Abbildungen zu Hilfe.

Karagöz erfährt einiges über die Bräuche in deutschen Familien, aber die Kampmanns lernen auch einiges von Karagöz.

Bedeutungen aufschreiben

3 a. Überlegt gemeinsam, welche Bräuche das sind und was sie bedeuten.
b. Zeichne eine Tabelle in dein Heft und trage die Bräuche und deren Bedeutungen ein.

Starthilfe

Brauch	Bedeutung
Schuhe ausziehen	Die Wohnung bleibt sauber.

eine Szene spielen

4 Die Geschichte von Hacivat, Karagöz und den Kampmanns eignet sich gut zum Spielen mit verteilten Rollen. Probiert es aus.

Arbeitstechnik

Eine Szene spielen

- Verteilt die **Rollen**:
  Leser oder Leserin des Zwischentextes, handelnde Personen.
- Jeder übt seinen **Textteil**.
  Überlegt, **wie** die Person redet.
- Denkt über die **Gestik** und **Mimik** der Person nach.
- Überlegt, **welche Requisiten** ihr verwenden könntet.

Zu Bildern schreiben

Jedes Land hat seine Bräuche. Wenn wir sie nicht kennen, können schon merkwürdige Dinge passieren …

1 Sieh dir die folgenden Bilder einmal an.

Bilder betrachten

Lisa und Erhan überlegen, was diese Bräuche wohl bedeuten könnten.

Lisa: Der Gast hat bestimmt irgendetwas gewonnen und nun applaudieren alle.

Erhan: Ja, und in der anderen Familie sollen die Gäste bestimmt fegen …

2 Was glaubst du?
Sprich darüber mit einem Partner oder einer Partnerin.

Vermutungen äußern

3 Suche dir eines der Bilder aus.
Schreibe dazu eine Geschichte.

Starthilfe

Ich war bei meiner Freundin/bei meinem Freund eingeladen …

zu einem Bild schreiben

In Nigeria begrüßt man einen lieben Gast, indem man ihm applaudiert.
In Papua-Neuguinea stellt man einen Besen verkehrt herum in die Ecke, um Gästen zu zeigen, dass es Zeit ist zu gehen.

Extra: Die wörtliche Rede

Eine Geschichte über die Begegnung von Menschen wird lebendiger durch wörtliche Rede.

1 Lies dir diesen Text einmal durch.

Hacivat unterhält sich mit seinem Freund Karagöz über den trockenen Sommer. Hacivat sagt, dass es schon lange nicht geregnet habe. Karagöz versteht „gesegnet" und will wissen, was gesegnet sei. Sein Freund wiederholt das Wort „geregnet". Jetzt hat es Karagöz verstanden. Er meint, dass es vielleicht bald regnen würde. Hacivat stimmt seinem Freund zu und erzählt, dass seiner Mutter das Knie schmerze. Wenn das passiere, ändere sich das Wetter.

Karagöz versteht „am Herzen" und will wissen, ob sie operiert werden müsse. Hacivat ist verärgert und meint, er habe jetzt keine Lust mehr, sich mit seinem Freund zu unterhalten. Karagöz wundert sich und fragt, warum er den Mund halten solle. Hacivat ist nun wütend, verabschiedet sich und geht.

Maria und Nihat haben sich den Text gegenseitig vorgelesen.

Nihat: „Ich würde die Geschichte lebendiger erzählen."
Maria: „Wie würdest du es denn machen?"
Nihat: „Na, ich würde die Personen richtig sprechen lassen..."

2 a. Lies den Text noch einmal. Lies dabei die hervorgehobenen Textteile als wörtliche Rede.

Starthilfe

„Es hat schon lange nicht geregnet."

b. Schreibe die wörtliche Rede auf. Vergiss die Anführungszeichen nicht.

wörtliche Rede S. 276

Starthilfe

Hacivat sagt: „Es hat schon lange nicht mehr geregnet."
Karagöz will wissen: „Was ist gesegnet?"
Sein Freund wiederholt: „..."

mit verteilten Rollen lesen

3 Lest nun die Geschichte mit verteilten Rollen vor.

Extra: Die wörtliche Rede

**Der folgende Text enthält wörtliche Rede.
Allerdings fehlen die Anführungszeichen.**

4 a. Lies den Text.

Michael besucht seinen Freund John. Giancarlo und Kenan sind auch da. John sagt: Akwaaba! Die Kinder wundern sich. Kenan fragt: Was heißt das? In Ghana heißt das Willkommen!, sagt John. Kenan sagt: In der Türkei sagen wir Merhaba. Was sagt ihr in Italien dazu? Giancarlo sagt: Ciao. Und Michael sagt: Wir sagen nur Hallo.

b. Schreibe den Text ab und setze die Zeichen in der wörtlichen Rede.

Starthilfe

John sagt: „Akwaaba!“
Kenan fragt: „…“

Zeichen setzen

Wissenswertes zur wörtlichen Rede S. 276

Nihat findet diesen Text langweilig, denn viel zu oft kommt das Wort „sagt“ vor.

5 a. Ersetze das Verb „sagen“ durch treffendere Verben. Die Wörterliste hilft dir.
b. Schreibe den Text mit deinen Verben auf.

meinen
sich wundern
antworten
rufen
finden
glauben
überlegen
fragen

6 a. Lies die folgenden wörtlichen Reden.

Ayla: „Zeichen sind nicht immer gleich.“

Janine: „Warum nicht?“

Miguel: „Weil Zeichen verschiedene Bedeutungen haben.“

Sascha: „Ich finde, das ist ganz schön schwer.“

Piedro: „Ich überlege, wie man sich besser verständigen kann …“

b. Füge zu den Personen passende Verben hinzu.
c. Schreibe dann die wörtlichen Reden und die Begleitsätze in dein Heft.

Starthilfe

Ayla meint: „Zeichen … .“
Janine …

Wörter zuordnen

eine weitere Geschichte von Karagöz und Hacivat zum Schreibenüben S. 226

Weiterführendes: Eine Geschichte über Missverständnisse

Manchmal spricht man die gleiche Sprache und versteht sich trotzdem nicht.

eine Geschichte lesen

1 Lies einmal diese Geschichte.

Carlo Manzoni

Der Schlüssel

Signor[1] Veneranda steht vor einer Haustür, sieht die dunklen Fenster und pfeift.

Im dritten Stock öffnet ein Herr das Fenster und ruft: „Haben Sie keinen Schlüssel?“[2]

„Nein, ich habe keinen Schlüssel!“, ruft Signor Veneranda zurück.

„Ist die Haustür zugeschlossen?“, ruft der Herr am Fenster wieder.

„Ja, sie ist zu!“, antwortet Signor Veneranda.

„Dann werfe ich Ihnen den Schlüssel runter“, ruft der Herr am Fenster.

„Warum?“, ruft Signor Veneranda zurück.

„Dann können Sie die Haustür aufschließen“, antwortet der Herr am Fenster.

„Also gut!“, ruft Signor Veneranda. „Wenn Sie wollen, dass ich die Haustür aufschließe, dann werfen Sie mal Ihren Schlüssel runter!“

„Warum will ich das?“, ruft der Herr am Fenster. „Sie wollen doch ins Haus!“

„Ich? Nein! Warum denn?“, ruft Signor Veneranda zurück.

„Wohnen Sie denn nicht hier?“, ruft der Herr am Fenster.

„Ich? Nein! Wer sagt das?“, ruft Signor Veneranda zurück.

„Und warum wollen Sie dann den Schlüssel?“, schreit der Herr am Fenster.

„Wenn Sie wollen, dass ich die Tür aufschließe“, schreit Signor Veneranda zurück, „dann brauche ich doch einen Schlüssel!“

„Ich will das doch gar nicht!“, schreit der Herr am Fenster.

[1] Signor: Herr (italienisch).

[2] Pfeifen bedeutete früher in einigen Gegenden: „Öffne mir bitte die Tür.“ In anderen Gegenden klatschte man.

Da öffnet ein Herr im ersten Stock das Fenster.

„Was soll denn dieses Schreien?“, schreit er. „Man kann ja nicht schlafen!“

„Wir müssen schreien“, schreit Signor Veneranda, „sonst verstehen wir uns nicht, ich und der Herr da oben im dritten Stock!“

„Aber was will der Herr im dritten Stock denn?“, schreit der Herr im ersten Stock.

„Das weiß ich auch nicht!“, schreit Signor Veneranda. „Erst will er mir einen Schlüssel runterwerfen, damit ich die Haustür aufschließe; dann will er wieder nicht, dass ich die Haustür aufschließe. Fragen Sie ihn doch mal! Auf Wiedersehen!“

Und Signor Veneranda geht.

2 Lest die Geschichte mit verteilten Rollen.

mit verteilten Rollen lesen

Möchte Signor Veneranda nun ins Haus oder nicht? Und was möchte der Herr am Fenster?

3 a. Lies die Geschichte noch einmal genau.
b. Teile sie in einzelne Abschnitte.
c. Schreibe auf, was genau Signor Veneranda tut und wie der Herr am Fenster reagiert.

Arbeit mit dem Text

Starthilfe

1. Signor Veneranda pfeift.
2. Der Herr am Fenster will ihm den Schlüssel hinunterwerfen.
3. Signor Veneranda will …

4 Überlegt nun gemeinsam: Wodurch kommt es zu dem Missverständnis zwischen den beiden?

5 Wurdet ihr auch schon einmal völlig missverstanden?
a. Sprecht gemeinsam über eure Erfahrungen.
b. Schreibt eure eigenen Geschichten über Missverständnisse auf.

Spielidee

Ihr könnt die Geschichte „Der Schlüssel“ auch nachspielen.
Ihr braucht drei Spieler oder Spielerinnen:
den Herrn am Fenster im dritten Stock, Signor Veneranda und den Herrn im ersten Stock.
Denkt daran: Ein Theaterstück lebt von einer guten Körpersprache und einer guten Betonung!

die Geschichte darstellen

Wale – die Könige

der Meere

Was wisst ihr über Wale? Sprecht darüber.

Sich über Wale informieren

Ausflug in die Welt der Wale

Seit über 60 Millionen Jahren gibt es sie. Und doch wissen wir nur wenig über die geheimnisvolle Welt der Könige der Meere.

D. Zahnwale benutzen ein Echolotsystem, um ihre Beute zu finden. Sie senden Laute aus, die als Echo zu ihnen zurückkehren, wenn sie auf eine Beute treffen.

1

C. Walkälber kommen nach 10 bis 16 Monaten Tragezeit lebend zur Welt.

2

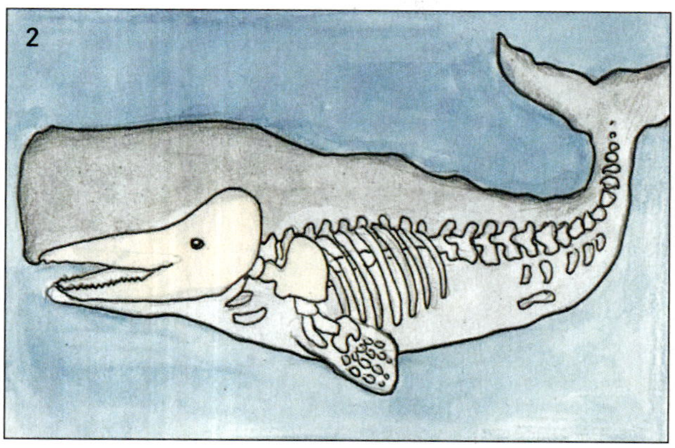

6

A. Vor mehr als 60 Millionen Jahren waren Wale Landtiere.

E. Töne und Geräusche der Wale können mit einem Gerät aufgezeichnet werden. Sonagramme machen diese Töne sichtbar. Man erkennt z. B. die Tonlänge oder die Tonhöhe.

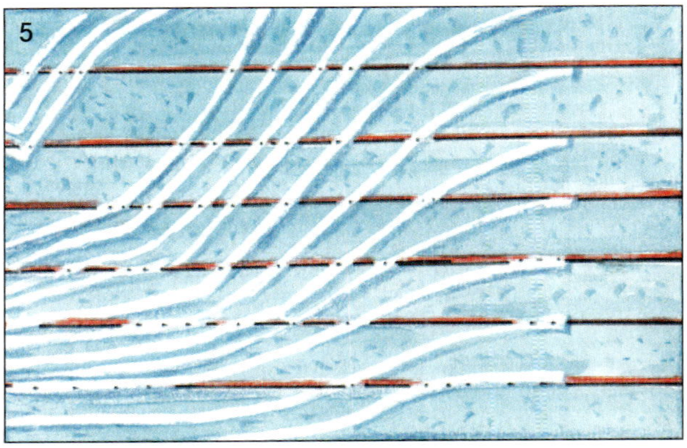

B. Aus den Vorderbeinen der Tiere wurden Flossen. Aus den Hinterbeinen wurde der Fischschwanz, die so genannten Schwanzfluken.

F. Wale sind vom Aussterben bedroht. Sie werden gejagt und sterben in großen Fischernetzen.

1 Seht euch die Bilder und die Textstreifen an.
a. Beschreibt, was zu sehen ist.
b. Ordnet die Textstreifen den Bildern zu.
c. Schreibt die Textstreifen der Reihe nach auf.

Einen Sachtext lesen

Du möchtest einen Blick in die abenteuerliche Welt der Wale werfen? Da lohnt es sich, Sachtexte zu lesen.

Texte lesen S. 176–177

1. Sieh dir zunächst die **Abbildungen** an. Sie helfen, den Text zu verstehen.

2. a. Überfliege dann den Text.
   b. Was kannst du jetzt schon über den Inhalt sagen?
   Tipp: Beim Überfliegen musst du nicht den ganzen Satz lesen. Versuche in kurzer Zeit so viele Schlüsselwörter wie möglich zu lesen. Die Schlüsselwörter sind farbig hervorgehoben.

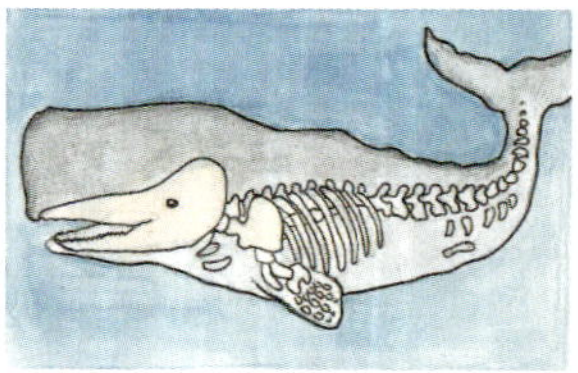

Wale

Die Wale lebten vor mehr als 60 Millionen Jahren noch nicht im Wasser. Sie waren Landtiere und hatten Beine und ein dichtes Fell. Nach und nach bildeten sich die Beine zurück. Sie wurden zu Flossen und Schwanzfluken[1]. Doch noch heute haben die Wale im Inneren ihres Körpers Reste von Oberschenkelknochen. Auch das Fell verschwand. Gegen die Kälte sind die Wale heute durch eine isolierende[2] Fettschicht geschützt. Manche Walkälber[3] kommen noch heute behaart zur Welt. Sie verlieren ihr Fell erst nach Wochen.

Walweibchen bekommen alle zwei Jahre ein Kalb, selten zwei. Ihre Schwangerschaft dauert 10 bis 16 Monate. Die Kälber werden lebend geboren, ebenso wie Menschenkinder.

Im Wasser können sich die Wale schon bei wenigen Metern Abstand nicht mehr sehen. Trotzdem können sie sich untereinander verständigen. Sprechen können Wale nicht. Sie verständigen sich durch ihren Gesang. Dazu benutzen sie Töne in hohen Frequenzen, z.B. Quietschtöne.

Große Tümmler pfeifen schon in den ersten Lebensmonaten ihren persönlichen Kennruf. Die ganze Gruppe weiß dann, wo sich der Einzelne gerade befindet. Wenn ein Walrudel einen Fischschwarm einkreist, quietschen die Wale sich untereinander Kommandos zu.

[1] Schwanzfluke: Schwanz des Wals
[2] isolieren: abdichten, wärmen
[3] Walkalb: Walkind

Zahnwale benutzen ein Echolotsystem zur Ortung ihrer Beute: Sie senden Laute aus, diese treffen auf ein Lebewesen und werden als Echo von diesem zurückgeschickt. Die hohen Töne sind für menschliche Ohren kaum zu hören. Um sie zu untersuchen, werden sie mit speziellen Geräten aufgezeichnet. Akustische Schwingungen können als so genanntes Sonagramm sichtbar gemacht werden.

Die großen „Könige der Meere" faszinieren uns durch ihre Schönheit und ihre Intelligenz. Doch ihre Art ist vom Aussterben bedroht: Jährlich sterben Hunderttausende der Meeressäuger, weil sie gejagt werden oder sich in großen Netzen verfangen.

3 Lies den Text noch einmal langsam.

4 Ordne die **Überschriften** den Zeilen im Text zu.
In den Klammern sind die Überschriften erklärt.

Bedrohte Art	(Die Wale sterben aus)
Der Gesang der Wale	(Wale verständigen sich und jagen mit Tönen)
Entwicklung der Wale	(Die Geschichte der Wale / Wale früher)
Die Walkälber	(Die Kinder der Wale)

Starthilfe
Schreibe so:
Zeile 1–7: Entwicklung der Wale

5 Einige schwierige Wörter sind unter dem Text erklärt.
Schreibe die Wörter und ihre Bedeutungen ab.

6 Schreibe andere schwierige Wörter aus dem Text in dein Heft. Schreibe eine Erklärung dazu.

Starthilfe
Frequenz: Töne entstehen dadurch, dass Luft in Schwingung versetzt wird. Die Frequenz ist die Zahl der Schwingungen in einer Sekunde.

Arbeitstechnik

Wörter erschließen

- Schlage im **Wörterbuch** nach.
- **Frage** die Lehrkraft oder Mitschüler.
- Manche schwierigen Wörter kennst du schon.
  Überlege dir einfache Erklärungen für diese Wörter.
- Schreibe in dein Heft, was die Wörter bedeuten.

Sachtexte und Steckbriefe schreiben

Der Karteikasten mit Wal-Info

Damit euch neue Informationen nicht verloren gehen, könnt ihr sie als Steckbriefe zusammenfassen und auf Karteikarten schreiben.

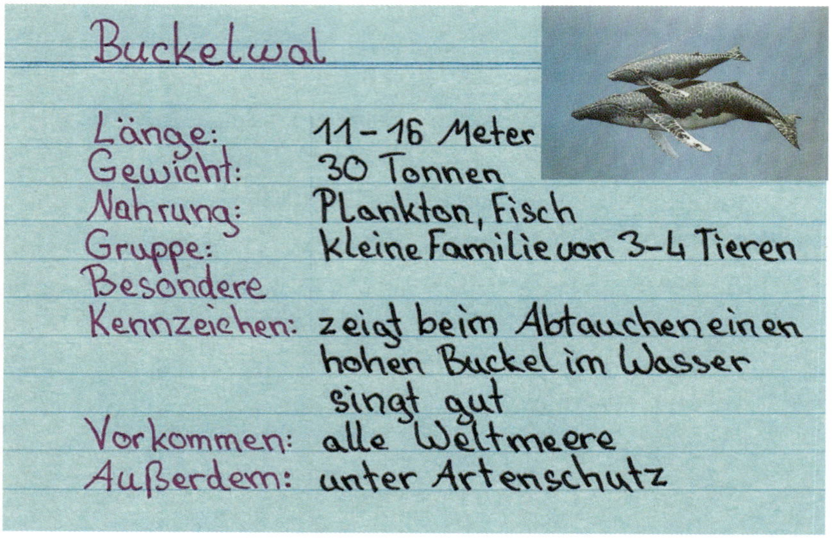
Buckelwal

Länge: 11–16 Meter
Gewicht: 30 Tonnen
Nahrung: Plankton, Fisch
Gruppe: kleine Familie von 3–4 Tieren
Besondere Kennzeichen: zeigt beim Abtauchen einen hohen Buckel im Wasser
singt gut
Vorkommen: alle Weltmeere
Außerdem: unter Artenschutz

einen Steckbrief verstehen

1 Lies den Steckbrief eines Buckelwalspezialisten.

einen Sachtext nach Stichworten schreiben

2 a. Schreibe einen kleinen zusammenhängenden **Sachtext** über den Buckelwal.
Benutze dabei alle Informationen aus dem Steckbrief.
b. Schlage in einem Sachbuch oder in einem Lexikon nach.
Prüfe, ob du noch Sätze ergänzen kannst.

Starthilfe

Der Buckelwal ist 11–16 Meter lang und wiegt ca. 30 Tonnen.
Er ernährt sich von ___.
Er lebt in kleinen Familien von ___.
Seinen Namen erhielt der Buckelwal, weil er beim Abtauchen ___.
Dieser Wal kommt in ___ vor.
Seine Art ist besonders gefährdet, daher steht er unter ___.

Der Sachtext enthält wichtige Informationen über den Schweinswal und den Grauwal.

eine Walkartei anlegen

Der Schweinswal

Der Schweinswal ist an allen Küsten der Nordhalbkugel zu Hause. Er ist die einzige Art von Wal, die sich das ganze Jahr über auch in der Nord- und in der Ostsee aufhält.

Phocoena phocoena ist sein lateinischer Name. So nennen ihn die Biologen.

Mit Schweinen haben die Schweinswale wenig gemeinsam. Vermutlich gab man ihnen ihren Namen wegen ihrer stumpfen Nase und der dicken Speckschicht.

Sie werden bis zu 1,5 Meter lang und wiegen ca. 50 Kilogramm.

Der Grauwal

Der Grauwal lebt im Sommer im Nordpazifik. Zur Paarung wandert er Richtung Südwesten. Er wird 12 bis 15 Meter lang und etwa 16 Tonnen schwer. Der Grauwal ist ein Einzelgänger, der sich nur zur Paarung in Gruppen aufhält. Er ernährt sich von Krebsen, Würmern, Muscheln und Schnecken. Er sieht aus wie ein grauer, durch weiße Seepocken verkrusteter Fels.

In Mexiko ist der Bestand von ehemals 30 000 auf 11 000 bis 16 000 Wale gesunken. Der atlantische Grauwal ist bereits ausgestorben.

3 Schreibe einen Steckbrief für den Schweinswal oder für den Grauwal.
Verwende die Gliederungspunkte von der Karteikarte.

einen Steckbrief schreiben

Starthilfe

Schweinswal
Länge: 1,5 Meter
Gewicht:
Nahrung: bisher keine Information
Gruppe:
Bestand:
Besondere Kennzeichen:
Vorkommen:
Außerdem:

4 Besorgt euch weiteres Informationsmaterial zum Thema Wale.

Tipps S. 97

5 Verteilt Themen. Wer spezialisiert sich auf welchen Wal? Stelle die Informationen über deinen Wal auf einer Karteikarte zusammen.

Informationen zu Blauwal, Pottwal S. 187

Extra: Grammatik

Das große Walequiz

W-Fragen formulieren

Habt ihr eure Karteikarten fertig gestellt? Dann könnt ihr mit den Wal-Informationen Quizfragen vorbereiten.

Ihr braucht:
- Pappkarten
- einen Würfel und Setzsteine
- ein Spielfeld, das ihr selbst basteln könnt

Anzahl der Spieler: mindestens zwei

Vorbereitung:
- Stellt ein Spielfeld her. Ein Beispiel seht ihr unten auf der Seite.
- Beschriftet die Pappkarten mit W-Fragen und Antworten zum Thema Wale.

Starthilfe

Frage: Wie viele Kälber bekommen Wale jährlich?
Antwort: 1–2

Frage: Wie lang wird der Buckelwal?
Antwort: 11–16 Meter

Spielregeln:
- Wer eine Sechs würfelt, beginnt.
- Es wird abwechselnd gewürfelt und gesetzt.
- Wer auf ein Walfeld kommt, muss eine Frage beantworten (die Frage stellt ein anderer Schüler).
  Frage richtig beantwortet → zwei Felder vor,
  Frage falsch beantwortet → zwei Felder zurück.
- Wer zuerst das Ziel erreicht, hat gewonnen.

Wie viel?
Wo?
Wovon?
Wodurch?
Wie?

1 Nun spielt das Walequiz.

Groß- und Kleinschreibung

Wenn ihr eigene Texte schreibt, achtet auf die Groß- und Kleinschreibung. Hier ein Trainingstext zum Üben.

DELFINE GEHÖREN AUCH ZUR GRUPPE DER WALE. ZUR UNTERHALTUNG DER MENSCHEN WERDEN SIE IN GEFANGENSCHAFT GEHALTEN. HIER MACHT EIN DELFIN KUNSTSTÜCKE IN EINEM DELFINARIUM. IHRE LUSTIGEN KUNSTSTÜCKE MACHEN DELFINE ABER NICHT GANZ FREIWILLIG. SIE MÜSSEN SICH DAMIT IHR FUTTER ERARBEITEN. IN DER FREIEN NATUR WÜRDEN SIE SO NICHT HANDELN. SIE SIND KEINE UNTERHALTUNGSKÜNSTLER.

1. a. Schreibe diesen Text in dein Heft. Achte auf die Groß- und Kleinschreibung.
   b. Kontrolliere den Text. Die Lösung findest du unten auf dieser Seite.

Rechtschreibtipp:
Nur Nomen und Satzanfänge werden großgeschrieben. Woran erkennst du Nomen? Lies in „Wissenswertes" nach.

Wissenswertes zu Nomen S. 277

2. Übt die Wörter der Wörterliste als Partnerdiktat.

müssen – er muss
die Länge – lang
die Nahrung – ernähren
die Familie
intelligent

Tipps zum Partnerdiktat S. 212–213

3. a. Schreibe selbst für einen Partner einen Text und setzte ihn in Großbuchstaben.
   b. Tauscht die Texte aus und schreibt sie in Normalschrift auf.
   c. Kontrolliert anschließend gegenseitig eure Texte.

Delfine gehören auch zur Gruppe der Wale. Zur Unterhaltung der Menschen werden sie in Gefangenschaft gehalten. Hier macht ein Delfin Kunststücke in einem Delfinarium. Ihre lustigen Kunststücke machen Delfine aber nicht ganz freiwillig. Sie müssen sich damit ihr Futter erarbeiten. In der freien Natur würden sie so nicht handeln. Sie sind keine Unterhaltungskünstler.

Weiterführendes: Unterwassermusik

Der Gesang der Wale

Seit Forscher mit Unterwassermikrofonen die Klangwelt der Meere erforschen können, wissen wir etwas über den Gesang der Wale. Sie stöhnen, grunzen, schnarchen, ächzen, seufzen, plappern, quietschen, pfeifen und klicken.

Wenn Fischschwärme gemeinsam eingekreist werden, geben sich die Wale gegenseitig Kommandos und Positionsmeldungen. Das könnte sich ungefähr so anhören:
„Geh du weiter nach vorn“ → zwei Quietschtöne, oder: „Rechts herum“ → zwei lange und ein kurzer Pfeifton.

Aber noch weiß kein Mensch, was sie sich genau mitteilen.

1. Lies den Text.

2. Versucht die verschiedenen Töne (stöhnen, grunzen …) selbst zu machen.

3. Führt selbst eine „Unterwasserunterhaltung“. Lest dazu die Spielanleitung.

Die Unterwasserunterhaltung

Anzahl der Mitspieler: Die ganze Klasse spielt in Paaren.
Ort: Schulhof oder Sporthalle
Ihr braucht: eure Stimme oder Orff-Instrumente

Vorbereitung
- Das Paar vereinbart Geräusche oder Töne und deren Bedeutung.
- Einer der beiden Partner schließt die Augen oder verbindet sie sich.

Durchführung
- Der Sehende bewegt sich langsam durch den Raum, denn er ist verantwortlich für seinen Partner.
  Er macht ein Geräusch, singt eine Tonfolge oder spielt die Tonfolge auf einem Instrument.
- Der Partner mit den verbundenen Augen folgt dem Geräusch.

Tipp: Hört euch doch mal eine CD mit dem Gesang der Wale an!

Starthilfe
„Wenn ich zweimal pfeife, gehst du geradeaus, ja?! Einmal grunzen bedeutet stehen bleiben, okay?!“

Weiterführendes: Informationen beschaffen

Wale, Wale, Wale

Es gibt verschiedene Wege, Walspezialist zu werden.
Hier erfahrt ihr, wie ihr weitere Informationen beschaffen könnt.

Ich möchte ein Abenteuerbuch zum Thema Wale lesen.

Ich möchte mehr über den Pottwal wissen.

Tipp: In der Bücherei findet ihr Romane und Sachbücher über dieses Thema.
Lasst euch doch eine Bücherkiste zusammenstellen!

ein Lesetipp und Rechtschreibübungen S. 228

Bei der Umweltschutzorganisation Greenpeace kannst du interessantes Informationsmaterial anfordern.

Tipps für ein Flugblatt S. 210–211

Projekt Lesen

MOBY DICK
WALE
DELFINE
Der Ruf des weißen Wals
KLAUS KORDON
DIE TAUSENDUNDZWEITE NACHT
Mats Wahl
Emma und Daniel
Berts gesammelte Katastrophen
Wenn du eine Kröte küsst, kriegst du Warzen auf der Nase
AMY UND DIE WILDGÄNSE

Das „Projekt Lesen“ planen

Die Schülerinnen und Schüler sitzen im Gesprächskreis und überlegen zusammen, was sie alles im Projekt Lesen machen könnten. Denn das Projekt muss gut geplant sein.

1 Lest die Sprechblasen.
Wer spricht zuerst? Wer dann?

Viel zu anstrengend, immer nur lesen.
Ich möchte lieber Bilder ansehen.

Wieso Lesenacht?
Was ist das denn?

Meine Schwester hat neulich mit ihrer Klasse eine Lesenacht gemacht.
Das fand sie toll!

Na, die haben abends in der Schule gelesen, dann im Klassenraum geschlafen und morgens zusammen gefrühstückt.

Ja! Klasse!
In der Schule übernachten!

Ratespiele spielen, die sind besser.

Ich mag nicht lesen.
Zuhören ist schöner.

Dann kann ich ja vorlesen und du hörst zu.

Ideen sammeln

2 a. Seht euch gemeinsam die Tätigkeiten an, die die Schülerinnen und Schüler vorschlagen.
b. Schreibt sie auf.
c. Überlegt euch noch andere Tätigkeiten für das „Projekt Lesen“ . Schreibt sie dazu.

Starthilfe

vorlesen
…

„Was wollen wir denn lesen?“
„Und wo bekommen wir die Bücher her?“

3 a. Lest die Sprechblasen.

Irgendetwas Spannendes muss es schon sein. Sonst …

Ich weiß gar nichts, was wir lesen könnten.

Über Tiere. Ich gucke alle Fernsehsendungen mit Tieren.

Ich möchte etwas mit Bildern.

…

b. Schreibt jeden Vorschlag auf einen kleinen Zettel. Heftet die Zettel an die Tafel.

Ideen sammeln und ordnen

c. Schreibt weitere Vorschläge dazu.

4 a. Überlegt auch, woher man Bücher bekommen kann.
b. Sammelt die Ideen an der Tafel.

In der nächsten Woche ist die Klasse in der Stadtbücherei (in der öffentlichen Bücherei, im Lesebus) angemeldet.

In der Stadtbücherei

Die Klasse geht zum verabredeten Termin in die Stadtbücherei.

den Text lesen

Der Bibliothekar erzählt der Klasse etwas über Bücher und über die Bücherei:

„Ihr wollt also ein Projekt Lesen machen. Zu so einem Projekt gehört mehr, als nur ein dickes Buch zu lesen. Ein Buch könnt ihr auch anfassen, ansehen und etwas damit tun.
Ihr könnt ein Buch hören, ihr könnt zuhören, wenn ein anderer vorliest, ihr könnt mit dem Buch spielen.
Alles das heißt auch lesen."

Wir wissen aber gar nicht, welche Bücher wir eigentlich wollen. Und wie wir daran kommen können.

„Bücher für euer Projekt könnt ihr hier in der Stadtbücherei bekommen."

Ich z. B. möchte eigentlich nur was über Sterne wissen.

„Ganz einfach: Ich kann euch z. B. Bücher empfehlen. Ich kann euch auch eine Kiste mit Büchern zu einem bestimmten Thema zusammenstellen, z. B. eine Themenkiste über Sterne."

„Aber wir haben hier nicht nur Bücher, sondern auch Hörkassetten und Videos zu Büchern."

Hörkassetten und Videos? Die sind was für mich. Weil … Ich mag gar nicht lesen.

Wie kann man Bücher in der Stadtbücherei finden?

Aber ich weiß gar nicht, wie ich hier in den vielen Regalen Bücher finden kann.

„Gut, dann zeige ich euch jetzt, wie ihr hier Bücher finden könnt.
Wir haben hier verschiedene Kataloge …“

Schrecklich! Ich möchte doch nur ein Buch mit dem Titel „Felis, Felis“. Das habe ich mir gemerkt, weil es so ähnlich klingt wie mein Name: Felix.

„Das Buch ‚Felis, Felis‘ kannst du im Titelkatalog[1] finden.“

Ich möchte ein Buch von Hansjörg Martin. Steht das auch im Titelkatalog?

„Nein. Aber du kannst dein Buch auch finden.
Es steht im Autorenkatalog[2].“

Und ich??? Ich weiß nur, dass ich mich für Katzen interessiere!!!

„Auch dir kann ich helfen. Du findest ganz viele Bücher zu deinem Thema im Schlagwortkatalog[3].“

1 In diesem Gespräch erfahren die Schüler schon viel über die Stadtbücherei. Beantworte die Fragen:
- Was kann man mit Büchern alles tun?
- Was bekommt man alles in der Stadtbücherei?
- Wie kann man Bücher in der Stadtbücherei finden?
- Wie heißen die verschiedenen Kataloge?

Fragen zum Text beantworten

[1] Titelkatalog: Das ist ein Katalog, in dem Buchtitel alphabetisch aufgelistet sind.
[2] Autorenkatalog: Das ist ein Katalog, in dem Namen von Autoren alphabetisch geordnet sind.
[3] Schlagwortkatalog: Das ist ein Sachkatalog, in dem inhaltliche Überschriften alphabetisch verzeichnet sind.

Fußnoten lesen

Wie findet man Bücher mit dem Computer?

Bücher suchen

Felix möchte das Buch „Felis, Felis“ ausleihen. Er weiß aber nicht, wie der Autor oder die Autorin heißt.

Ahmed möchte ein Buch von Hansjörg Martin lesen. Er weiß aber den Titel des Buches nicht.

Sevim möchte irgendein Buch über Katzen haben. Aber welches?

Bücher finden

Felix, Ahmed und Sevim sehen im Computer der Bibliothek nach.

Felix

Ahmed

Sevim

A
Gesamtkatalog
Katalog Name
Katalog Titel
Katalog Schlagwort

Katalog Titel
Suchbegriff: Felis, Felis

Katalog Titel
Felis, Felis:
Johansen, Hanna

Katalog Name
Suchbegriff: Martin, Hansjörg

Katalog Name
Martin, Hansjörg:
- Die Sache im Supermarkt
- Die Sache mit den Katzen
- Spiele auf Spiekeroog
- Unternehmen Jocotobi: Die Jagd nach den Goldmasken

Martin, Hansjörg:
Die Sache mit den Katzen

Katalog Schlagwort
Suchbegriff: Katze

Katalog Schlagwort
- Ratgeber (5)
- Katzenkrankheit (3)
- Lexikon (4)
- Erlebnisse mit Katzen (12)
- Bildband (2)

Ratgeber:
- Katzen
- Katzen, unsere zärtlichen Freunde
- Meine Katze
- So lernt meine Katze
- Wenn Katzen reden könnten

beschreiben, wie man ein Buch findet

1. Verfolge einmal, wie Felix, Ahmed und Sevim sich von einer Bildschirmoberfläche zur nächsten bewegen.

2. Mit Hilfe des Computers haben Felix, Ahmed und Sevim die Bücher gefunden.
   - Was hat Felix gefunden?
   - Was hat Ahmed gefunden?
   - Was hat Sevim gefunden?

   a. Schreibe die drei Namen auf.
   b. Schreibe die Buchtitel dazu, die Felix, Ahmed und Sevim gefunden haben.

Buchcover und Klappentexte

Buchcover und Klappentexte helfen dir bei der Suche nach dem richtigen Buch.

Buchcovern Klappentexte zuordnen

1. Buchcover und Klappentexte auf dieser Seite müssen noch einander zugeordnet werden.
   a. Lies die Klappentexte.
   b. Sieh dir dann die Buchcover genau an und entscheide, welcher Klappentext zu welchem Buchcover gehört. Begründe deine Entscheidung.

[redacted] bekommt man, wenn's einen schauert. Und schaurig geht es zu in dieser Reihe. Die Hauptfiguren sind ganz normale Mädchen und Jungen von heute, neugierig und ziemlich mutig. Am Ende löst sich der Schrecken, und die Sache geht gut aus. Aber halt, was war das? Einmal Prinz und Prinzessin sein - für Sue und Eddie geht dieser Wunsch auf unheimliche Weise in Erfüllung. Als sie bei einer Führung durch den »Turm der Schrecken« hinter ihrer Gruppe zurückbleiben, taucht plötzlich eine geheimnisvolle Gestalt auf und versetzt sie durch Zauberei ins Mittelalter. Was wird nun mit ihnen geschehen?

[redacted]

ADVENTURE

Das Mädchen Yuriko ist glücklich in ihrem Fischerdorf im Südwesten Japans. Sie liebt die Tiere, und die Tiere vertrauen ihr.
Yurikos bester Freund ist ein Delfin, den sie zärtlich Ruka nennt; er begleitet sie täglich beim Schwimmen und rettet in einem Sturm ihr Leben.
Eines Tages taucht ein großer Delfinschwarm in der Bucht auf. Die Fischer des Dorfes fürchten um ihre Fangbestände und beschließen, alle Delfine zu töten. Auch Ruka ist in Gefahr ...

Hinweise zu Buchcovern und Klappentexten auch S. 178 – 179

2. Welches der Bücher würdest du gerne lesen? Schreibe auf, was dir an dem Buch gefällt.

Mit Buchcovern und Klappentexten kann man Ratespiele machen – z. B. als Station für euer Leseprojekt.

Zu jedem Buch gehören zwei Teile eines Buchcovers und zwei Teile eines Klappentextes.

Buchcover und Klappentexte zusammensetzen

3 Setze die acht Puzzleteile so zusammen, dass jeweils ein Buchcover und ein Klappentext entsteht.

a

b

Aber drei Minuten später war Hamid noch immer nicht zurück."

c

d

Wo sind Blacky und Gallebanz? Zwei Tage vermissen Hanna und Kerstin ihre Katzen schon. Weder im Tierheim noch im nahen Wald, wo manchmal Katzen wildern, sind die Ausreißer zu finden. Aber sind die beiden Katzen wirklich Ausreißer?

e

f

„In dem Moment lief Hamid schon aus der Klasse, vorbei an dem wartenden Mann. Er holt sein Notizbuch, dachte ich zumindest. Dachte der Lehrer. Dachte die Klasse. Dachte wahrscheinlich auch der wartende Mann.

g

h

Hanna und ihre Freunde haben einen Verdacht. Hat da vielleicht jemand die Hände im Spiel, der Hunde und Katzen verkauft an Leute die Tierversuche machen? Gerade haben sie in der Schule davon gesprochen, daß alle möglichen Sachen, auch Arzneimittel, an Tieren getestet werden. Hanna, Kerstin und die anderen sind auf der richtigen Spur – aber sie müssen ihren Verdacht auch beweisen …

4 Wähle ein eigenes Buch aus. Kopiere Buchcover und Klappentext und stelle dann ein Puzzle her.

Buchtitel und Titelbild

Buchtitel zuordnen

1 Ordne die Buchtitel den Covern zu.

3

1

2

4

einen Buchtitel finden

2 Sieh dir das Bild auf diesem Buchcover an.

a. Entscheide dich für einen dieser drei Buchtitel:
- Einer spinnt immer!
- Bert steht Kopf
- Berts gesammelte Katastrophen

b. Überlege dir selbst einen Buchtitel.

die Lösung und mehr zu dem Buch S. 154 – 165

Rätsel: Was gehört zu welchem Titelbild?

Emilia, Paul, Christina und Jörg haben ein Ratespiel vorbereitet.

Ausschnitte von Buchcovern erkennen

1 Die vier haben Ausschnitte von Buchcovern der Seiten 102 bis 108 zusammengestellt.
a. Seht genau hin.
b. Schreibt die Ziffern der Abbildungen zusammen mit den Buchtiteln auf.

2 Stellt nun selbst ein Ratespiel her.

ein Ratespiel herstellen

- Zeichnet die Hauptpersonen der Bücher, die ihr gelesen habt.
- Schneidet sie aus und klebt sie zusammen auf einen Bogen Papier.

Das Spiel könnt ihr für eine Leseecke vorbereiten.

Ein Buch vorstellen und empfehlen

Felix stellt das Buch „Felis, Felis“ im Morgenkreis vor. „Der Buchtitel klingt fast so wie mein Name“, meint Felix. „Deshalb habe ich das Buch ausgesucht. Wie die Geschichte verläuft, müsst ihr allerdings selbst herausfinden.“

1. Schreibt die Satzstreifen in der richtigen Reihenfolge ab. Richtig geordnet, ergeben die Buchstaben vor den Streifen ein Lösungswort.

K. Felis ist der Name eines Katers.

t. Er lebt ganz friedlich bei seiner Familie, bis er …

z. In seinem zweiten Leben als Straßenkater geht es ums reine Überleben und Felis muss viele abenteuerliche Situationen meistern.

e. Als er wieder bei seinen Menschen ist, begegnet er Venezia, einer wunderschönen Katzendame aus Venedig, und Felis …

a. Er ist die „Hauptperson“ in diesem Buch.

„Mir gefällt, dass das Buch spannend ist. Außerdem verstehe ich nun durch den Kater Felis, warum Katzen bestimmte Verhaltensweisen haben.“

Wichtiges aufschreiben

2. Schreibe in Stichworten auf, warum Felix das Buch gefällt.

Und wie wäre es mit einer Buchempfehlung?

3. Schreibe eine Buchempfehlung für „Felis, Felis“ auf eine Karteikarte oder auf ein DIN-A5-Blatt (das ist wie ein kleines Schulheft). Du findest alle Informationen auf dieser Seite.

Starthilfe

1. Name der Autorin: Hanna Jo…
2. Buchtitel: …
3. Darum geht es in dem Buch: …
4. Das gefällt mir an dem Buch: …

Vorlesen

„Ich lese euch aus dem Buch ‚Wenn du eine Kröte küsst, kriegst du Warzen auf der Nase‘ vor. Rosa ist die Hauptperson und manchmal ist sie wie eine Kröte“, kündigt Katrin an.

❶ Lies den Textausschnitt zunächst leise.

den Text lesen

Rosa kommt mit ihrer neuen Lockenfrisur in die Schule. Rosa ist glücklich über die Locken. Sie ist überzeugt, dass alle in der Klasse und dass auch Gunnel, die neue Lehrerin, die Frisur toll finden – genau wie Rosa.

„Hast du deinen Kopf in den Wäschetrockner gesteckt?“
Rosa zuckte zusammen. Vor ihr stand grinsend Max.
Da hörten sie auch schon Gunnels hohe Absätze vor dem Lehrerzimmer.
„Traust du dich überhaupt mit diesen Locken zu nicken?“
„Aber klar“, sagte Rosa.
„Dann ist es ja okay“, sagte Max.
Sie schlichen ins Klassenzimmer.
„Gunnel kommt.“ […]
„Guten Morgen“, sagte sie.
Da erst sah sie Rosa direkt vor sich stehen.
„Aber Rosa!“
Gunnels Hand flog an ihren Mund, doch sie konnte ihr Lachen nicht mehr zurückhalten.
„Mein Gott“, sagte sie und drehte sich ab, und alle konnten an ihrem Rücken erkennen, wie sie sich vor Lachen schüttelte.
„Verzeihung“, keuchte sie.
Helle ließ vor lauter Lachen einen Schrei los. Dies war dann das Signal: Aus einem ersten, noch leisen Gekicher nach Gunnels Ausbruch wurde ein tosendes Gejohle.
Rosa hörte das Geschrei und das Gelächter um sich wie aus weiter Ferne. Alles war unwirklich. Sie saß da in der ersten Bank, den Blick auf Gunnels Rücken gerichtet, doch sie sah und hörte nichts. Sie verwandelte sich. Rosa war die Kröte.

❷ Übe dann, den Text laut zu lesen.
Wörter, die betont werden sollen, sind hervorgehoben.

❸ Wähle selbst einen Textausschnitt aus einem Buch aus und bereite ihn zum Vorlesen vor.

Tipps zum Vorlesen
S. 180–183, 269

Ideen rund ums Buch

Die Klasse hat bisher viele Ideen für das Projekt Lesen gesammelt:

Besuch in der Stadtbücherei

Spiele und Rätsel mit Covern und Klappentexten

ein Buch vorstellen und empfehlen

etwas vorlesen

Leseecken

Markus hat noch eine Idee: ein Schild für eine besondere Leseecke.

- Fertigt Schilder für eure Leseecken an.

Vorlesestuhl

Nicht nur gutes Vorlesen, sondern auch ein Vorlesestuhl macht das Vorlesen und Anhören eines Textes zu etwas Besonderem.

- Überlegt, wie ihr den Vorlesestuhl zu etwas Besonderem machen könnt.
  - Könnte es eine schöne Decke sein, die ihr über den Stuhl breitet?
  - Könnte es ein Podest sein, auf dem der Vorlesestuhl steht?
  - Könnte es eine Kerze sein, die neben dem Stuhl steht?

Zuhörer und Zuhörerinnen

Die Zuhörer und Zuhörerinnen müssen natürlich auch gut sitzen.

- Macht es euch im Halbkreis um den Vorleser oder die Vorleserin bequem.
  Wie? Auf Kissen, auf Stühlen, auf Teppichfliesen, sitzend, liegend …

Themenecken

Eine Themenecke zum Ausstellen von Büchern könnt ihr so gestalten, dass sie zum Thema der Bücher passt.

- Gestaltet selbst eine Ecke zu einem selbst gewählten Thema.

Bücher zum Schmökern

Ihr könnt natürlich auch einfach in Büchern schmökern.
Dazu braucht ihr Bücher, die euch interessieren.

- Lest nach auf den Seiten 101–104.
  Seht nach auf dem Bücherbord in eurer Klasse, in dem Kasten mit den Leseempfehlungen. Oder geht in die öffentliche Bücherei.

Lesenacht

Die vielen Dinge rund ums Buch könnt ihr auch in einer Lesenacht in eurer Klasse tun. Wie eine Lesenacht aussieht? So!

eine Geschichte über das Buch zum Schreibenüben S. 230

Von Gelehrten, Spaßvögeln und Dummköpfen

Nasrettin Hoca und Eulenspiegel kennen lernen

Wann genau Nasrettin Hoca gelebt hat und ob überhaupt, ist nicht bekannt.
Er wird oft der „türkische Eulenspiegel" genannt. Er besitzt den Titel: „Hoca" (sprich: Hodscha). Das Wort bedeutet „Gelehrter". Nur sehr weise und gläubige Menschen durften früher und dürfen heute den Titel tragen. Nasrettin Hoca ist auch ein Spaßvogel. Er zeigt den Menschen oft, wie dumm sie sind. Aber manchmal ist er auch selbst der Dumme.

Hier ist eine Geschichte, die man sich von Nasrettin erzählt. Die Textteile sind allerdings etwas durcheinander geraten.

Ein gelehrter Mann

Der Hoca setzte seinen Turban ab, legte ihn vor sich hin und sprach: „Wenn du denkst, dass jeder, der einen Turban trägt, ein Gelehrter ist, dann setz du ihn auf und sieh, ob du den Brief lesen kannst."

„Die Handschrift ist so schlecht, dass ich es nicht lesen kann", sagte Nasrettin.

Der Mann wurde böse und sagte: „Du trägst den Turban eines Gelehrten und kannst noch nicht einmal einen Brief lesen."

Eines Tages brachte ein Bauer dem Nasrettin Hoca einen Brief und fragte ihn dann, ob er ihm den Brief vorlesen könnte.

Textteile ordnen

1. a. Lies den Text.
   b. Ordne nun die Textteile in der richtigen Reihenfolge an und lies den Text noch einmal.
2. Ist Nasrettin hier der Kluge oder der Dumme? Sprecht darüber.
3. Erzähle die Geschichte erst mündlich, dann schriftlich nach.

Till Eulenspiegel lebte wahrscheinlich Anfang des 14. Jahrhunderts und starb 1350 in Mölln an der Pest. Er wird oft mit einer Eule und einem Spiegel abgebildet. Till war ein Schalk, ein Narr. Er nahm viele Dinge wörtlich und brachte damit die Menschen zum Lachen. Meistens war Till Eulenspiegel der Kluge, manchmal war er aber auch der Dumme.

Wie Till Brot kaufte und wieder verkaufen wollte

Eulenspiegel kam mitten im Winter in die Stadt Halberstadt und ging auf den Marktplatz. Dort waren Marktstände aufgebaut und es gab so allerlei zu kaufen. Es war sehr kalt und Till war hungrig. Da fiel ihm der Satz ein: *Wer Brot hat, dem gibt man Brot,* was bedeutet: Wer schon etwas hat, bekommt immer mehr dazu.

Er kaufte von seinem letzten Geld zwölf Brote, aß sie aber nicht, sondern stellte sich damit vor den Dom von Sankt Stephan, um sie zu verkaufen. Er hoffte auf einen guten Gewinn. So stand er und machte allerlei Späße, bis ein Hund kam, ein Brot vom Tisch nahm und damit weglief. Eulenspiegel lief dem Hund nach.

In der Zwischenzeit kam eine Sau mit zehn kleinen Ferkeln und stieß den Tisch mit den Broten um. Die Sau und alle Ferkel nahmen je ein Brot ins Maul und liefen damit auch weg.

Till sah das und fing an zu lachen. Er sagte zu sich: „Nun sehe ich, dass der Satz falsch ist: *Wer Brot hat, dem gibt man Brot.* Ich hatte Brot und es wurde mir genommen."

4 Lies den Text.

5 Was bedeutet wohl der Satz: *Wer Brot hat, dem gibt man Brot.*
a. Schreibe den Satz ab.
b. Suche in der Geschichte die Bedeutung und schreibe sie dazu.

6 War Till hier der Dumme oder der Kluge?
Sprecht darüber.

7 Zeichne Till Eulenspiegel.

Nasrettin Eulenspiegel: Texte entflechten

Im folgenden Text sind zwei Geschichten miteinander verflochten.

1. Die beiden Bilder gehören zu dem Text.
   a. Seht euch die Bilder an. Sprecht darüber.
   b. Stellt Vermutungen über den Inhalt des Textes an.

2. Lest nun den Text.

> Ich weiß Antworten auf
> alle Fragen.
> Till Eulenspiegel,
> der große Gelehrte

Das ließ Till Eulenspiegel auf Zettel schreiben (denn er konnte selbst nicht schreiben) und heftete die Zettel in der Universität in Erfurt an die Wand. Die Professoren ärgerten sich darüber: Till Eulenspiegel wollte klüger sein als sie?

Deshalb überlegten sie sich eine List. Sie riefen Eulenspiegel herbei und sagten: *Nasrettin Hoca hatte einen Esel.* „Wir haben gehört, dass du ein großer Gelehrter bist. Traust du dir zu, einem Esel das Lesen beizubringen?“

Eulenspiegel sagte Ja, aber er brauche zwanzig Jahre dazu, und er forderte dafür viel Geld, womit alle einverstanden waren. So nahm Till den Esel und zog mit ihm in die Herberge „Zum Turm“. *Eines Tages war der Esel weg.* Im Stall legte er dem Esel ein wertvolles Buch in die Futterkrippe und zwischen jedes Blatt legte er Haferkörner. *Nasrettin suchte ihn überall: in der Stadt, im Wald und am Fluss.* Das merkte sich der Esel und blätterte mit dem Maul eine Seite nach der anderen um, damit er an die Körner herankam. *Während er suchte, murmelte er vor sich hin, lächelte und lobte Allah.* Wenn er dann keinen Hafer mehr zwischen den Blättern fand, rief er: „I-A! I-A!“

Eulenspiegel fand das großartig und sagte dem Rektor der Universität Bescheid: „Der Esel kann schon ein bisschen lesen, nämlich einige Vokale. *Ein Nachbar kam vorbei und fragte: „Mein Hoca, was ist denn das für eine Geschichte? Du hast einen Esel verloren, aber du lächelst und dankst Gott!“*

Um drei Uhr nachmittags kamen der Rektor und die Professoren, um den lesenden Esel anzusehen. *Nasrettin antwortete ihm: „Mein lieber Nachbar, das ist ganz einfach. Ja, ich habe meinen Esel verloren. Und das ist eigentlich nicht zum Lachen.* Der Esel aber hatte schon den ganzen Tag gefastet. Als Till ihm ein neues Buch, allerdings ohne Haferkörner, hinlegte, blätterte der Esel erfolglos die Seiten des Buches um und schrie: „I-A! I-A!“ *Und doch muss ich Allah danken für mein Glück.“* Da sagte Till: „Seht ihr, die beiden Vokale I und A, die kann er schon. Den Rest lernt er auch noch.“

Die Professoren gingen wütend fort. Till aber ließ den Esel frei und sagte: „Lauf zu den anderen Erfurter Eseln.“ *„Stelle dir vor, ich hätte auf dem Esel gesessen, als er verloren ging. Dann wäre ich zusammen mit ihm verloren gegangen.“*

3 Sortiert die beiden Texte wieder auseinander.

zwei Texte entflechten

4 Die Texte haben noch keine Überschriften.
Schreibe für jeden Text eine Überschrift auf.

eine Eulenspiegelgeschichte zum Schreibenüben S. 234

Till in Magdeburg: Eine Hörszene

Wie Eulenspiegel in Magdeburg verkündete, dass er vom Rathauserker fliegen wollte

Eulenspiegel kam in die Stadt Magdeburg und machte dort viele Streiche. Deshalb war sein Name bald bekannt.

Die Bürger der Stadt baten ihn nun: „Mache doch einmal etwas ganz Abenteuerliches."

Da sagte Eulenspiegel: „Das will ich tun. Ich will auf das Rathaus steigen und vom Erker herabfliegen." Da gab es ein großes Geschrei in der Stadt. Alte und junge Leute versammelten sich auf dem Marktplatz vor dem Rathaus. Alle wollten sehen, wie er flog. Eulenspiegel stand auf dem Erker* des Rathauses und bewegte seine Arme, als ob er fliegen wollte. Die Leute standen da, rissen Augen und Mund auf und meinten wirklich, Eulenspiegel wolle fliegen.

*Vorbau, manchmal mit Geländer

Da fing Eulenspiegel an zu lachen und rief: „Ich dachte, ich sei der einzige Narr auf der Welt. Aber nun sehe ich, dass die ganze Stadt voller Narren ist. Wenn ihr mir sagt, ihr wollt fliegen, dann glaube ich es nicht. Aber ihr glaubt mir, einem Dummkopf! Ich bin doch keine Gans und auch kein Vogel. Ich habe auch keine Flügel. Und ohne Flügel oder Federn kann keiner fliegen. Nun seht ihr wohl, dass meine Geschichte gelogen ist."

Er drehte sich um, lief weg und ließ die Menschen stehen. Die einen fluchten, die anderen lachten und sagten: „Er ist ein Dummkopf, ein Narr. Aber er hat doch die Wahrheit gesagt."

1 a. Lies die Geschichte mehrmals durch.
b. Erzähle den Text mit Hilfe der hervorgehobenen Wörter nach.

den Text erzählen S. 271

2 Was meinen die Leute mit dem letzten Satz: „Aber er hat doch die Wahrheit gesagt“?

Auf dem Marktplatz ist viel zu hören.
Macht daraus eine Hörszene.

3 Überlegt gemeinsam: Was muss man deutlich hörbar machen, weil ja nichts zu sehen ist?

eine Hörszene entwerfen

4 a. Schreibt einen Regieplan für die Hörszene.

einen Regieplan schreiben

Starthilfe

Was passiert?	Wer spricht?	Was sagt jemand?	Wie spricht jemand?	Hintergrund-geräusche
Viele Menschen versammeln sich auf dem Marktplatz. …	viele Menschen …	„Ob Eulenspiegel wirklich fliegt?“ „Das glaube ich nicht.“ …	ungläubig, aufgeregt, …	Pferdegetrappel und Schritte …

b. Ordnet die folgenden Kästchen richtig in den Regieplan ein.

- Menschen auf dem Marktplatz
- bewundernd, laut, erregt
- Eulenspiegel steht still.
- Stimmengewirr
- lachend
- Eulenspiegel steigt auf den Erker des Rathauses.
- Eulenspiegel bewegt seine Arme, als ob er fliegen wollte.
- „Komm schnell her! Hier gibt es was zu sehen!“
- Eulenspiegel
- ein Junge in der Menschenmenge
- Stille
- „Ein Wunder!“ „Der spinnt!“
- „Ich dachte, ich bin der einzige Narr auf der Welt. Aber nun sehe ich, dass die ganze Stadt voller Narren ist.“
- Stimmengewirr

c. Übt nun das Sprechen und die Hintergrundgeräusche.
d. Nehmt die Szene auf Band auf.
e. Erweitert die Szene zu einem Hörspiel.

die Hörszene gestalten

Die Sage von Sadko

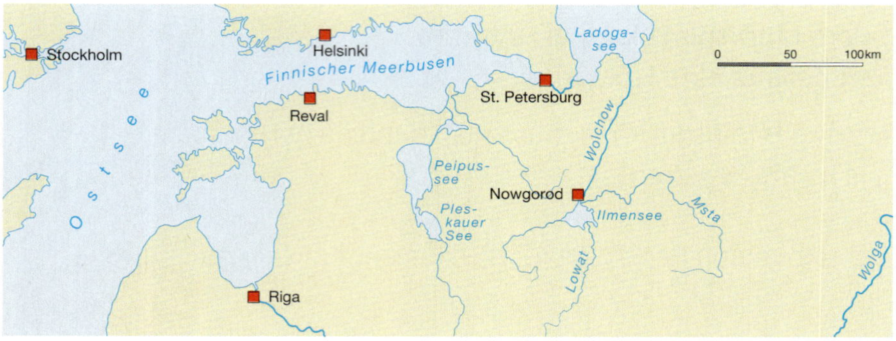

Hintergrund der Sage

Die Stadt Nowgorod gibt es wirklich.
Nowgorod liegt in Russland und war früher eine reiche Handelsstadt. Die Kaufleute brachten Waren aus Westeuropa, Indien, China und Skandinavien nach Nowgorod.

1. Nehmt einen Atlas zur Hand und sucht Nowgorod.

Den Kaufmann Sadko gab es wirklich.
In den Chroniken* der Stadt ist auch von Sadko zu lesen, der im 12. Jahrhundert in Nowgorod lebte. Er war ein Kaufmann.

*In Chroniken werden geschichtliche Ereignisse in genauer Reihenfolge aufgeschrieben.

Sagenerzähler dichten zur Wirklichkeit noch etwas hinzu.
Die Sage von Sadko war ursprünglich ein Lied; Bauern und Hirten sangen es in den Dörfern.
Erst im 19. Jahrhundert wurde die Sage aufgeschrieben.

Dies ist die Sage von Sadko. Auf Russisch schreibt man Садко.

Sadko

Die Kaufleute von Nowgorod

In Nowgorod lebten vor langer Zeit viele wohlhabende Kaufleute. Von ihren Reisen nach Skandinavien, China oder Indien brachten sie Gewürze, Edelsteine und feine Stoffe mit. Ihr Reichtum erlaubte es ihnen, rauschende Feste zu feiern.

Sadko, ein armer Sänger, spielt für die Kaufleute.

In Nowgorod lebte zu dieser Zeit auch ein armer Sänger namens Sadko. Alles, was er besaß, war ein Instrument, das sehr schön klang: eine Gusli. Sadko verdiente sein Brot damit, dass er die Gäste auf den Festen mit seiner Gusli unterhielt. Wenn er über die Saiten seiner Gusli strich und seine Lieder sang, hörten alle aufmerksam zu. Die Menschen liebten seine Musik.

Sadko spielt am Ilmensee.

Einmal geschah es, dass Sadko keine Einladung zu einem Fest erhielt, auch nicht am zweiten und am dritten Tag. Traurig und mit leerem Magen verließ er die Stadt und begab sich zum Ilmensee. Dort setzte er sich auf einen weißen Felsen, nahm seine lieblich klingende Gusli und spielte.

Sadko begegnet dem Meerkönig.

Plötzlich wurde der See dunkel und hohe Wellen kamen auf. Gischt spritzte ihm ins Gesicht. Sadko bekam Angst. Er wollte gerade weglaufen, da teilte sich eine Welle und aus der Tiefe stieg der Meerkönig herauf. Er sprach zu Sadko: „Welche Freude, diese wundervolle Musik zu hören. Wir haben auf dem Meeresgrund getanzt. Dafür will ich dich belohnen. Geh zurück nach Nowgorod und wette mit den reichen Kaufleuten, dass es im Ilmensee Fische mit goldenen Flossen gibt. Wette um all ihre Waren und ihre Verkaufsstände. Knüpfe dann ein Netz aus Seide und komm mit den Kaufleuten hierher."

Sadko wettet mit den Kaufleuten.

Am nächsten Tag wurde Sadko wieder zu einem Fest eingeladen. Als die Kaufleute fröhlich feierten, verkündete Sadko: „Oh Kaufleute von Nowgorod! Im Ilmensee gibt es Fische aus reinstem Gold!" „Das ist nicht möglich!", antworteten die Kaufleute. „Lasst uns wetten", schlug Sadko vor. Drei Kaufleute nahmen die Wette an und mit einem Netz aus Seide gingen sie mit Sadko zum Ilmensee. Sie warfen das Netz dreimal aus und fingen jedes Mal einen Fisch aus reinem Gold.

Sadko wird ein reicher Kaufmann.

Sadko hatte die Wette gewonnen. Er war jetzt ein reicher Mann. Er ließ 30 Schiffe bauen und belud sie mit Nowgoroder Waren. Mit seiner Flotte* segelte er den Wolchow hinunter und weiter

*mehrere Schiffe

bis ins offene Meer. In verschiedenen Handelsstädten legten sie an und verkauften ihre Waren. Bald füllten sich die Schiffe mit Silber, Gold und Edelsteinen. Also machten sie sich auf den Heimweg.

Ein Sturm kommt auf. Der Meerkönig fordert seinen Dank.
Plötzlich kam ein Sturm auf. Die Wellen tosten. Die Schiffe drohten zu sinken. Da sprach Sadko: „Ich war glücklich über meinen Reichtum. Aber ich habe mich nicht beim Meerkönig bedankt. Ich werde zu ihm hinabsteigen."

Sadko steigt zum Meerkönig hinab auf den Meeresgrund.
Er nahm seine Gusli und stieg auf einer Schiffsplanke* in die Wogen. Im selben Augenblick beruhigte sich die See. Sadko fiel in einen tiefen Schlaf. Als er erwachte, lag er auf dem Meeresgrund. Im Seesand stand ein weißer Marmorpalast. Sadko betrat den Palast. In der Halle stand ein Thron, der aus einer einzigen großen Muschel bestand. Auf dem Thron saß der Meerkönig selbst. Sein langes Haar wallte im Wasser.

*Holzbrett

Der Meerkönig sprach: „Oh Sadko, du reicher Kaufmann. Ich habe dir deinen Reichtum geschenkt, doch du hast mich vergessen. Jetzt kommst du selbst als Geschenk. Spiel für mich deine lieblich klingende Gusli." Sadko spielte und der Meerkönig begann einen wilden Tanz. Sadko spielte Tag und Nacht. Die See tobte. Der gelbe Meeressand wurde aufgewühlt. Schiffe gingen unter und Seefahrer ertranken.

Der heilige Nikolai gibt Sadko einen Rat.
Nach Tagen hörte Sadko plötzlich eine Stimme: „Oh Sadko von Nowgorod. Jetzt ist es genug." Sadko drehte sich um. Hinter ihm stand ein weißhaariger alter Mann. Es war Nikolai, der Beschützer der Seefahrer. Er sprach: „Beende dein Spiel! Zerreiße deine Saiten. Zerbrich dein Instrument. Die See soll sich beruhigen. Nimm dann die Meerjungfrau Tschernawa zur Frau. Sie wird dir helfen."

Sadko tat, was ihm der alte Mann geraten hatte. Als das Hochzeitsfest vorüber war, begab Sadko sich mit seiner Braut Tschernawa ins Schlafgemach*.

*Schlafzimmer

Es wurde Nacht und er weinte bitterlich. Tschernawa verstand seinen Kummer: Er sehnte sich nach seiner Heimatstadt Nowgorod. Sie hatte Mitleid und beschloss, ihm zu helfen.

Als Sadko am nächsten Morgen erwachte, war er in Nowgorod, am Ufer des Flusses Tschernawa. Zur gleichen Zeit erreichten seine Schiffe die Stadt. Alle waren glücklich über das unerwartete Wiedersehen.
Zu Ehren des alten Nikolai, des Beschützers der Seefahrer, ließ Sadko eine Kirche mit einer goldenen Kuppel bauen.

Wer heute nach Nowgorod kommt, kann dort immer noch die St.-Nikolai-Kirche bewundern.

2 Du kannst dir selbst helfen, die Sage zu verstehen.
a. Lies die Sage einmal leise.
b. Sieh dir dann die **Bilder** an. Was erzählen sie?
c. Lies die Sage ein zweites Mal.
Die **Randerklärungen** helfen dir, den Text zu verstehen.
d. Gibt es weitere Textstellen, die unverständlich sind?
Versuche sie aus dem Zusammenhang zu verstehen.
e. Die **Zwischenüberschriften** fassen den Inhalt der Abschnitte zusammen. Aber da fehlen ja drei! Ergänze sie.

die Sage lesen und verstehen

Textknacker S. 176 – 177, 269

3 In den Chroniken ist nicht überliefert, dass Sadko ein Musiker war. Was wurde noch zur Wirklichkeit hinzugedichtet?

Als es noch keine Bücher gab, wurden Geschichten mündlich weitererzählt.

4 Erzählt die Sage gemeinsam in der Gruppe nach.
Erzählkärtchen dienen als **Gedächtnisstützen.**
a. Teilt die zwölf Abschnitte unter euch auf.
b. Schreibt jeweils eine Zwischenüberschrift auf ein Karteikärtchen.
c. Im Text findet ihr hervorgehobene **Schlüsselwörter.**
Schreibt sie auf das Kärtchen mit der passenden Überschrift.
d. Nummeriert die Kärtchen.
Es müssen zwölf sein.
e. Erzählt euch nun die Sage.
Jeder erzählt seine Abschnitte.

die Sage nacherzählen

weitere Tipps zum Erzählen S. 271

Starthilfe

1
Die Kaufleute von Nowgorod
Nowgorod
wohlhabende Kaufleute
...

5 Sammelt andere Sagen.
Macht eine Sagen-Erzählstunde.

Fabeln

Eine Fabel zu Bildern erzählen

In diesem Kapitel lernt ihr Fabeln kennen. Fabeln sind kleine Texte, in denen Tiere die Hauptpersonen sind.
Fabeln gibt es in vielen Ländern und manche von ihnen sind schon sehr alt.

Die Fabel vom Hund und dem Fleisch

1. Sieh dir die Bildergeschichte an.

eine Fabel erzählen

2. Erzähle einem Partner oder einer Partnerin Bild für Bild die Geschichte vom Hund und dem Stück Fleisch.

Bild 1
Bild 2
Bild 3
Bild 4

laufen
ein Stück Fleisch
über eine Wiese
in einen Bach
sehen
sich spiegeln
das Maul öffnen
ins Wasser fallen
nach der Beute schnappen
aus dem Maul fallen

3 Schreibe die Fabel vom Hund und dem Fleisch auf.
Schreibe zu jedem Bild etwas auf.
– Du kannst deinen eigenen Text schreiben.
– Du kannst aber auch die Satzschalttafel zu Hilfe nehmen.

einen Text zu Bildern aufschreiben

Ein Hund	lief ging spazierte	mit	einem Stück Fleisch Fleisch seiner Beute	über eine Wiese.		Bild 1
Er kam zu einem Bach.						
Als er den Bach durchquerte, sah er, wie sich	das Fleisch das Stück Fleisch seine Beute	im Wasser spiegelte.				Bild 2
Er	meinte: dachte: überlegte:	„Das „Die	möchte ich haben.“			
Der Hund	riss das Maul auf, öffnete das Maul, machte das Maul auf,	um	das Fleisch das Stück Fleisch die Beute	zu fassen. zu fangen. zu schnappen.		Bild 3
Da fiel ihm	sein Stück Fleisch das Stück Fleisch seine Beute	aus dem Maul ins Wasser	und schwamm davon. und verschwand.			Bild 4
Wer in seiner Gier zu viel will, dem bleibt oft gar nichts.						

4 Überarbeite deinen Text.
a. Füge Adjektive ein, die die Gefühle des Hundes auf den verschiedenen Bildern deutlicher machen könnten.
b. Wo könntest du die folgenden Sätze einfügen?
- Er war erstaunt und wusste nicht, was passierte.
- „Das war mir eine Lehre“, dachte er.
- Er war froh über das Stück Fleisch und wollte es in Ruhe am anderen Ufer verzehren.
- „Nanu“, überlegte er, „eben waren es doch noch zwei.“

den Text überarbeiten

Tipps zum Überarbeiten S. 270

5 Schreibe den letzten Satz aus der Satzschalttafel in deiner schönsten Schrift mit einem besonderen Stift auf.

die Lehre der Fabel mit Schrift gestalten

Eine Fabel ergänzen

Die Fabel von der Schildkröte und dem Leoparden erzählt man sich in Afrika.

die Fabel beim Lesen ergänzen

1. Lies die Fabel durch. Setze beim Lesen statt der Sternchen die Wörter „Schildkröte“ (7 x), „Leopard“ (3 x) und „Leoparden“ (2 x) ein.

Die Schildkröte und der Leopard

Die immer zerstreute *** hatte sich etwas verspätet und musste sich beeilen, denn die Nacht kam heran und deckte ihren dunklen Mantel über den Wald. Da geriet sie plötzlich in eine Falle.

Das war ein tiefes Loch, das mit Palmenblättern bedeckt war. Die Jäger aus dem Dorf hatten es absichtlich mitten auf dem Weg gegraben, um Tiere zu fangen.

Dank ihres dicken Panzers hatte sich die *** bei dem Sturz nicht ernstlich verletzt. Aber wie sollte sie nur hier wieder herauskrabbeln? Bis zum nächsten Morgengrauen musste sie sich etwas einfallen lassen, wenn sie nicht im Suppentopf der Dorfbewohner enden wollte.

Die *** stellte sich gerade vor, wie sie als Suppe wohl schmecken würde, als ein *** in dieselbe Falle geriet. Die *** machte einen Sprung, und indem sie so tat, als hätte der *** sie in ihrem Schlupfwinkel gestört, brüllte sie den *** an: „Was soll das heißen? Was hast du hier zu suchen? Sind das vielleicht Manieren, einfach so in mein Haus einzudringen? Hast du nicht gelernt, vorher anzuklopfen?“, schrie sie den verdutzten *** an.

„Pass doch auf, wo du hintrittst“, fuhr die *** fort, „weißt du denn nicht, dass ich nachts nicht gern unerwarteten Besuch habe? Verschwinde bloß, du ungezogener Gefleckter!“

Wutentbrannt über die freche *** packte sie der *** und schleuderte sie mit aller Kraft aus dem Loch.

Die *** aber freute sich ihres Lebens und setzte in aller Ruhe ihren Nachhauseweg fort.

Der Leopard ist viel größer und stärker als die Schildkröte. Ist er aber auch klüger?

2 Die Schildkröte aber rettet ihr Leben, weil sie … ist.
Ja, wie ist sie denn?
Beschreibe die Schildkröte.
- Wähle aus den Adjektiven die passenden aus.
- Du kannst dir aber auch selbst Adjektive überlegen.

die Schildkröte beschreiben

faul	frech
fleißig	ängstlich
dumm	kühn
schlau	tollkühn
listig	

Die Fabel eignet sich gut zum Vorlesen.

3 Übe die Fabel vorzulesen.
Ersetze dabei die Sternchen durch Wörter.

Tipps zum Vorlesen S. 180–183, 269

4 Du kannst auch eine Bildergeschichte zu der Fabel zeichnen.
a. Lies die Fabel noch einmal durch.
Überlege, wie viele Bilder du zeichnen musst.
b. Füge auch Sprechblasen in deine Bildergeschichte ein.

eine Bildergeschichte zeichnen

Wenn die Schildkröte nicht so mutig gewesen wäre …

5 Überlege dir ein anderes Ende der Fabel ab Zeile 19.
Schreibe weiter nach: „… als ein Leopard in dieselbe Falle geriet.“

ein anderes Ende schreiben

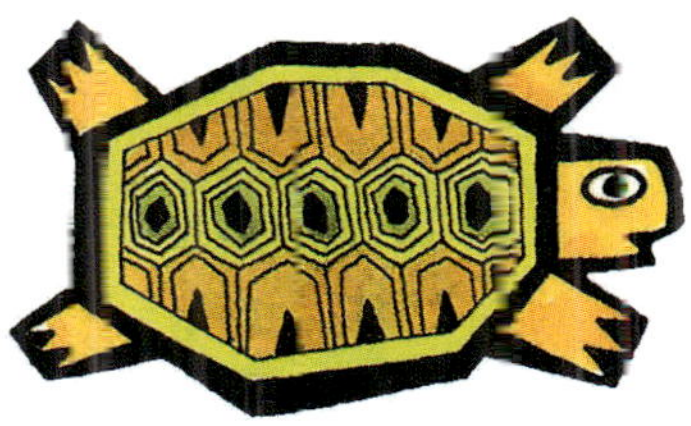

Eine Fabel in Gedichtform

Die Fabel handelt von einem Frosch und einem Fink.

Vorüberlegungen zur Fabel

1 a. Sieh dir die beiden Bilder an.
b. Überlege, was wohl zwischen den beiden Bildern geschehen sein mag.

die Fabel lesen

2 Lies die Fabel „Fink und Frosch“.
Dann erfährst du, was passiert ist.

Wilhelm Busch

Fink und Frosch

1. Im Apfelbaume pfeift der Fink sein: pinkepink! Ein Laubfrosch klettert mühsam nach bis auf des Baumes Blätterdach und bläht sich auf und quakt: „Ja, ja! Herr Nachbar, ik bin och noch da!“

2. Und wie der Vogel frisch und süß sein Frühlingslied erklingen ließ, gleich muss der Frosch in rauen Tönen den Schusterbass dazwischendröhnen.

3. „Juchheija, heija!“, spricht der Fink. „Fort flieg ich flink!“ Und schwingt sich in die Lüfte hoch.

4. „Wat!“, ruft der Frosch. „Dat kann ik och!“ Macht einen ungeschickten Satz, fällt auf den harten Gartenplatz, ist platt, wie man die Kuchen backt, und hat für ewig ausgequakt.

5. Wenn einer, der mit Mühe kaum geklettert ist auf einen Baum, schon meint, dass er ein Vogel wär, so irrt sich der.

Dies ist eigentlich eine Fabel in Gedichtform.
Hier ist sie als fortlaufender Text abgedruckt.

3 Stelle die Gedichtform wieder her.

Gedichtform wiederherstellen

a. Lies den Text laut. Denn dabei hörst du die Reimwörter.

b. Schreibe das Gedicht dann in deiner besten Schrift auf ein schönes Blatt.

Starthilfe

... Fink
... pinkepink!
... nach
... Blätterdach
... ja!
... da!"

... süß
...,
... Tönen
...

... Fink.
...!"
... hoch.

...

4 Lerne das Gedicht auswendig und trage es vor.

auswendig vortragen

Arbeitstechnik

Ein Gedicht auswendig lernen

- Lerne die erste Strophe **Zeile für Zeile** auswendig.
- Sprich dann die **Strophe als Ganzes**.
- Verfahre genauso mit den anderen Strophen: erst Zeile für Zeile, dann die Strophe als Ganzes.
- Wenn du das ganze Gedicht auswendig sprechen möchtest, kannst du dir am Anfang mit einem Blatt Papier helfen: Lege das Blatt so, dass du jeweils **nur den Anfang jeder Zeile** lesen kannst.

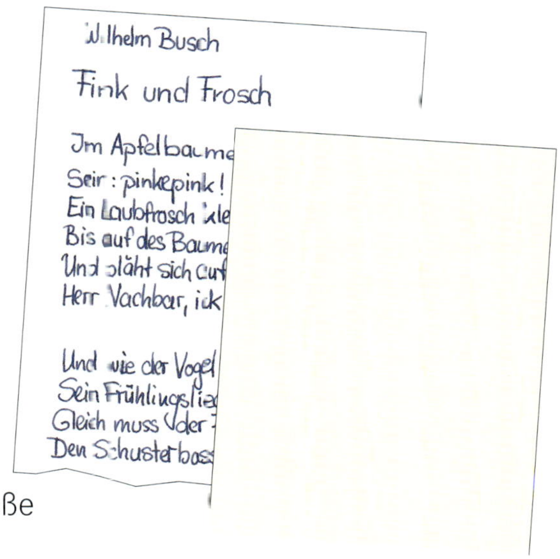

5 a. Besorge dir – z. B. in der Stadtbücherei – das große Wilhelm-Busch-Buch.

b. Finde darin eine andere Fabel in Gedichtform. Trage sie der Klasse vor.

c. Du kannst auch Bilder dazu malen und sie an passenden Stellen hochhalten.

Was wäre, wenn...

... du auf einmal auf einer dieser Treppen stündest?

1 Sieh dir das Bild genau an.

2 Versetze dich dann in eine der Personen in der oberen Bildhälfte.
   a. Überlege dir, wie du die Treppen bis zur linken Bildecke hinunterkommst.
   b. Erzähle deine Geschichte mündlich.

Was wäre, wenn …

… du in ein Fernsehbild hineingehen könntest?

… du in dein Bild hineingehen könntest, das du im Kunstunterricht gezeichnet hast?

… du durch Wände gehen könntest?

… du fliegen könntest?

… du in einem Computerspiel gefangen wärst?

3 a. Suche dir eine Idee aus.
Überlege dir dazu eine Geschichte.
b. Schreibe die Geschichte auf.

Was wäre, wenn ... – Die Stadt der Kinder

Manch einer wünscht sich, in einer „Was wäre, wenn ...“-Welt zu sein. Manch einer ist auf einmal darin, ohne es zu merken.

Vermutungen über den Inhalt anstellen

„Was wäre, wenn ...“ ist auch Thema in dem Buch „Level 4 – Die Stadt der Kinder“.

1. Das Bild auf dem Buchcover versetzt euch in die „Was wäre, wenn ...“-Welt.
   a. Beschreibt das Bild.
   b. Seht euch genau den Bildschirm und den Hintergrund des Bildes an. Was passiert da?
   c. Was könnte mit dem Bild gemeint sein?

„Level“ ist ein englisches Wort und hängt mit dem Computerspiel zusammen, das Ben, die Hauptperson des Buches, spielt.

im Wörterbuch nachschlagen

2. a. Schlagt im Englisch-Wörterbuch nach, was „Level“ bedeutet.
   b. Was bedeutet „Level“ in einem Computerspiel?

Das Computerspiel heißt „Stadt der Kinder“.

3. a. Was stellt ihr euch unter einer „Stadt der Kinder“ vor? Sprecht darüber.
   b. Schreibt eure Ideen für die „Stadt der Kinder“ auf Zettel. Heftet die Zettel an die Tafel.

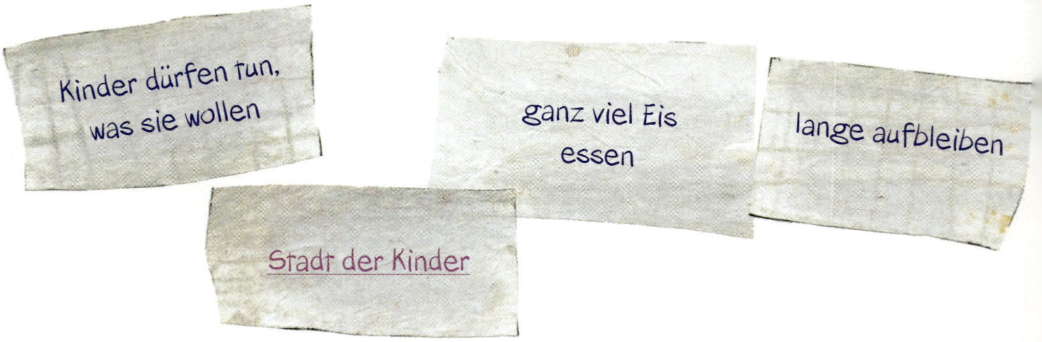

Nun lest selbst: „Was wäre, wenn ...“ in „Die Stadt der Kinder“.

Andreas Schlüter

Level 4 – Die Stadt der Kinder

Ben ist ein Computerfreak. Frank, sein bester Freund, bringt ihm das neueste Computerspiel mit in die Schule. Ben kann es kaum erwarten, das Spiel zu Hause auszuprobieren. Er rennt nach Hause und lädt das Spiel. Auf dem Bildschirm erscheint:

Die Stadt der Kinder
Das Superabenteuerspiel
der Computergames GmbH

[…]„Mach schon!“, brüllte Ben den Computer an. Endlich zeigte der Bildschirm eine Stadt. Oder, besser gesagt, eine Einkaufsstraße. In den einzelnen Läden gingen kleine Figuren ein und aus, immer dem gleichen Bewegungsablauf folgend. Durch die Mitte führte eine schmale Straße, auf der in entgegengesetzter Richtung zwei Autos in Schlangenlinien den Bildschirm durchquerten. In der unteren linken Ecke stand die Figur, die Ben mit dem Joystick[1] bewegen konnte. Er probierte die Bewegungsabläufe aus: links, rechts, nach vorn (im Bildschirm also nach oben), nach hinten. Gut, es konnte losgehen. Ben drückte die Start-Taste. Jetzt hieß es, sich zu konzentrieren.

Zuerst einmal die Straße hoch und in den letzten Laden hineingehen. Also Joystick nach vorn. Achtung vor den Autos. Die werden nämlich von Kindern gefahren, die keinen Führerschein haben. Deshalb waren sie unberechenbar. Plötzlich fiel ein Blumentopf aus dem zweiten Haus. Dicht neben der Figur prallte er auf die Straße und zersprang in tausend kleine Lichtpunkte, die sich auf dem Bildschirm in alle Richtungen verflüchtigten. Das war knapp. In seiner Aufregung hatte Ben diese kleinen heimtückischen Hindernisse völlig vergessen, die durch das Chaos in der Stadt entstanden. Er musste vorsichtiger sein, denn bis zur vierten Spielebene war es noch ein langer Weg. Und dummerweise ließen sich die ersten, leichteren Spiellevels[2] nicht überspringen. Nach jedem

[1] Joystick: Hebel zum Steuern von Computerspielen
[2] Spiellevels: Spielstufen, von leicht bis schwierig

groben Fehler fing das Spiel von vorne an. Unzählige Male hatte Ben diesen Anfang schon gespielt. Und doch entging ihm immer mal wieder eine dieser Kleinigkeiten wie der Blumentopf.

Diesmal hatte Ben Glück gehabt. Hinein in den Laden. Schon sprang das Bild um auf eine neue Szene: das Innere des Ladens. Hinter dem Tresen stand eine zwielichtige Gestalt. Ben wusste, dass es kein normaler Verkäufer war. In diesem Fantasyspiel stellte der Ladenbesitzer einen verkleideten, heimtückischen Zauberer dar – einen der letzten Erwachsenen in der Stadt. Vorsicht war geboten. Jeder Schritt der Figur musste wohl überlegt sein auf dem Weg zu der Glasvitrine, in der der Schlüssel zum nächsten Bild versteckt war. Dazwischen, das wusste Ben von seinen zahlreichen Versuchen im Kaufhaus, lauerte eine Falltür im Fußboden auf eine unbedachte Bewegung der Spielfigur. [...]

Da kommen Miriam und Jennifer, um zusammen mit Ben für die nächste Mathearbeit zu üben. Doch Ben hat gar keinen Sinn für Mathe. Er hat nur sein Computerspiel im Kopf.

„Verdammt!“, schimpfte Ben. „Das gibt’s doch gar nicht.“
„Was ist denn los?“, fragte Miriam, die sich schon die ganze Zeit wunderte, dass Ben wie wild auf die Tasten haute.
Ben war ganz rot im Gesicht vor Aufregung. Abwechselnd sah er Miriam und Jennifer mit verwirrtem Blick an. Schließlich stieß er einen tiefen Seufzer aus und sagte niedergeschlagen: „Der Zauberer ist weg!“ [...]

Warum funktionierte es nicht? Noch nie war während des Spiels der Zauberer verschwunden und damit das Spiel beendet. Sooft er den Computer ausschaltete, um ihn sofort wieder neu zu starten und das Spiel ein weiteres Mal zu laden: Die Fehler im Spiel wurden nur noch größer. Jetzt war nicht nur der Zauberer verschwunden, sondern es fuhren auch keine Autos mehr auf dem Bildschirm. Nur die kleine Figur, die mit dem Joystick zu steuern war, hopste noch durch die Computerwelt. Nichts ging mehr. Das Spiel stand still. [...]

Es wird Abend und Ben wundert sich, dass seine Mutter noch nicht zu Hause ist. Er sieht aus dem Fenster: Niemand ist auf der Straße, kein Auto fährt.

Plötzlich machten sich völlig verrückte Gedanken in Bens Kopf breit: Zum ersten Mal erscheint meine Mutter nicht zu Hause, auf der Straße fährt kein einziges Auto, die Stadt ist wie leer gefegt, in der Eisdiele ist niemand und Jennifers Eltern sind auch weg. Das ist „... wie im Computerspiel“, sagte Ben den letzten Fetzen seiner Gedanken laut.
„Wie bitte?“, fragte Jennifer gereizt. „Kannst du niemals an etwas anderes denken als an deinen idiotischen Computer?“
„’tschuldigung“, murmelte Ben nur. Jennifer hatte ja Recht. Wie konnte er jetzt nur wieder an seinen Computer denken? Dennoch: Es war wie in seinem neuen Computerspiel. Auch dort verschwinden von Bild zu Bild immer mehr Menschen aus der Stadt, und zwar nur die Erwachsenen. Aufgabe des Spiels ist es, mit der Figur so viele Kinder wie möglich zu versammeln und die Stadt zu retten. Für jede Funktion in der Stadt, die man am Leben erhält, gibt es Punkte. So geht das Spiel – wenn es funktioniert. Aber das Spiel ging kaputt. Und seitdem vermisst er seine Mutter, wartet Jennifer auf ihre Eltern.

In Bens Kopf machen sich „völlig verrückte Gedanken“ breit.

4 Welche „verrückten Gedanken“ sind das? Schreibe sie auf.

die Geschichte weiterschreiben

Was wäre, wenn ... Ben mit seinen Freunden mitten in das Computerspiel hineingeraten wäre, in die „Stadt der Kinder“, eine Welt ohne Erwachsene?

5 Erfinde eine Fortsetzung. Schreibe sie auf.

Lesetipp:
Lies selbst, wie die Geschichte weitergeht.

Ben liebt Computerspiele, besonders seine Neuerwerbung „Die Stadt der Kinder“. Doch etwas läuft schief auf dem 4. Level. Was nur auf dem Bildschirm passieren sollte, wird plötzlich Realität.

6 Denke dir selbst eine Level-Geschichte aus. Schreibe sie auf.

Was wäre, wenn ... – Mary Poppins

*Ein Kindermädchen versorgt und erzieht die Kinder einer anderen Familie.

Pamela Travers
Mary Poppins

Das Kindermädchen* Mary Poppins hat einen freien Tag. Sie zieht sich hübsch an und besucht ihren Freund, den „Streichholzmann“ Bert. Bert verdient sein Geld, indem er Streichhölzer verkauft und Bilder aufs Straßenpflaster malt. Mary sieht sich die Bilder an, die Bert neu gemalt hat.

Das nächste Bild, an das Mary Poppins und der Streichholzmann herantraten, war womöglich noch schöner. Es war eine Landschaft – lauter Bäume und Rasen, ein Stückchen blaues Meer und im Hintergrund etwas, das aussah wie der Badeort Margate. „Mein Gott!“, rief Mary Poppins bewundernd und bückte sich, um alles noch besser zu sehen. „Aber, Bert, was ist denn?“

Der Streichholzmann hatte auch ihre andere Hand ergriffen und sah ganz aufgeregt aus.

„Mary! Ich hab eine Idee! Wirklich eine Idee! Warum gehen wir nicht – gleich jetzt – gleich heute? Wir beide, hinein in das Bild! Was meinst du, Mary?“ Und ihre Hände noch immer in den seinen, zog er sie von der Straße fort, weg von den eisernen Geländern und Laternenpfählen, geradewegs in das Bild hinein. Pfff! Da standen sie nun, mittendrin! Wie grün es hier war und wie still, und wie weich war das frische Gras unter ihren Füßen! Kaum war es zu fassen und doch streiften grüne Zweige raschelnd über ihre Köpfe, wenn sie unter ihnen durchschlüpften, und kleine bunte Blumen schmiegten sich um ihre Schuhe. Sie staunten einander an und jeder sah, dass sich der andere verwandelt hatte. Mary Poppins schien es, als habe sich der Streichholzmann einen neuen Anzug gekauft, denn er trug jetzt einen hellen, grün und rot gestreiften Rock* zu weißen Flanellhosen und, das Schönste von allem, einen neuen Strohhut. Er sah so ungewohnt sauber aus, wie frisch aufpoliert.

*eine Jacke

„Du siehst aber fein aus, Bert!“, rief sie bewundernd.

Bert konnte nicht gleich antworten, denn er sperrte vor Staunen Mund und Augen auf. Dann schluckte er und sagte: „Dunnerlittchen!“ Das war alles. Aber wie er das sagte! Dabei staunte er sie an, so unverwandt und entzückt, dass sie ihrer Tasche einen kleinen Spiegel entnahm und sich darin betrachtete.

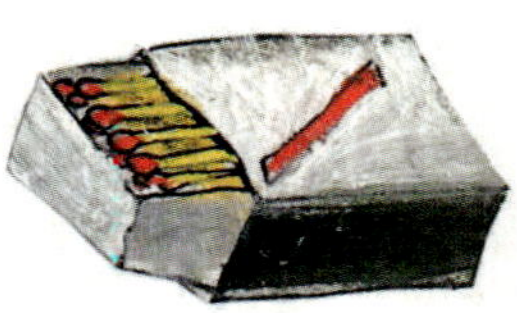

Ja, auch sie selbst, das sah sie nun, hatte sich verwandelt. Um ihre Schultern hing ein herrlicher Mantel aus Kunstseide, über und über zart gemustert, und das Kitzeln im Nacken rührte von einer langen gekräuselten Feder her, die, wie der Spiegel ihr zeigte, vom Hutrand herabhing. Ihre Sonntagsschuhe waren verschwunden und an ihrer Stelle hatte sie andere an, noch schönere, mit großen, blitzenden Diamantschnallen. […]

Mary und Bert lassen es sich gut gehen. Sie werden von einem höflichen Kellner mit Himbeertörtchen und Tee bedient, sie fahren Karussell.
Als es dunkel wird, zeigt ihnen der Kellner den Ausgang.

Schließlich trat Mary durch das weiße Tor und der Streichholzmann folgte ihr. Während sie weitergingen, fiel die Feder von ihrem Hut, der seidene Mantel von ihren Schultern und die Diamantschnallen fielen von ihren Schuhen. Der neue Anzug des Streichholzmanns wurde schäbig und sein Strohhut verwandelte sich wieder in seine alte speckige Mütze. Mary Poppins drehte sich nach ihm um und wusste sofort, was geschehen war. Sie blieb stehen und sah ihn an, eine kleine Ewigkeit lang. Dann spähte sie in den Wald. Aber der Kellner war nirgends zu sehen. Kein Mensch war in dem Bild, nichts bewegte sich darin. Sogar das Karussell war verschwunden. Geblieben waren nur die stillen Bäume und der Rasen und das regungslose Stückchen Meer.
Aber Mary Poppins und der Streichholzmann lächelten sich an. Sie wussten, was hinter den Bäumen lag …

Mary Poppins und der Streichholzmann lächelten sich an. Sie wussten, was hinter den Bäumen lag …

1 Erzähle, was Mary Poppins und der Streichholzmann „hinter den Bäumen" im Bild erlebt haben könnten.

Mary und der Streichholzmann gehen noch einmal in das Bild oder in ein anderes Bild.

2 a. Schreibe auf, wie die Geschichte weitergehen könnte.
b. Vergleicht eure Texte. Welcher ist besonders gelungen?

An einer anderen Stelle im Text sagt Mary Poppins: „Wisst ihr denn nicht, dass jeder sein eigenes Märchenland hat?“

3 Wie sieht dein Märchenland aus?
Zeichne ein Bild von deinem Märchenland.

einen Text schreiben

4 Du gehst in dein Bild hinein ...
Schreibe eine Geschichte dazu auf.
Schreibe auf,
- wie du in das Bild hineingehst,
- was im Bild verborgen ist,
- was du in deinem Bild erlebst.

5 Oder gehe in Monikas Bild hinein.
Schreibe eine Geschichte zu dem Bild.

Monika D., Schülerin aus Bielefeld

Lesetipp:
Buchcover und Klappentext wollen dich anregen, die ganze Geschichte von Mary Poppins, dem Kindermädchen, zu lesen.

Mary Poppins ist das neue Kindermädchen. Eitel ist sie und sehr energisch. Aber dafür hat sie beachtliche Vorzüge: Sie kann das Treppengeländer hinaufrutschen, mit Tieren sprechen, in Bildern verschwinden und noch vieles mehr. Im Kirschbaumweg bricht eine Zeit unglaublicher Abenteuer an.
Pamela Travers hat mit Mary Poppins das unbestritten verrückteste und beliebteste Kindermädchen der Literatur geschaffen.

Weiterführendes: Wenn-Geschichten schreiben

**Was wäre, wenn …
Mary Poppins mit dem Streichholzmann
in dieses Bild gegangen wäre?**

1 Schreibe eine Geschichte zu diesem Bild.

eine Geschichte zu einem Bild schreiben

Max Ernst, Der große Wald

Was wäre, wenn …
du im Tausend Türen Tempel wärst?

In Michael Endes Buch „Die unendliche Geschichte“ spielt ein Labyrinth eine große Rolle. Es heißt der „Tausend Türen Tempel“ und liegt im Land Phantásien …

„Höre, Herr“, sprach Graógramán leise, „es gibt in Phantásien einen Ort, der überall hinführt und von überall her erreicht werden kann. Dieser Ort wird der Tausend Türen Tempel genannt. Niemand hat ihn je von außen gesehen, denn er hat kein Äußeres. Sein Inneres aber besteht aus einem Irrgarten von Türen. Wer ihn kennen lernen will, der muss sich hineinwagen.“

„Aber wenn man einmal drin ist“, fragte Bastian, „kann man denn irgendwo wieder hinaus?“

„Ja“, antwortete der Löwe, „doch ist es nicht ganz so einfach wie bei gewöhnlichen Gebäuden. Denn durch den Irrgarten der tausend Türen kann dich nur ein wirklicher Wunsch führen. Wer den nicht hat, der muss so lange darin herumirren, bis er weiß, was er sich wünscht. Und das dauert manchmal sehr lang.“

„Und wie kann man die Eingangspforte finden?“

„Man muss es sich wünschen.“

eine Wunschgeschichte schreiben

2 Was wäre, wenn … du an Bastians Stelle wärst? Schreibe deine Geschichte auf.
- Was erlebst du im „Tausend Türen Tempel“?
- Mit welchem „wirklichen Wunsch“ findest du wieder hinaus?

Lesetipp:
Es geschehen noch viele fantastische Dinge in diesem Buch.
Lies selbst!

Was wäre, wenn ... du selbst dich in einem Labyrinth verlaufen hättest?

3 a. Fahre mit dem Finger den Weg vom Eingang des Labyrinths bis zur Mitte.
b. Fahre mit dem Finger noch einmal den Weg von der Mitte des Labyrinths bis zum Ausgang.
c. Überlege dir dabei eine Geschichte.

eine Labyrinthgeschichte schreiben

4 Schreibe eine Labyrinthgeschichte.
a. Zeichne dir selbst einen Irrgarten auf ein Zeichenblatt.
b. Fange dann in der Mitte deines Irrgartens an, deine Wunschgeschichte zu schreiben. Vergiss keinen der Wege.
c. Schreibe auf, was du alles erlebst, bis du endlich am Ausgang des Irrgartens ankommst.

5 Vielleicht könnt ihr das Labyrinth auch im Kunstunterricht zeichnen.

6 Du bist mit deiner Freundin oder deinem Freund in einer großen mittelalterlichen Burg hoch auf einem Berg.
Die Burg hat nur einen Ausgang und der ist geheim.
Erzähle von eurem abenteuerlichen Weg bis zum Ausgang.

Ameise, Amsel und ANGSThase

Ameisen reisen: Reime finden und nutzen

Joachim Ringelnatz
Die Ameisen

In Hamburg lebten zwei Ameisen,
Die wollten nach Australien ... .
Bei Altona auf der Chaussee
Da taten ihnen die Beine ...,
Und da verzichteten sie weise
Dann auf den letzten Teil der ... .

1. Lies das Gedicht einmal durch.

Reimwörter einsetzen

2. In dem Gedicht fehlen Reimwörter.
   a. Wähle aus der Wörterliste die drei Reimwörter aus, die am besten passen.
   b. Begründe deine Auswahl.

weh, die Reise, reisen, die Meise, der Gelee, die Weise, das Eisen, der Zeh, beweisen

Reime am Ende von Gedichtzeilen, die aufeinander folgen, nennt man Paarreime.
Man kennzeichnet sie so: a a b b c c

ein Gedicht abschreiben

3. Schreibe das Gedicht auf ein Schmuckblatt.

Auf S. 281 findest du das vollständige Gedicht.

Rudolf Otto Wiemer
Urlaubsreise

Herr Ameis sprach zur Ameisin:
„Wo fahren wir im Urlaub hin?"

Frau Ameisin zum Ameis sprach:
„Ich denk, da denken wir mal nach."

Herr Ameis meinte seinerseits:
„Wie wäre es denn mit der Schweiz?"

Dann schlug er vor: Ecuador,
Kalkutta, Kairo, Ratibor,

Belutschistan, Südafrika,
Peru, New York und Kanada –

worauf Frau Ameisin entschied:
„Genug, wir bleiben in Neuwied",

(da wohnten sie schon lange Zeit),
„denn alles andre ist zu weit."

4 Lies das Gedicht laut.

das Gedicht laut lesen

5 In beiden Gedichten wollen die Ameisen reisen.
Vergleiche die Gedichte.

6 a. Lerne das Gedicht auswendig. Die Reimwörter helfen dir dabei.
b. Probiere auch einmal die Wischtechnik aus.

das Gedicht auswendig lernen

Arbeitstechnik

Ein Gedicht auswendig lernen (Wischtechnik)

1. Schreibe das Gedicht an die Tafel.
2. Eine Mitschülerin oder ein Mitschüler liest das Gedicht vor.
3. Ein Wort wird mit dem Schwamm ausgewischt.
4. Derjenige, der das Gedicht vorliest, ergänzt das fehlende Wort.
5. Es werden immer weitere Wörter weggewischt und beim Lesen ergänzt, so lange, bis kein Wort mehr an der Tafel steht.

eine andere Arbeitstechnik zum Auswendiglernen: S. 129

Wiesel und Amsel: Gedichte vergleichen

Versteht dieses Wiesel etwas von Reimwörtern?

Christian Morgenstern
Das ästhetische[1] Wiesel

Ein Wiesel saß auf einem Kiesel inmitten[2] Bachgeriesel. Wisst ihr, weshalb? Das Mondkalb verriet es mir im Stillen: Das raffinierte[3] Tier tat's um des Reimes willen.

1. Lies einmal den Text.

Wenn das Gedicht „ästhetisch", also schön anzusehen sein soll, muss das auch in der Form des Gedichts zu sehen sein.

die Gedichtform wiederherstellen

2. Versuche den Text wieder in seine Gedichtform zu bringen.
   a. Schreibe den Text zunächst in dein Heft ab.
   b. Lies ihn dann einer Partnerin oder einem Partner vor.
   c. Versucht gemeinsam die Reimwörter herauszuhören.
   d. Unterstreicht die Reimwörter im Heft.
   e. Schreibe den Text nun in seiner Gedichtform auf.
   f. Vergleiche dein Gedicht mit dem Gedicht von Morgenstern.

Reime finden

Auf S. 281 findest du das Gedicht in seiner richtigen Form.

Starthilfe

Das ästhetische Wiesel

Ein Wiesel	a
saß auf einem …	a

[1] ästhetisch: schön anzusehen
[2] inmitten: mittendrin
[3] raffiniert: schlau, klug, clever

Der Autor Robert Gernhardt hat wahrscheinlich das Gedicht „Das ästhetische Wiesel“ von Christian Morgenstern gekannt.

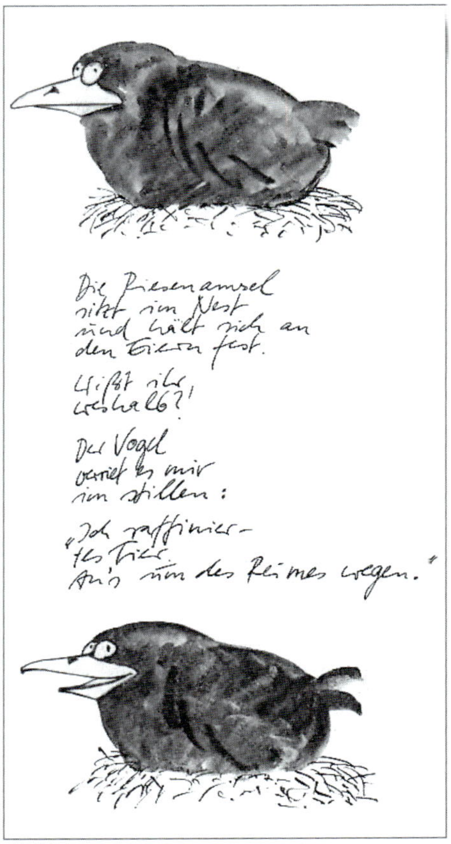

Robert Gernhardt

Moin, Moin[1], Morgenstern

Die Riesenamsel
sitzt im Nest
und hält sich an
den Eiern fest.

Wisst ihr,
weshalb?

Der Vogel
verriet es mir
im Stillen:

„Ich raffinier-
tes Tier
tu’s um des Reimes wegen.“

3 a. Schreibe die Reimwörter des Gedichts untereinander.
b. Wo stimmen die Reime nicht?
c. Wie müsste eigentlich das letzte Wort des Gedichts lauten?

Reime finden und vergleichen

4 Vergleiche das Gedicht „Moin, Moin …“ mit dem Gedicht vom Wiesel.
- Was ist ähnlich?
- Was ist anders?

zwei Gedichte vergleichen

[1] „Moin, Moin!“ sagt man oft zur Begrüßung in Norddeutschland.

Kleine und große Tiere: Gedichte erlesen

James Krüss

Ich war einmal eine Schnecke

Mein Häuschen hatte ich immer zur Hand.
Es stand niemals am gleichen Flecke.

Ich trug es immer bei mir
Und war heimisch*, wohin ich auch kroch.

*zu Hause

Ich war einmal eine Schnecke.
Ich glaube, in Griechenland.

Ich dachte: Das Häuschen sei mir
Mein Schutz, meine Burg und mein Loch.

So entging ich allen Gefahren.
Ich hatte mein Schneckenhaus.

Kamen die Feinde in Scharen*,
Kroch ich einfach nicht hinaus.

*in großer Menge

Geduld, weiß Gott, besaß ich
Auf meiner Schneckentour.

Besonders nach Regenwetter
Bin ich gern gereist.

Und manches Leckere fraß ich
Entlang der Schneckenspur.

Ich habe die köstlichsten Blätter
Auf dieser Erde verspeist.

Ich war glücklich und überall heimisch
In meiner Schneckenzeit.

Man nannte mich klebrig und leimisch*.
Doch das ist blasser Neid.

*schleimig

Wissenswertes über Reime S. 268

1. Lies das Gedicht in der richtigen Reihenfolge.
   Beachte dabei die Reime.
   Sie geben Hinweise auf die richtige Reihenfolge.

das Gedicht vortragen

2. Trage das Gedicht betont vor.

Ein Text wird manchmal nicht nur durch Reime, sondern durch seine Form und seinen Klang zum Gedicht.

Ernst Jandl
auf dem land

rininininininininDER
brüllüllüllüllüllüllüllüllEN

schweineineineineineineineinE
grununununununununZEN

hununununununununDE
bellellellellellellellellEN

katatatatatatataZEN
miauiauiauiauiauiauiauiauEN

katatatatatatatatER
schnurrurrurrurrurrurrurrurrEN

gänänänänänänänänSE
schnattattattattattattattattERN

ziegiegiegiegiegiegiegiegEN
meckeckeckeckeckeckeckeckERN

bienienienienienienienienEN
summummummummummummummummEN

grillillillillillillillillEN
zirir/irirririrPEN

fröschöschöschöschöschöschöschöschE
quakakakakakakakakEN

hummummummummummummummummELN
brummummummummummummummummEN

vögögögögögögögögEL
zwitschitschitschitschitschitschitschitschERN

3 a. Lies das Gedicht ganz langsam durch.
b. Wer sind die Hauptpersonen und was tun sie?
c. Sprich die Gedichtzeilen nun so, dass man die Laute der Tiere gut heraushören kann.

das Gedicht lesen und sprechen

4 Schreibe selbst ein ähnliches Gedicht, das im Zoo spielt. Lass die Zootiere „sprechen".

ein Parallelgedicht schreiben

Gedichte in Rätseln und Bildern

Joachim Ringelnatz
Im Park

Ein ganz kleines 18 5 8 stand am ganz kleinen 2 1 21 13
19 20 9 12 12 und verklärt wie im Traum.
Da war es des 14 1 3 8 20 19 elf Uhr zwei.
Und dann kam ich um 22 9 5 18
Morgens wieder 22 15 18 2 5 9,
Und da träumte noch immer das Tier.
Nun schlich ich mich leise – ich atmete kaum –
Gegen den Wind an den Baum,
Und gab dem 18 5 8 einen ganz kleinen Stips.
Und da war es aus 7 9 16 19.

1 Lies das Gedicht.

ein Gedicht enträtseln

2 a. Überlege, um welches seltsame Wesen es sich handeln könnte.
b. Setze für jede Zahl einen Buchstaben des Alphabets ein.
c. Schreibe das Gedicht mit Worten auf.

Auf S. 281 findest du das vollständige Gedicht.

3 a. Suche dir nun selbst ein kleines Gedicht.
b. Verwandle es in ein Rätsel und schreibe es auf.

ein Bilderrätsel lösen

4 In diesem Tierbild ist ein Rätsel versteckt.
a. Löse das Bilderrätsel.
b. Schreibe die Lösung auf.

Mit Wörtern kann man Bilder zeichnen. Sie heißen Wortbilder.

F. K. Waechter

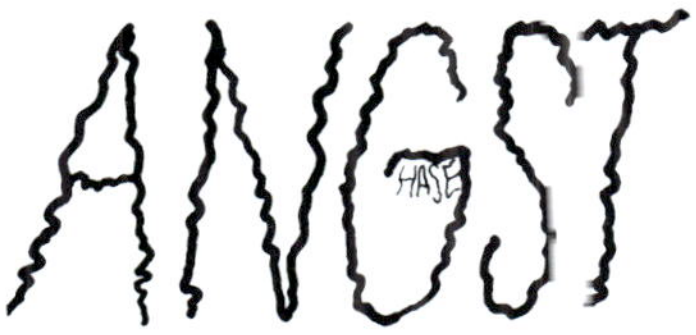

F. K. Waechter

5 Sieh die Wortbilder an und zeichne sie ab.

6 Zeichne ähnliche Wortbilder, z. B. zu **Vogel, Igel** … oder einem anderen Tier, das du dir selbst aussuchst.

Wörter in Bilder umformen

7 Gestalte deinen Namen, sodass er etwas Bestimmtes über dich aussagt.

Es gibt noch viele Möglichkeiten, etwas mit Schrift zu gestalten.

8 Probiere einige der Möglichkeiten aus.

mit Schrift gestalten

Ideensammlung
- bestimmte Buchstaben dicker oder dünner schreiben
- die Schrift verwischen
- Buchstaben gezackt schreiben
- Wörter in Schlangenlinien schreiben
- aus Buchstaben Gegenstände zaubern
- die Buchstaben eines Wortes nicht alle nebeneinander schreiben
- mit verschiedenen Schreibgeräten schreiben: mit dem Füllhalter, mit dem Pinsel, mit einer Feder …
- mit verschiedenen Schreibflüssigkeiten schreiben

Gedichte von Bäumen

Bäume sind ein Geschenk.

Bäume leben und mit ihnen das Grün ihrer Blätter und die Stimmen der Vögel.

Harald Braem
Ich schenke dir diesen Baum

Ich schenke dir diesen Baum.
Aber nur,
wenn du ihn wachsen lässt,
da, wo er steht;
denn Bäume sind keine Ware,
die man einfach mitnehmen kann.
Sie keimen und wurzeln
in unserer alten Erde,
werden hoch wie ein Haus
und vielleicht sogar älter als du.
Ich schenke dir diesen Baum,
das Grün seiner Blätter,
den Wind in den Zweigen,
die Stimmen der Vögel dazu
und den Schatten,
den er im Sommer gibt.
Ich schenke dir diesen Baum,
nimm ihn wie einen Freund,
besuche ihn oft,
aber versuche nicht, ihn zu ändern.
So wirst du sehen,
dass du viel von ihm lernen kannst. [...]

das Gedicht sinnentnehmend lesen

1 Ich schenke dir diesen Baum ...
Was alles bekommst du geschenkt?
Schreibe es auf.

Klaus Kordon
Biologie

Dieser Baum ist knorrig,
weil er alt ist.

weil er viel erlebt hat.
Er ist nicht schön,
aber in seinen Zweigen
ist ein Nest.

es schlagen, sein Herz.

Josef Guggenmos
Bruder Ahorn

Großvater, erzähl uns von dem Baum,

Ich lege mein Ohr
an den Ahorn, fast hör ich

Er ist verzweigt,

Jürgen Spohn
Märchen

Großvater, erzähl uns von dem Baum.
Erzähl uns von dem Baum,
dem man den Frühling ansehen konnte –
an Knospen und Blüten.

der Blätter hatte.
Erzähl uns von dem Baum,
der später im Jahr Früchte reifen ließ.
Großvater, wie lange ist das her?

In jedem der drei Gedichte fehlt eine Gedichtzeile.

2 a. Lies die Gedichte.
b. Ordne den drei Gedichten die Gedichtzeilen zu.
d. Lies die vollständigen Gedichte laut vor.

Gedichtzeilen zuordnen

Zu fällen einen schönen Baum …

Frederike Frei
Vogelbeerbaumgedicht

Einst
besaß ich
einen Vogelbeerbaum*

Ich dichtete
das weltberühmte
Vogelbeerbaumgedicht

Jetzt
haben sie die
Eberesche gefällt

*volkstümlicher Name der Eberesche

Eberesche

Vogelbeeren

Eugen Roth
Der Baum

Zu fällen einen schönen Baum,
braucht's eine Viertelstunde kaum.
Zu wachsen, bis man ihn bewundert,
braucht er, bedenkt es, ein Jahrhundert.

1. Lies die Gedichte.

2. Auch der Vogelbeerbaum ist ein Geschenk.
   Wem fehlt der Vogelbeerbaum?

ein Gedicht gestalten

3. a. Zeichne eine Baumscheibe mit Jahresringen.
   b. Schreibe das Gedicht „Der Baum“ von Eugen Roth darauf.

Der Wald heute ... Die beiden folgenden Gedichte drücken durch ihre äußere Gestalt etwas aus.

```
      W             A             L             D
     WWW           AAA           LLL           DDD
    WWWWW         AAAAA         LLLLL         DDDDD
   WWWWWWW       AAAAAAA       LLLLLLL       DDDDDDD
  WWWWWWWWW     AAAAAAAAA     LLLLLLLLL     DDDDDDDDD
    WWWWW         AAAAA         LLLLL         DDDDD
   WWWWWWW       AAAAAAA       LLLLLLL       DDDDDDD
  WWWWWWWWW     AAAAAAAAA     LLLLLLLLL     DDDDDDDDD
 WWWWWWWWWWW   AAAAAAAAAAA   LLLLLLLLLLL   DDDDDDDDDDD
   WWWWWWW       AAAAAAA       LLLLLLL       DDDDDDD
  WWWWWWWWW     AAAAAAAAA     LLLLLLLLL     DDDDDDDDD
 WWWWWWWWWWW   AAAAAAAAAAA   LLLLLLLLLLL   DDDDDDDDDDD
WWWWWWWWWWWWWAAAAAAAAAAAAALLLLLLLLLLLLLDDDDDDDDDDDDD
     WWW           AAA           LLL           DDD
     WWW           AAA           LLL           DDD
     WWW           AAA           LLL           DDD
```

Gerri Zotter   Mira Lobe   Renate Welsh

Hans Manz
Waldsterben

Baum Baum Baum Baum Baum
Baum Baum Baum Baum
Baum Baum Baum
Baum Baum
Baum
Bum

4 Sieh dir die Gedichte an.
a. Schreibe eines davon auf.
b. Versuche eines der Gedichte mit einem anderen Wort neu zu gestalten.

ein Gedicht aussuchen und gestalten

Autofriedhof

(Früher standen
an seiner Stelle Bäume)
Hans Manz

Der Dattelkern

Wer den Dattelkern auslacht, der entdeckt
zu spät, dass ein Dattelbaum in ihm steckt.
aus Angola

Berts gesammelte Katastrophen

Top secret
Keep out
Tagebuch
Mein Tagebuch

Tod dem, der in diesem Tagebuch rumschnüffelt.
Er soll im Schreckensfeuer der Hölle brennen. Bis in alle Ewigkeit...
aber wenigstens eine Weile.

Ein Tagebuch schreiben

Viele Menschen schreiben Tagebuch oder haben eine Zeit lang in ihrem Leben ein Tagebuch geführt.

Ideensammlung
Cluster

1. Was fällt dir ein zum Thema Tagebuch?
Sammle Wörter und ordne sie in einem Cluster.

Arbeitstechnik

Einen Cluster erstellen

- Nehmt euch ein leeres Blatt Papier. Schreibt in die Mitte das Wort „Tagebuch". Kreist das Wort ein.
- Schreibt nun die Wörter rund um das Wort „Tagebuch" auf, die euch *genau jetzt* in den Sinn kommen.
- Verbindet die neuen Wörter durch Striche mit dem Kernwort „Tagebuch".
- Ihr könnt so viele Wörter aufschreiben, wie euch in ungefähr 5 – 10 Minuten einfallen.

2. Vergleiche deinen Cluster mit dem deines Partners oder deiner Partnerin.
Was ist gleich, was ist anders?

3. a. Schreibe die Wörter, die für dich am wichtigsten sind, auf einzelne Zettel.
   b. Entwirf dann zusammen mit deinen Klassenkameraden einen großen Klassen-Cluster zum Thema „Tagebuch".

Ein Tagebuch ist ein Buch oder Heft für tägliche Eintragungen persönlicher Erlebnisse und Gedanken.

weitere Lesetipps

Es gibt Tagebücher von berühmten Entdeckern und Abenteurern, z. B. von Christoph Kolumbus, Marco Polo oder in heutiger Zeit Reinhold Messner.

Auch Abenteuerromane sind manchmal wie ein Tagebuch aufgebaut. In Band 5 wurde das Tagebuch von Robinson Crusoe vorgestellt, das Daniel Defoe geschrieben hat.

Tagebücher sind auch die Bücher von Jean Ure und von Miriam Pressler.

Berts Tagebuch

Auch Bert, ein 11-jähriger Junge aus Schweden, schreibt Tagebuch. Von ihm erzählt das Buch „Berts gesammelte Katastrophen“. Die Autoren des Buchs sind Anders Jacobsson und Sören Olsson.

Vorüberlegungen zum Buch

1. Seht euch das Titelbild des Buchs auf Seite 154 genau an.
   a. Was für ein Typ mag Bert sein?
   b. Welche Katastrophen könnte Bert in seinem Tagebuch aufschreiben?
   Sprecht darüber.

einen Tagebuchfluch ausdenken

2. Bert hat sich für sein Tagebuch einen Fluch ausgedacht.
   a. Warum hat er das wohl getan?
   b. Denkt euch selbst einen Tagebuchfluch aus.
   Schreibt ihn auf.

3. Würdet ihr ein fremdes Tagebuch heimlich lesen?
   Sprecht darüber!

4. Denkt euch zu zweit oder dritt eine lustige Katastrophe zu diesem Bild aus.
   Schreibt sie auf.

Berts Tagebuch

Bert geht in die fünfte Klasse und schreibt Tagebuch. Und das findet er ziemlich aufregend. Aufregend, weil eigentlich nur Mädchen Tagebuch schreiben. Seinem Tagebuch vertraut er alles das an, was er niemandem sonst erzählen möchte …

Tagebuch schreiben ist für Jungs verboten. Das machen nur Mädchen. Die haben rosa Tagebücher mit einem roten Herz drauf. Mein Tagebuch ist blau. Für alle Fälle habe ich noch einen schwarzen grässlichen Totenkopf auf den Umschlag gemalt.

Zuerst wollte ich statt einem Herz ein Gehirn malen. Aber es sah aus wie sechs Bratwürste, die übereinander liegen. Darum musste es ein Totenkopf werden.

B [redacted] T

Mr Treb Walker

Mein Name ist geheim. Ich hab den hässlichsten Namen der Welt. Er fängt mit einem B an und endet auf T. So wie der halbe Name von einem gewissen Onkel in Entenhausen. Wer will schon wie eine Ente hinten heißen. Darum schreibe ich meinen Namen in meiner Geheimsprache. Dann wird es TREB.

Im Tagebuch schreibe ich immer Treb und nie meinen richtigen Namen. Warum darf man nicht selber bestimmen, wie man heißen will? Dann würde ich niemals Treb heißen, sondern John oder Jeff, oder ich hätte einen anderen Kauboynamen. Corak wäre auch nicht schlecht. Oder Mr Walker. Mr Treb Walker.

Ich habe noch nicht verraten, wie alt ich bin. Das ist auch halb geheim. Jedenfalls bin ich nicht dreiundfünfzig oder achtundsiebzig. Ich bin zwanzig Jahre, fast. Dann zieht man die Hälfte von zwanzig ab und zählt eins dazu. Dann weißt du es, Tagebuch.

~~53~~

~~78~~

$20 - 10 + 1 = ?$

In meiner Klasse sind acht Mädchen und sieben Jungen. Das ist ungerecht. Wenn wir über irgendwas abstimmen, gewinnen immer die Mädchen. Klumpen sagt, er müsste eigentlich zwei Stimmen haben, weil er der Stärkste und beinah der Älteste ist.

Klumpen heißt eigentlich Klas, aber es ist verboten, ihn so zu nennen. Sonst kriegt man garantiert eine gescheuert. Klumpen ist der wichtigste Typ in der Klasse. Er ist am stärksten, beinah am ältesten, hat schon geraucht, ist am beliebtesten bei den Mädchen und sein Alter hat ein tolles Superauto.

Mein Papa hat einen Opel, der hupt, wenn er links abbiegt. Er heißt Fredrik. Also nicht der Opel, sondern mein Papa. Er arbeitet in einem Brillengeschäft. Da verkauft er Brillen für Brillenschlangen.

Oh, jetzt klopft es an der Tür. Muss schnell mein Tagebuch verst...

5 a. Wähle dir zwei Aufgaben aus den Arbeitsanregungen zum Text aus.
b. Du kannst auch alle Arbeitsanregungen bearbeiten.

Arbeitsanregungen auswählen

- **Bert nennt sich Treb Walker.**
  - Schreibe deinen Namen in Berts Geheimsprache. (ch und sch bleiben in der gleichen Reihenfolge!)
  - Wie lautet dein Wunschname? Schreibe auf, warum du ihn gut findest.
- **„Mein Alter ist ein Geheimnis", sagt Bert.**
  - Denke dir eine ganz lange Rechenaufgabe aus, deren Ergebnis dein Alter ist. Lass jemanden nachrechnen!
- **Ein Bild fürs Tagebuch.**
  Bert hat auf sein Tagebuch einen Totenkopf gezeichnet.
  - Zeichne ein Bild für die Titelseite deines Tagebuchs.
- **Meine Klasse**
  - Schreibe einen Info-Zettel über deine beste Freundin oder deinen besten Freund.

Starthilfe

Name:
Alter:
Geschwister:

Jetzt nehme ich einen Rotstift. Denn jetzt schreibe ich über etwas, das extra streng geheim ist.

Nämlich über REBECKA!

Rebecka ist der schönste Name, den es gibt. Voriges Jahr fand ich das noch nicht. Aber jetzt. Rebecka heißt ein Mädchen. Sie geht in die 5b. Sie ist bestimmt die Niedlichste, die ich je gesehen hab. Anki mitgerechnet, die über uns wohnt. Rebecka riecht nicht nach Pferdemist, sondern irgendwie echt gut. Wie eine Blume oder wie das Zeug, das Mama sich unter die Arme spritzt, oder wie Zuckerwatte.

Rebecka hat keine Ahnung davon, wie ich sie finde. Ich würde mich nie trauen, ihr das zu sagen.

Ich hab schon dreimal mit ihr geredet.

Das erste Mal habe ich sie gefragt, wie spät es ist. Das wusste sie nicht.

Das zweite Mal hat sie mich gefragt, wie spät es ist. Ich wusste es!

„Viertel vor zwölf“, antwortete ich lässig.

„Danke“, sagte sie. „Nett von dir.“

Nett! Sie fand mich also nett. Ich hatte den ganzen Tag so ein schönes kribbeliges Gefühl im Bauch.

An das dritte Mal möchte ich gar nicht denken. Es war auf dem Schulhof. Rebecka fragte, ob sie beim Tischtennis mitmachen darf. Ich wollte JA! antworten.

„J...“ Da brüllte Klumpen: „NEI-EIN!!!“

Da blieb mir ja nichts anderes übrig, als auch NEI-EIN zu schreien. Weil die Jungs doch nichts merken dürfen.

Rebecka war unheimlich traurig. Es gab mir echt einen Stich ins Herz oder irgendwohin. Ich wollte Rebecka doch nicht traurig machen, nie im Leben. Ich wusste nicht, was ich jetzt tun sollte. Ich konnte ja nicht zu ihr gehen und sie um Entschuldigung bitten. Dann hätten es ja alle spitzgekriegt.

Warum hat sie überhaupt gefragt? Blöde Zicke! War doch wirklich nicht nötig.

Womöglich hasst sie mich jetzt. Dann ist Klumpen schuld dran. Aber ihn hasst kein einziges Mädchen. Wahrscheinlich, weil sein Vater diesen Superschlitten hat.

Ich wünschte, unser Opel verwandelte sich in einen Rolls-Royce mit weißen Türen und Autotelefon. Dann würde Rebecka mich vielleicht nicht hassen.

Heute Schluss – erster Gruß

6 a. Wähle dir zwei Aufgaben aus den Arbeitsanregungen zum Text aus.
b. Du kannst auch alle Arbeitsanregungen bearbeiten.

Arbeitsanregungen auswählen

- **Was denkt Rebecka über Bert?**
  - Schreibe für Rebecka zwei verschiedene Tagebucheinträge: Einmal ist Bert ihr Traumtyp, einmal kann sie ihn nicht ausstehen.

Starthilfe

Als ich heute aus der Schule kam, hab ich mich erst einmal ins Bett gelegt. Ich war total traurig. Ich hatte gedacht, der Typ aus der 5a fänd mich nett. Aber …

- **Bert möchte sich entschuldigen.**
  - Entwirf Berts Brief an Rebecka.
- **Du suchst einen Traumfreund/eine Traumfreundin.**
  - Gestalte eine Suchanzeige, wie du dir deine Freundin, deinen Freund wünschst.
- **Stell dir vor, Bert schreit nicht NEI-EIN, sondern ruft JA-HA.**
  - Was könnte dann passieren? Schreibe ein neues Ende.

Tipps für eine Suchanzeige S. 11

Bert erlebt noch viel mehr Katastrophen, auch mit anderen Mädchen. Vielleicht habt ihr Lust, das ganze Buch zu lesen und dazu ein Lesetagebuch zu führen. Was ein Lesetagebuch ist, könnt ihr auf den Seiten 164 und 165 lesen.

ein Tagebucheintrag zum Schreibenüben S. 232

Die Autoren von Berts Katastrophen

Sören Olsson und Anders Jacobsson, Cousins, Jahrgang 1964 und 1963, haben eine Lehrerausbildung absolviert, bevor sie 1993 anfingen, sich auf andere Art und Weise mit Kindern und Kinderkultur* zu befassen. Ihre Geschichten über den tagebuchsüchtigen Bert führen inzwischen die schwedischen Bestsellerlisten* an. Bekannt geworden sind die schreibenden Cousins aber auch durch eine Rundfunk- und Fernsehserie über den Alltag des Mädchenfans Svante und als Popmusiker durch ihren Hit „Hej, hej, hemskt mycket hej"*, für den sie eine goldene Schallplatte bekamen.

*Welt der Kinder

*Listen der meistverkauften Bücher

*Hallo, hallo, sehr viel Hallo

ein Interview formulieren

1 Eine Zeitschrift will über die beiden Autoren berichten.

a. Schreibe ein Interview.
Formuliere Fragen und schreibe die passenden Antworten auf.

Starthilfe

Reporter: „Herr Olsson, wann sind Sie geboren?"
Olsson: „…"

b. Was würdest du noch gerne über die beiden erfahren?
Schreibe deine Fragen auf.

c. Schreibe einen Brief, in dem du die Autoren bittest, deine Fragen zu beantworten.
Auch eine E-Mail wäre möglich.

Wie können zwei Autoren zusammen ein Buch schreiben? Anders Jacobsson und Sören Olsson erzählen:

Viele Leute fragen uns, wie wir es schaffen, zu zweit zu schreiben. Das ist sehr einfach. Es geht so: Einer hält den Kugelschreiber ganz oben fest und der andere ganz unten. Dann einigen wir uns, welches Wort wir hinschreiben wollen, und tun es.

Nach dieser Lüge wollen wir jetzt erzählen, dass sich unsere Schriftstellerei aus Gesprächen ergibt. Einer von uns hat eine Idee, die er dem anderen vorstellt. Auf dieser Idee bauen wir neue Ideen auf. Während wir vor unserem Bildschirm sitzen, erarbeiten wir unseren Text im Gespräch. Der Vorteil, wenn man zu zweit schreibt, besteht darin, dass es wahnsinnig schnell geht mit dem Schreiben und dass es wahnsinnigen Spaß macht. Wir haben ein gemeinsames Ziel: dass das Buch so gut wie möglich wird.

Wir, Anders und Sören, sind Cousins und wir sind zusammen in derselben Kleinstadt aufgewachsen. Als wir klein waren, haben wir oft zusammen gespielt.

Bei allem, was wir tun, haben wir ein Ziel. Mit Hilfe von Humor[1] greifen wir aktuelle Probleme von Kindern und Jugendlichen auf. Wir wollen eine positive Lebenseinstellung vermitteln. Wir wollen zeigen, dass in jeder Situation Hoffnung steckt. Dass man nicht allein ist mit seinen Problemen. Dass es immer einen Ausweg gibt. Dass sich die Menschen wiedererkennen in unseren Geschichten und dass man über sich selbst lachen kann.

2 Beschreibe mündlich, wie die beiden Autoren zusammen ein Buch schreiben.

den Text verstehen

3 a. Schreibe in Stichworten auf, was die Autoren mit ihren Texten vermitteln wollen.
b. Welches Stichwort findest du am wichtigsten? Unterstreiche es und begründe kurz deine Wahl.

Starthilfe
– aktuelle Probleme aufgreifen
…

[1] Humor: Scherz, Witz

Weiterführendes: Ein Lesetagebuch

Auf heißer Spur ...

Es hat lange gedauert. Es war mühsam. Schubladen wurden durchsucht, Schreibtische gefilzt. Aber unsere Reporterin war erfolgreich. Hier nun exklusiv für Doppel-Klick ein Interview mit dem Lesetagebuch!

Reporterin: „Da sind Sie ja! Bei Ihnen handelt es sich doch sicher um ein ...“

Lesetagebuch: „Lesetagebuch! Natürlich!“

Reporterin: „Ja, ein Lesetagebuch. Aber eigentlich sind Sie doch ein Heft und kein Buch?“

Lesetagebuch: „Buch, Heft – das ist doch gleich. Es geht ja schließlich um meinen Inhalt. Und der ist eindeutig ein Lesetagebuch!“

Reporterin: „Na gut. Jetzt wissen wir also, dass Sie kein Buch, sondern ein Heft sind und sich trotzdem Buch nennen. Wie funktioniert denn nun ein Lesetagebuch?“

Lesetagebuch: „Das ist ganz einfach. Zunächst sucht sich eine nette Schulklasse gemeinsam ein nettes Buch aus, das sie lesen möchte. Und dann schreiben alle netten Schülerinnen und netten Schüler ein nettes kleines Lesetagebuch und ...“

Reporterin: „Und wie macht man das?“

Lesetagebuch: „Die Schülerinnen und Schüler lesen erst einmal ein Kapitel. Und dann gibt es bestimmte Arbeitsaufträge.“

Reporterin: „Und dafür ist dann das Lesetagebuch da?“

Lesetagebuch: „Ja. Wenn das Lesetagebuch fertig ist, steht zu jedem Kapitel etwas darin. Dann werden alle Seiten nummeriert und ein Inhaltsverzeichnis angelegt.“

Reporterin: „Und dann?“

Lesetagebuch: „Dann dürfen die Schülerinnen und Schüler den Deckel ihres eigenen Lesetagebuches so gestalten, wie sie es möchten.“

Reporterin: „Vielen Dank für dieses Interview!“

Arbeitstechnik Lesetagebuch

Um ein Lesetagebuch zu führen, sollte man sich an bestimmte Regeln halten.

1 Kein Lesetagebuch ohne ... Buch!

Überlege dir, welches Buch du gerne mit deiner Klasse lesen möchtest. Vielleicht findest du auch in der Bücherei ein interessantes Buch.

a. Schreibe den Namen der Autorin oder des Autors heraus. Gibt es noch weitere Angaben über sie oder ihn? Notiere sie.
b. Schreibe den Klappentext ab.
c. Schreibe eine kurze Buchempfehlung für dein Buch und stelle es in der Klasse vor.
d. Hefte die Buchempfehlung und den Klappentext in dein Lesetagebuch.

ein Buch auswählen

S. 102 – 104 kannst du nachlesen, wie man Bücher in der Bücherei findet.

Buchempfehlung S. 110

2 Kein Lesetagebuch ohne ... Arbeitsaufträge!

Überlege dir, welche Aufgaben es für dein Lesetagebuch geben könnte.
Ideen zu „Berts gesammelten Katastrophen“ findest du bei den Arbeitsanregungen auf Seite 159 und 161!

Arbeitsanregungen bearbeiten

3 Kein Lesetagebuch ohne ... Inhaltsverzeichnis!

Um die Überschrift und die Seitenangabe schön zu gestalten, kannst du Buchstaben und Zahlen verzieren. Versuche es einmal selbst.

ein Inhaltsverzeichnis anlegen

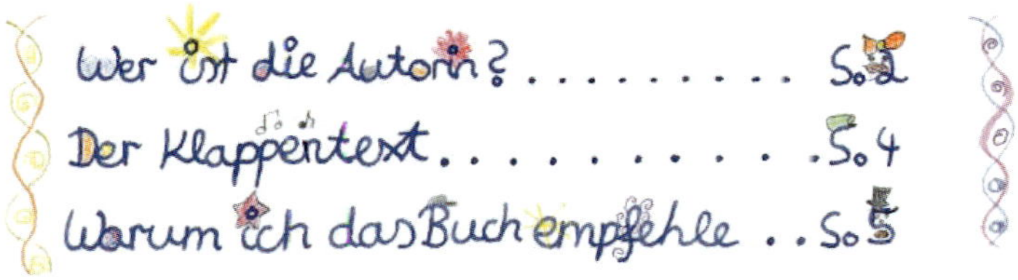

4 Kein Lesetagebuch ohne ... Einband!

Ordne alle Arbeitsblätter in einen DIN-A4-Hefter aus Pappe ein.
Gestalte ein Schmuckblatt passend zum Buch.
Klebe das Schmuckblatt auf die Vorderseite des Heftes.

den Einband gestalten

Lesetipp: Von Bert gibt es noch mehr zu lesen: Berts intime Katastrophen, Berts romantische Katastrophen …

www.Geschichten-werkstatt.de

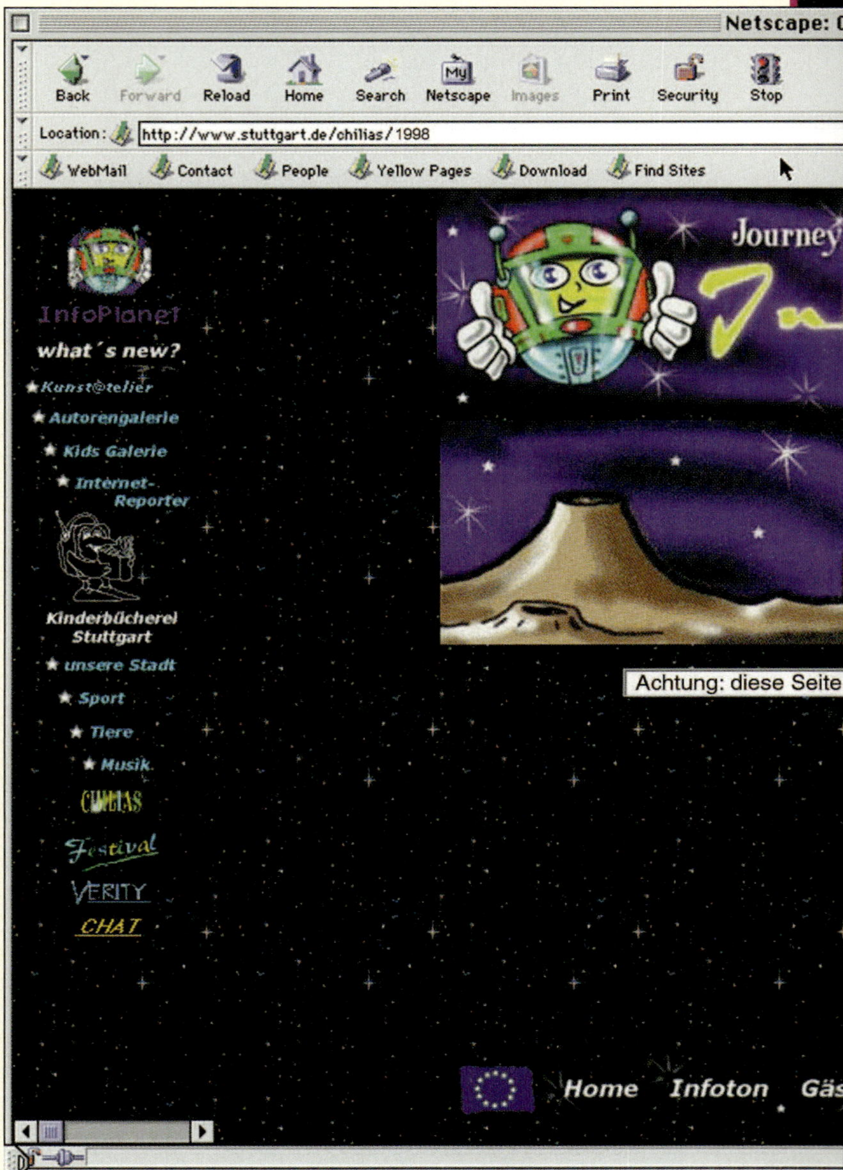

Das ist die Begrüßungsseite – die Homepage – der elektronischen Bücherei.

Auf der Seitenleiste sind Themen angegeben, die du wählen kannst. Es erscheinen dann weitere Seiten zum jeweiligen Thema.

In der „Location“-Zeile gibst du die Adresse des Angebots an, das du aufrufen und anschauen möchtest.

Mit den Befehlen der Symbolleiste kannst du dich durch das Internet bewegen, Seiten ausdrucken oder nach Stichwörtern suchen.

Den Zugang zum Internet kennen lernen

Computer und Internet

Heute ist es kein Problem mehr, Seiten, die man im Computer mit Texten oder Bildern gestaltet hat, mit anderen Computern auszutauschen. Damit dies möglich ist, müssen die Computer miteinander verbunden, das heißt vernetzt sein.
Das bekannteste Datennetz ist das Internet.
Am Anfang von Internet-Seiten steht oft eine Homepage. Das ist praktisch die Eingangstür zu dem Internet-Teilnehmer.

dem Internet begegnen

Auf den Seiten 166 und 167 ist die Homepage der elektronischen Bücherei für Kinder der Stadt Stuttgart aus dem Jahr 2000 zu sehen. Sie ist inzwischen etwas verändert. Internetseiten werden häufig verändert. Die wesentlichen Elemente sind erhalten geblieben.

1. Sieh dir die Homepage an.
   a. Beschreibe, was darauf zu sehen ist.
   b. Am Rand stehen Erklärungen. Ordne sie der Homepage zu.

Auf der Homepage sind verschiedene Wörter farbig hervorgehoben. Das sind Themen, zu denen man weitere Informationen – also weitere Seiten – aufrufen konnte.

2. Was könnte sich hinter den Themen verbergen?
   a. Stelle zusammen mit einem Partner oder einer Partnerin Vermutungen an.
   b. Schreibt die Themenwörter und eure Vermutungen auf.

3. Welche Internet-Seiten für Kinder und Jugendliche kennt ihr?
   a. Schreibt sie auf.
   b. Sammelt weitere Adressen.
   c. Beschreibt, was dort für Kinder und Jugendliche angeboten wird.
   d. Überlegt, welche Angebote ihr eurer Klasse vorschlagen könntet.
   e. Welche Angebote gefallen euch nicht?
   Begründet eure Ablehnung.

Kids Galerie – Storybuilding – Geschichten-Baukasten

Klickte man auf der Homepage der elektronischen Bücherei „Kids Galerie“ mit der Maus an, so erschien folgendes Bild:

Auch hier wurden wieder verschiedene Themen angeboten. Bei „Rund um die Liebe“ konnte man z. B. Liebesgedichte von Kindern lesen. Wollte man die dazugehörenden Seiten aufrufen, musste man auf die passenden Bilder klicken.

4 Was mag sich hinter den Bildern verstecken? Äußert Vermutungen.

Von „Storybuilding“ konnte man sich zum „Geschichten-Baukasten“ durchklicken. Das ist der Weg durch die Seiten im Internet zum „Geschichten-Baukasten“:

Adresse
www.stuttgart.de/chilias

↓

Homepage Electronic Library
what's new Kunst@telier Autorengalerie Kids Galerie Internet Reporter

↓

Kids Galerie
Rund um die Liebe Spinnenchaos Storybuilding Lieblingsbücher …

↓

Geschichten-Baukasten
Geschichten von …

5 Beschreibe den Weg zum Geschichten-Baukasten. Welche Stichwörter spielen dabei eine Rolle?

Eine Geschichte schreiben

Mit dem Geschichten-Baukasten konnte man selbst Geschichten schreiben und im Internet veröffentlichen.

1 Lies selbst, wie das geht.

Der Geschichten-Baukasten

1. Schritt: Worum geht es?

Hast du manchmal Bilder in deinem Kopf?
Fallen dir manchmal Geschichten ein?
Du bist eingeladen, deine eigene Bildergeschichte zu erzählen.
Schreib einfach auf, was dir beim Betrachten dieser Bilder einfällt:

2. Schritt: Die Regeln

- Überlege dir, wovon deine Geschichte handeln könnte.
- Wähle ein Bild aus und schreibe den Anfang deiner Geschichte.
- Suche dir dann ein weiteres Bild aus ...
- Überlege dir eine passende Überschrift, wenn deine Geschichte fertig ist.

3. Schritt: Die Veröffentlichung

Zum Schluss trägst du deinen Namen und dein Alter ein.
Wenn du deine Geschichte dann speicherst, kann jeder sie anklicken und lesen.

2 a. Sieh dir die Bilder an.
b. Wähle einige davon aus und verbinde sie mit einer Erzählidee. Füge eventuell ein weiteres hinzu.
c. Vielleicht probierst du noch eine zweite Erzählidee aus.

eine Geschichte mit Bildern schreiben

3 Schreibe nun deine Geschichte, indem du Bilder und Text miteinander verknüpfst.
a. Schreibe mit dem ersten Bild 1-3 Einleitungssätze.
b. Lege fest, mit welchem Bild der Höhepunkt deiner Geschichte erreicht ist.
c. Das letzte Bild soll auch deine Geschichte abrunden. Schreibe also 1-2 Schlusssätze.

Starthilfe

Zum Beispiel:
Heute Morgen weckte mich meine kleine . Sie sprang gegen den . In der Schnauze hatte sie ...

Wissenswertes zum Erzählen S. 271

Regina aus Salzburg in Österreich hat zu den Bildern eine Geschichte geschrieben und im Internet veröffentlicht.

4 Lies einmal den Anfang von Reginas Geschichte.

Malis Abenteuer written by Regina

 Es war einmal ein Malkasten, dem war soooo langweilig, dass er beschloss, sich auf die Reise zu machen. Er hüpfte aus der Schublade und schlüpfte durch Kathrins Türspalt ins Vorzimmer. Gott sei Dank war das Fenster offen und so konnte er auch gleich in den Garten entweichen. Mali – so wurde er von der kleinen Kathrin genannt – nahm das  und schwang sich auf den Sitz. Flott gings die Straße entlang. Die Sonne schien warm auf seinen Rücken und der Wind spielte mit seinen Pinselhaaren. Er hoffte, dass er viel erleben würde. [...]

5 Schreibe Reginas Geschichte weiter.

a. Plane genau, welche weiteren Bilder du benutzen willst.
b. Lege fest, mit welchem Bild der Höhepunkt erreicht ist und mit welchem Bild du die Geschichte abrunden willst.

Texte überarbeiten S. 270

Spielidee

- Ihr zeichnet acht kleine Bilder an die Tafel und nummeriert diese.
- Dann schreibt ihr die Zahlen von 1 bis 8 auf kleine Zettel.
- Jetzt zieht jemand einen der Zettel.
- Mit dem Bild, das diese Nummer hat, beginnen nun alle, ihre Geschichte zu schreiben. Manchmal genügt schon ein Satz.
- Dann wird wieder ein Zettel gezogen und alle schreiben weiter.

Übrigens: Der Geschichten-Baukasten stammt von Regina Rusch. Sie schreibt Bücher für Kinder und Jugendliche. Du hast sie in Band 5 kennen gelernt. Hast du Lust, selbst eine Geschichte im Internet zu veröffentlichen, dann suche im Internet nach einer interessanten Geschichtenwerkstatt.

WWW.GESCHICHTENWERKSTATT.DE

Eine Geschichte überarbeiten

Auch Henrik hat eine Geschichte zu Bildern des Geschichten-Baukastens geschrieben.

❶ Lies einmal Henriks Geschichte.

Achtung, Fehler!

*Zeichen für ein beliebiges Wort

Mein  ging bei einem Sturtz im  kaput.
Es muste neu lakiert werden.
Auserdem riss ein Kabel, das zur vorderen Lampe gehörte.
Dann brachte mein Vater das Fahrrad in die ! * und ließ es repariren.
Dann holte er es zwei Tage später wieder ab, nachdem er den anruf erhalten hatte, und brachte es nach .
Dann konnte ich wieder mit meinem  fahren.

„Da sind aber noch eine Menge Rechtschreibfehler drin! Die vielen rot unterstrichenen Wörter!“, sagt Helen. „Klar, das ist ja auch mein erster Entwurf“, antwortet Henrik. „Aber das geht mit dem Computer ganz einfach. Ich klicke auf ... und dann sieht der Text so aus.“

Henrik klickt auf „Extras: Rechtschreiben“.
Das Programm sagt ihm, wie die Wörter richtig geschrieben werden. Er muss nur noch auf „Ändern“ und „Schließen“ drücken, dann sind die Wörter korrigiert.

Mein Fahrrad ging bei einem Sturz im Regen kaputt.
Es musste neu lackiert werden.
Außerdem riss ein Kabel, das zur vorderen Lampe gehörte.
Dann brachte mein Vater das Fahrrad in die Werkstatt und ließ es reparieren.
Dann holte er es zwei Tage später wieder ab, nachdem er den Anruf erhalten hatte, und brachte es nach Hause.
Dann konnte ich wieder mit meinem Fahrrad fahren.

Rechtschreibfehler korrigieren

❷ Schreibe Henriks Problemwörter richtig auf.

„Du hast ja dreimal ‚dann‘ geschrieben“, meint Helen. Henrik überarbeitet seinen Text.

Henrik markiert dreimal das Wort „Dann“, indem er die linke Maustaste drückt und mit dem Cursor über die Wörter „Dann“ streicht. Danach drückt er auf „Entfernen“.

Satzanfänge verbessern

❸ Ändere die Satzanfänge.

Am Tag danach brachte mein Vater das Fahrrad in die Werkstatt und ließ es reparieren.
Nachdem er zwei Tage später den Anruf des Mechanikers erhalten hatte, holte er es wieder ab. Nun konnte ich wieder mit meinem Fahrrad fahren.

4 a. Durch welche Wörter hat Henrik das Wort „dann“ ersetzt?
b. Was hat Henrik im zweiten Satz außerdem verändert?

„Das mit dem Sturz kann ich mir noch nicht so richtig vorstellen“, sagt Helen.

Henrik markiert die Textstellen, die er verändern möchte, wieder mit der linken Maustaste.

Mein Fahrrad ging bei einem Sturz im Regen kaputt.

5 Schreibe auf, was genau geschehen ist.
Hier sind Henriks Notizen.

den Inhalt genauer schreiben

vorigen Sonntag, zu meinem Freund Georg, durch tiefe Pfütze, fiel in Pfütze, war klitschnass, Fahrrad total kaputt

„Ach, und hier, da denkt man ja, das Fahrrad wäre gleich nach dem Sturz lackiert worden!“, sagt Henrik.

Es musste neu lackiert werden.

Henrik markiert den Satz. Dann klickt er „Bearbeiten: Ausschneiden“ an, setzt den Cursor an die neue Textstelle, klickt „Bearbeiten: Einfügen“ an und schon ist der Satz an der neuen Stelle.

6 Überlege, an welcher Stelle der Satz wohl besser passt.

„Das kleine Wort ‚endlich‘ solltest du noch dazuschreiben“, findet Hella.

Henrik setzt den Cursor an die richtige Stelle und schreibt das Wort „endlich“.

7 Lies den Text noch einmal durch.
Überlege, wo das Wörtchen „endlich“ hinpassen könnte.

„Endlich“, sagt Henrik, „der Text ist fertig.“

8 a. Schreibe den Text nun noch einmal vollständig in der verbesserten Fassung ab.
b. Vielleicht hast du noch eine Idee, wie du den Text weiter verbessern kannst.

den Text aufschreiben

Einen Text gestalten

einen Text mit Schrift verändern

Henrik möchte nun seinen Text noch gestalten.
Der Computer bietet verschiedene Schriftarten zur Auswahl.

Ich fuhr durch eine tiefe Pfütze.
ICH FUHR DURCH EINE TIEFE PFÜTZE.
Ich fuhr durch eine tiefe Pfütze.
Ich fuhr durch eine tiefe Pfütze.
Ich fuhr durch eine tiefe Pfütze.

1. Was meinst du? Welche Schriftart ist deutlich und gut lesbar? Begründe deine Wahl.

2. Welche Schriftart würdest du wählen
   - für ein Märchen?
   - für eine Einladung?
   - für deine Hausaufgaben?
   - für Henriks Geschichte?

die Schriftgröße verändern

Du kannst am Computer die Schriftgröße verändern.

Ich fuhr durch eine tiefe Pfütze. (Schriftgröße 8)
Ich fuhr durch eine tiefe Pfütze. (Schriftgröße 10)
Ich fuhr durch eine tiefe Pfütze. (Schriftgröße 12)
Ich fuhr durch eine tiefe Pfütze. (Schriftgröße 16)
Ich fuhr durch eine tiefe Pfütze. (Schriftgröße 12 und 16)

3. a. Welche Schriftgröße solltest du auswählen, damit deine Geschichte gut lesbar ist?
   b. Was ist in der fünften Zeile passiert?

Wörter verändern

Wenn du Wörter und Sätze hervorheben möchtest, kannst du sie fett schreiben, unterstreichen oder *kursiv* schreiben.

4. Wie könntest du deine Überschrift hervorheben?

Aber Vorsicht: Man kann es auch übertreiben!

Ich **fuhr** durch ***eine*** **tiefe** **Pfütze.**

5. Schreibe den Satz noch einmal in „Normalschrift“.

6. Wenn du einen Computer hast – probiere aus, was du noch mit Schrift machen kannst.

Weiterführendes: Einen Sachtext lesen

Wissenswertes über das Internet

Sind zwei oder mehr Computer miteinander verbunden, so können Texte und Bilder ausgetauscht werden – die Computer sind miteinander vernetzt. Solche Verbindungen bestehen zum Beispiel zwischen den Rechnern von Banken und Firmen.

Das bekannteste Datennetz ist das Internet. Ursprünglich wurde es für militärische Zwecke in den USA genutzt. Außerdem verband es Hochschulen und Universitäten miteinander. Im Gründungsjahr 1969 waren es gerade einmal vier Rechner, die vernetzt waren. Inzwischen gibt es weltweit viele Internetanschlüsse.

Man kann sich im Internet über Reiseziele informieren, aktuelle Nachrichten, den Wetterbericht und Fußballergebnisse abrufen, Bankgeschäfte tätigen, Fahrpläne ausdrucken, einkaufen, Kochrezepte erfragen – diese Liste ließe sich noch viel weiter führen.

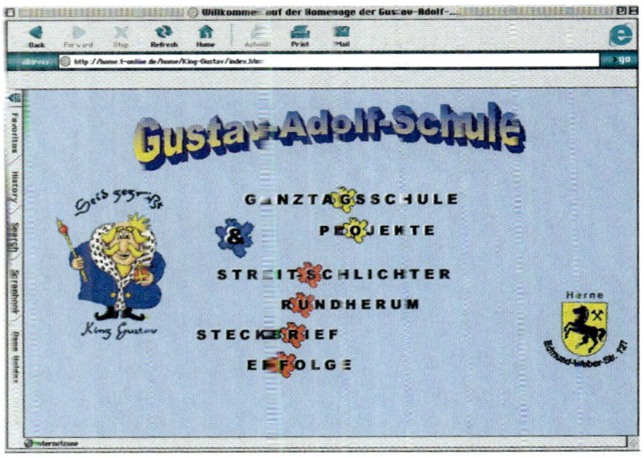

Auch viele Schulen sind schon mit einer Homepage im Internet vertreten. Auf vielen Homepages kann man zum Beispiel ein Foto der Schule sehen. Lehrerinnen und Lehrer, aber auch Hausmeister und Sekretärin werden manchmal vorgestellt.

Eine weitere Möglichkeit, die im Internet häufig genutzt wird, ist das Verschicken von E-Mails. Schon nach kurzer Zeit kann die am Computer geschriebene Nachricht auf dem Bildschirm des Empfängers gelesen werden.

Fragen zum Text beantworten

1. Hast du genau gelesen?
   Beantworte diese Fragen schriftlich:
   a. Wann wurden die ersten Computer vernetzt?
   b. Wofür wurde das Internet ursprünglich entwickelt?
   c. Wofür kann man das Internet nutzen?

2. Finde für jeden Abschnitt eine Überschrift.

3. Was weißt du noch über das Internet?
   Schreibe einige Sätze auf.

Der Textknacker

Texte kannst du „knacken“ und Bücher kannst du „aufschließen“. Wie das geht, erfährst du hier.

Du liest einen Text und denkst, du verstehst ihn nicht? Der Text gibt dir Hinweise, mit denen du ihn „knacken“ kannst.

1. Die Bilder
Ein **Bild** erzählt dir viel, bevor du den Text überhaupt gelesen hast.

S. 115 **1** a. Sieh dir das Bild an.
b. Wovon erzählt der Text deiner Meinung nach?

Die **Bilder im Text** oder **am Textrand** können dir Wörter oder Textstellen erklären.

Einmal geschah es, dass Sadko keine Einladung zu einem Fest erhielt, auch nicht am zweiten und dritten Tag. Traurig und mit leerem Magen verließ er die Stadt und begab sich zum Ilmensee. Dort setzte er sich auf einen weißen Felsen, nahm seine lieblich klingende Gusli und spielte.

S. 121 **2** a. Was zeigt dir das Bild?
b. Was wird dadurch erklärt?

2. Die Überschrift
Die **Überschrift** sagt dir oft, was **das Thema** des Textes ist.

S. 126 **3** a. Lies die Überschrift.

Die Schildkröte und der Leopard

b. Worum geht es vermutlich in dem Text?
c. Um was für einen Text könnte es sich handeln?

3. Die Einleitung

Manche Texte haben eine **Einleitung**. In ihr kannst du nachlesen, **worum es** in dem Text **geht**.

4 a. Lies die Einleitung.
b. Worum geht es in dem Text?

S. 114

Wann genau Nasrettin Hoca gelebt hat und ob überhaupt, ist nicht bekannt. [...] Er besitzt den Titel: „Hoca“ (sprich: Hodscha). Das Wort bedeutet „Gelehrter“. [...] Hoca ist auch ein Spaßvogel. Er zeigt den Menschen oft, wie dumm sie sind. Aber manchmal ist er auch selbst der Dumme.

4. Die Schlüsselwörter

Manche **Wörter** sind besonders hervorgehoben. Diese Wörter sind wichtig, sie sind **Schlüsselwörter**.

5 Lies den Textabschnitt. Wie heißen die Schlüsselwörter?

S. 91

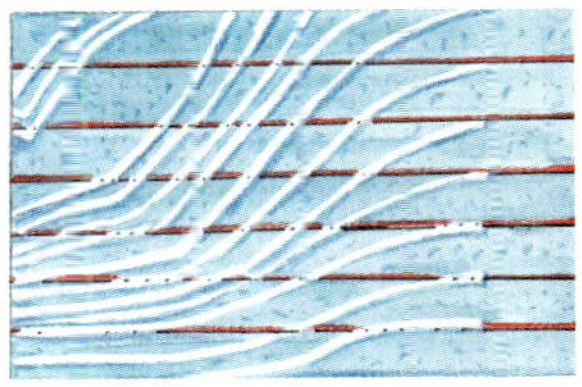

Zahnwale benutzen ein Echolotsystem zur Ortung ihrer Beute. Sie senden Laute aus, diese treffen auf ein Lebewesen und werden als Echo von diesem zurückgeschickt.

5. Das Lexikon

Vieles in einem Text kannst du dir selbst erklären. Manche Wörter werden am Rand oder unter dem Text erklärt. Schlage deshalb erst ganz zum Schluss in einem **Lexikon** nach.

6 Lies auf S. 121–122 nach: Schreibe die Wörter, die am Rand erklärt werden, zusammen mit den Erklärungen auf.

S. 121–122

7 a. Lies den Satz.

Große Tümmler pfeifen schon in den ersten Lebensmonaten ihren persönlichen Kennruf.

b. Schlage im Lexikon das Wort „Tümmler“ nach.
c. Schreibe „Tümmler“ und die Erklärung auf.

S. 90

Büchern begegnen

Auch bei Büchern gibt es „Handwerkszeug“, das dir hilft, in das Buch hineinzufinden.

1. Die Bilder

Das **Bild** auf dem **Buchcover** will dich nicht nur zum Lesen verlocken. Es sagt dir auch etwas darüber, worum es in dem Buch geht.

S. 154 **1** a. Das Buchcover findest du auch auf Seite 154. Sieh dir dort das Bild an.
b. Beschreibe das Bild.
c. Wovon könnte das Buch deiner Meinung nach handeln?

2. Der Buchtitel

Ein **Buchtitel** sagt dir oft, was das Thema des Buches ist.

2 a. Lies dir die Buchtitel durch.
b. Stelle Vermutungen darüber an, was in den Büchern wohl stehen könnte.

Die Buchtitel kannst du auch auf S. 105 und 108 im Kapitel „Projekt Lesen“ finden.

3. Der Klappentext

Der **Klappentext** eines Buches erzählt dir ganz kurz, **worum es in dem Buch geht.**

3 a. Lies den Klappentext.
b. Wer ist die Hauptperson der Geschichte? Wie heißt die Lehrerin?

Rosa ist zwar mollig und hat strähniges, rotes Haar, aber das hat ihr eigentlich nie etwas ausgemacht. Sie ist stark und selbstbewusst wie ein Adler. In Gedanken fliegt sie oft über den Ort und kann gelassen alles überblicken. Aber seit die neue Lehrerin Gunnel mit ihren braunen Rehaugen die Klasse übernommen hat, fühlt sich Rosa immer öfter hässlich wie eine Kröte.

4 Auf welcher Seite findest du den Buchtitel im Kapitel „Projekt Lesen“?

4. Wörter im Text

Manche **Wörter werden als Fußnote erklärt.**
Die Ziffer zeigt dir den Weg nach ganz unten auf der Seite.
Dort findest du die Ziffer noch einmal mit einer Worterklärung dahinter.

Schrecklich! Ich möchte doch nur ein Buch mit dem Titel „Felis, Felis“. Das habe ich mir gemerkt, weil es so ähnlich klingt wie mein Name: „Felix.“

„Das Buch ‚Felis, Felis‘ kannst du im Titelkatalog[1] finden.“

[1] Titelkatalog: Das ist ein Katalog, in dem Buchtitel alphabetisch aufgelistet sind.

5 Lies auf Seite 103 nach.
a. Welche Wörter werden außerdem als Fußnoten erklärt?
b. Schreibe sie mit ihren Erklärungen auf.

S. 103

5. Das Lexikon

Vieles in einem Text kannst du dir selbst erklären.
Schlage deshalb erst ganz zum Schluss im Lexikon nach.

Tipps zum guten Vorlesen

Du weißt: Gut vorlesen kannst du üben. Besonders gut gelingt es dir, wenn du dabei einige Tipps beachtest.

den Text lesen

Tipp 1: Lies den Text mehrmals leise. Wenn du ihn gut verstanden hast, kannst du ihn auch gut vorlesen. Der Textknacker hilft dir dabei.

Textknacker S. 176 – 177

1 a. Lies den Text mit Hilfe des Textknackers mehrmals durch.
b. Beantworte die Fragen: Wie heißen die Personen in der Geschichte? Wo spielt die Geschichte?

Paul Maar

In der neuen Klasse

Nun ist Robert schon drei Wochen in der neuen Klasse. Aber Freunde hat er immer noch nicht. Manche aus seiner Klasse kann er gut leiden. Aber die haben schon alle einen Freund.

Am besten gefällt ihm die Simone aus der zweiten Bank. Simone hat kurze, dunkle Haare. Wenn Simone lacht, werden ihre Augen ganz schmal. Wie bei einer Eskimofrau. Simone lacht oft. Das gefällt Robert so gut an ihr. Ihm hat sie auch schon einmal zugelacht.

Aber Simone ist ausgerechnet mit Frank befreundet. Und den kann Robert überhaupt nicht leiden. Frank ist der Stärkste aus der Klasse. Das will er jeden Tag beweisen. Außerdem ist er ein Angeber.

Robert kann gar nicht verstehen, was Simone an Frank findet.

In der großen Pause, als Frank gerade mit Jürgen rauft, geht Robert zu Simone.

Sie steht am Zaun und isst ihr Pausenbrot.

„Was meinst du, wer gewinnt?“, fragt Robert. „Frank oder Jürgen?“

„Das ist mir doch egal“, sagt Simone.

„Das ist dir egal?“, fragt Robert erstaunt. „Frank ist doch dein Freund. Willst du nicht, dass er gewinnt?“

„Wer sagt denn, dass Frank mein Freund ist? Außerdem kann ich Schlägereien sowieso nicht leiden.“

„Ach so“, sagt Robert. Er kramt in seiner Jackentasche und holt eine Dose heraus. Er öffnet sie. Sie ist bis an den Rand gefüllt mit lauter weißen Kügelchen. „Magst du ein Bonbon?“, fragt Robert und hält Simone die Dose hin.

„Das sind Bonbons? Die sehen aus wie Kopfschmerztabletten“, sagt Simone.

„Das sind Pfefferminzbonbons. Probier doch mal! Sie schmecken gut“, sagt Robert.

Als Simone gerade in die Dose greifen will, kommt Frank zurück.

Er schlägt von unten gegen die Dose. Alle Bonbons fliegen heraus und liegen auf dem Schulhof.

„Schaut mal: ein Wunder! Es hat geschneit!“, ruft Frank. „In diesem Jahr kommt der Winter schon im September. Eine Sensation! Das müssen wir gleich dem Fernsehen melden!“

Alle, die herumstehen, lachen.

Sogar Simone muss unwillkürlich lachen. Dabei will sie es eigentlich gar nicht. Aber die weißen Bonbons auf dem Boden sehen wirklich wie Schnee aus.

Robert könnte heulen vor Wut. Er steckt die leere Dose in die Tasche und geht.

Die Bonbons lässt er liegen. Er geht ganz schnell. Die anderen sollen nicht sehen, dass ihm die Tränen in die Augen steigen. Sogar Simone hat gelacht über ihn! So eine Gemeinheit. „Die sind alle gemein“, murmelt Robert vor sich hin. „Ich will keinen von denen als Freund. Ich spiele nur noch mit Trebor!“

Simone schaut hinter Robert her. „Jetzt ist er beleidigt“, sagt sie zu Frank. „Du bist schuld daran!“

„Na und?“, sagt Frank und lacht. „Was kann ich dafür, wenn er so schnell beleidigt ist und keinen Spaß versteht?“

„Ich find es trotzdem doof von dir, dass du die Bonbons ausgeschüttet hast“, sagt Simone.

„Du findest mich doof? Sag das noch einmal!“, sagt Frank drohend.

„Ja, ich finde dich doof!“, sagt Simone mutig und dreht Frank den Rücken zu. Aber das hat Robert nicht gehört, weil er ja so schnell weggegangen ist.

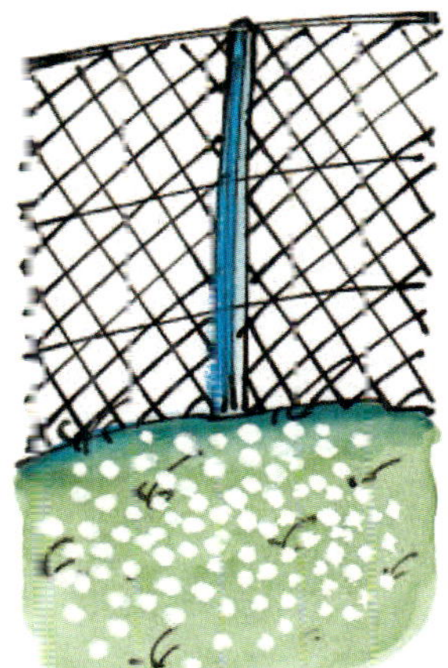

Tipps zum guten Vorlesen

Der mittlere Teil der Geschichte ist farbig hervorgehoben. Dieser Teil eignet sich besonders gut zum Vorlesen.

Satzzeichen beachten

Tipp 2: Beachte beim Vorlesen die Satzzeichen. Mache nach jedem Satzzeichen eine kurze Pause.

2 Lies die ersten zehn Sätze laut vor.
Die Pausenzeichen sind bereits eingetragen.

In der großen Pause, | als Frank gerade mit Jürgen rauft, | geht Robert zu Simone. ||
Sie steht am Zaun | und isst ihr Pausenbrot. ||
„Was meinst du, | wer gewinnt?“, | fragt Robert. | „Frank oder Jürgen?“ ||
„Das ist mir doch egal“, | sagt Simone. ||
„Das ist dir egal?“, | fragt Robert erstaunt. || „Frank ist doch dein Freund. || Willst du nicht, | dass er gewinnt?“ ||
„Wer sagt denn, | dass Frank mein Freund ist? || Außerdem kann ich Schlägereien sowieso nicht leiden.“ ||

Satzende beachten

Tipp 3: Ein Punkt zeigt das Satzende an. Senke bei einem Punkt etwas die Stimme. Die Pause vor dem nächsten Satz sollte etwas größer sein als bei einem Komma.

Im Ausschnitt sind die Satzenden durch doppelte Pausenzeichen gekennzeichnet.

Zeichensetzung S. 276

3 Lies die Sätze noch einmal.
Achte auf die Punkte an den Satzenden.

einzelne Wörter betonen

Tipp 4: Ausdrucksvoll kannst du lesen, wenn du einzelne Wörter im Satz besonders betonst.

4 Lies die nächsten vier Sätze vor.
Wörter, die betont werden sollen, sind fett gedruckt.

„Ach **so**“, | sagt Robert. || Er kramt in seiner **Jacken**tasche und holt eine **Dose** heraus. || Er **öffnet** sie. || Sie ist **bis an den Rand** gefüllt mit **lauter weißen Kügelchen.** ||

Tipp 5: Lies die wörtliche Rede so, dass man merkt, wer spricht und wie er spricht.

wörtliche Rede ausdrucksvoll vorlesen

5 Die wörtlichen Reden sind in unterschiedlichen Farben gedruckt.
a. Stelle dir vor, wie Simone, Robert und Frank sprechen.
b. Übe die wörtlichen Reden zunächst jede für sich.
c. Lies dann den ganzen Abschnitt vor.

„Magst du ein **Bonbon**?", | fragt Robert und hält Simone die Dose hin. ||
„Das sind **Bonbons**? || Die sehen aus wie **Kopfschmerztabletten**", || sagt Simone. ||
„Das sind **Pfefferminzbonbons.** || **Probier** doch mal! || Sie schmecken **gut**", | sagt **Robert.** ||
Als Simone gerade in die **Dose** greifen will, | kommt **Frank** zurück. || Er schlägt von unten gegen die **Dose.** || **Alle** Bonbons **fliegen** heraus und liegen auf dem **Schulhof.** ||
„Schaut mal: || ein **Wunder**! || Es hat **geschneit**!", | ruft Frank. „In **diesem** Jahr kommt der Winter schon im **September.** || Eine **Sensation**! || Das müssen wir **gleich** dem **Fernsehen** melden!" ||
Alle, die **herumstehen, lachen.** ||
Sogar **Simone** muss unwillkürlich **lachen.** ||

6 Lies nun den ganzen Text vor.

Text S. 174 – 175

7 Besonders wirkungsvoll ist ein Vortrag mit verteilten Rollen.
Ihr braucht dazu Simone, Robert, Frank und einen Erzähler oder eine Erzählerin.
Tragt den Textausschnitt gemeinsam vor.

Noch ein paar Tipps zum Schluss:

- Setze dich gerade hin. Lege deinen Arm locker neben das Buch. So kannst du gut atmen.
- Achte auf eine gute Beleuchtung.
- Lege deine Federmappe unter das Buch. Dann kannst du den Text besser lesen.
- Beginne mit dem Lesen, wenn du eingeatmet hast.

mehr über Freundschaft S. 8 – 21

Das Alphabet trainieren

Im Lexikon nachschlagen kannst du auf S. 181 üben.

**Manchmal verstehst du ein Wort nicht ganz genau.
Oder du möchtest etwas mehr wissen, als im Text steht.
Kein Problem – dann kannst du im Wörterbuch oder Lexikon nachschlagen.
Wichtig dabei ist, dass du das Abc gut beherrschst.**

IN und OUT

Wörter sammeln, nach dem Abc sortieren

Trends und Mode S. 40–41

1 a. Schreibe das Abc untereinander in der richtigen Reihenfolge auf.
b. Suche nun zu jedem Buchstaben etwas, das IN ist, und etwas, das OUT ist.

Tipp: Ideen kannst du auch im Kapitel „Trends und Mode“ finden.

Starthilfe

	IN	OUT
A	...	Anorak
B	Bodybag	...
C	...	...
D	...	...

Viele verschiedene Namen

Namen sammeln, nach dem Abc sortieren

2 a. Schreibe alle Vornamen deiner Mitschüler und Mitschülerinnen auf kleine Zettel.
b. Sortiere dann die Namen aller Mitschülerinnen und Mitschüler in alphabetischer Reihenfolge (also nach dem Abc).

Julia, Hanna, Sevim, Benito, Amadou, Patrick, Marco, David, Lorena, Steffen, Ilka, Svenja

Auf dieser Seite bist du nun gefragt:
Denke dir die nächsten Übungen für einen anderen Mitschüler oder eine Mitschülerin aus.
Tauscht die Aufgaben untereinander aus.

eigene Übungen entwerfen

Geheimnisvolle Nachricht

3 Mit diesem Geheim-Abc kannst du geheime Nachrichten verschicken.

geheime Nachrichten entschlüsseln und selbst schreiben

a. Schreibe zunächst den Lösungsschlüssel vollständig auf.

A B C D E F G ...
↓ ↓ ↓ ↓ ↓ ↓ ↓
Y Z A B C D ...

b. Entschlüssele diese Geheimbotschaft.

RMJJC QNGCJGBCCL DGLBCR GFP GK
BCSRQAFZSAF YSD QCGRC 33.

c. Schreibe nun selbst einen kurzen Brief in der Geheimschrift. Schicke jemand anderem die geheime Nachricht.

Aufgabe für einen anderen:
Entschlüssele die Geheimbotschaft!

Abc für Könner

4 a. Denke dir 15 Wörter aus, die mit zwei, drei oder vier gleichen Buchstaben beginnen.
Schreibe sie ungeordnet untereinander.

b. Gib die Liste an einen Mitschüler oder eine Mitschülerin weiter.

Wörter aufschreiben und sortieren

Starthilfe

SCHWIMMEN
SCHWAN
SCHWESTER
SCHWAGER
SCHWER
...

Aufgabe für einen anderen:
Sortiere die Wörter nach dem Abc!

Im Wörterbuch nachschlagen

Wörterbuch-
einträge lesen

Hier siehst du eine Seite aus einem Wörterbuch für Schülerinnen und Schüler. Sieh dir die Seite in Ruhe an. Dann kannst du sicher die Fragen beantworten.

Ro|chen der: Meeresraubfisch, Haiart mit flach gedrücktem Körper

Rock der, des Rock(e)s, die Röcke

Rock der: *Kurzwort für* Rockmusik; **Rock and Roll / Rock 'n' Roll** der *amerik.;* **ro|cken; Ro|cker** der, die Rocker: motorisierter, meist ledergekleideter Angehöriger einer jugendlichen Bande

Ro|del der: Schlitten; **ro|deln**

ro|den den Urwald roden (urbar machen); **Ro|dung** die

Ro|gen der: Eier der Fische

Rog|gen der: Getreideart; **Rog|gen|mehl** das

roh am rohesten: Möbel aus rohem (unbearbeitetem) Holz, er behandelt sie roh und gemein; **Roh|bau** der, die Rohbauten; **Roh|heit** die; **Roh|kost** die; **Roh|ling** der; **Roh|stoff** der

Rohr das, des Rohr(e)s, die Rohre; **Röh|re** die; **röh|ren|för|mig; Röh|richt** das: Schilfrohrdickicht; **Röhr|ling** der: Pilz mit feinen, senkrecht stehenden Röhren an der Unterseite des Hutes, im Gegensatz zum Lamellenpilz.

Ro|ko|ko das *franz.*: kurzzeitiger europäischer Kunststil im 18. Jh. in der Bauweise, Mode, Dichtung, Malerei und Musik, gekennzeichnet durch verspielt-heitere und zierliche Formen

Roll|la|den der, die Rollläden / Rollladen; er ließ den Rollladen herunter; **Rol|le** die: sie machte eine Rolle vorwärts, Zeit spielt keine Rolle, in der Rolle des Zuschauers sein, eine Rolle Münzen; **rol|len** der Ball rollt ins Tor; *aber:* etwas kommt ins Rollen (beginnt); **Rol|ler** der: *Kurzwort für* Tret- oder Motorroller; **Rollschuh** der, die Rollschuhe

Rol|lo das, des/die Rollos: aufrollbarer Vorhang

Ro|man der *franz.*, die Romane: Erzählung, die Darstellung größerer Lebenszusammenhänge im Leben eines Menschen oder eines breiteren Ausschnitts aus dem „Leben" einer Zeit

Ro|man|tik die: europäische geistig-künstlerische Bewegung in der ersten Hälfte des 19. Jh.s; **ro|man|tisch** sie ist romantisch (gefühlsbetont) veranlagt; **Ro|man|ze** die: 1. romantische Liebelei 2. volkstümliche, liedhafte Verserzählung 3. stimmungsvolles Vokal- oder Instrumentalstück

Rö|mer der: 1. Bewohner Roms; 2. kelchförmiges Weinglas 3. Rathaus in Frankfurt am Main; **Rö|me|rin** die; **rö|misch-ka|tho|lisch** *Abk.* röm.-kath.

Ron|dell das *franz.*, des Rondells, die Rondelle: 1. runder Platz, rundes Gartenbeet 2. runder Festungsturm

rönt|gen; Rönt|gen|strah|len die: elektromagnetische Strahlen, so genannt nach ihrem Entdecker Conrad Röntgen

ro|sa *lat.;* **ro|sig** sie hat rosige Wangen, rosige (unbeschwerte) Zeiten

Ro|se die; **Rös|chen** das/die; **Ro|sen|mon|tag** der: Montag vor Fastnacht; **Ro|sen|zucht** die

Ro|set|te die *franz.*: rosenförmiges Ornament, Verzierung

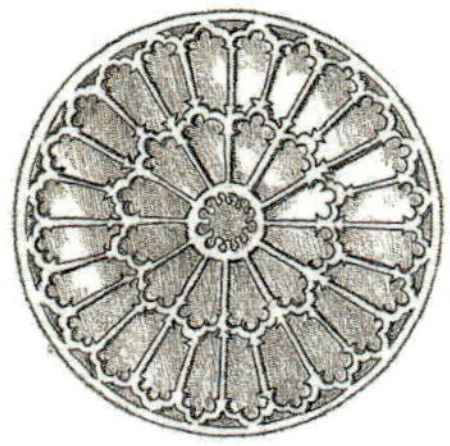

Ro|si|ne die *franz.*: süße, getrocknete Weinbeere; er hat Rosinen im Kopf (hochfliegende, abwegige Pläne)

Bedeutungen
herausschreiben

1 Weißt du Bescheid? Schreibe die Fragen und die Antworten auf.

- Wie lautet die Mehrzahl von Rollladen?
- Welche Bedeutungen verstecken sich hinter Rogen und Roggen?
- Wie lauten die drei Bedeutungen für Römer?
- Zu welcher Art von Fischen gehört der Rochen?
- Was bedeutet die Redensart „Er hat Rosinen im Kopf"?

Im Kapitel „Wale" erhältst du Anregungen für eine Walekartei. Informationen über den Blauwal und den Pottwal kannst du den Lexikoneinträgen entnehmen.

Lexikoneinträge lesen

Blauwal (Balaenoptera musculus), mit einer Maximallänge von 33 m und einem Höchstgewicht von 150 t das größte aller lebenden Säugetiere. Die Färbung des Blauwals ist blaugrau mit helleren Flecken. Durchschnittlich schwimmen die Blauwale mit einer Geschwindigkeit von 10 bis 18 km/h, doch in Notfällen können sie diese auf 35 km/h beschleunigen.
Angeblich können sie bis zu einer Tiefe von 450 m tauchen, wo ein Druck von 45 Atmosphären herrscht, und zwei Stunden lang unter Wasser bleiben.
Sie schwimmen immer einzeln oder paarweise; nur selten sieht man mehr als zwei Blauwale beieinander. Man findet sie sowohl nördlich als auch südlich des Äquators, aber nur selten überquert ein Tier die Äquatorlinie.

Pottwal (Physeter catodon), gehört zur Unterordnung der Zahnwale. Der Pottwal erreicht eine Gesamtlänge von maximal 20 m, aber die Weibchen sind erheblich kleiner als die Männchen. Ungefähr ein Drittel der Gesamtlänge entfällt auf den enormen, beinahe viereckigen Kopf.
Die Pottwale sind auf dem Rücken dunkelgrau, auf dem Bauch mittel- bis hellgrau bis weiß. Manchmal haben sie am Kopf weiße Flecken. Das sind Narben, die von Kämpfen mit Tintenfischen, der Hauptnahrung der Pottwale, zurückgeblieben sind.
Die Pottwale bewohnen alle Weltmeere, wobei die säugenden Weibchen eine gewisse Vorliebe für die wärmeren Meeresgebiete an den Tag legen. Bei den in den kalten Polarmeeren lebenden Pottwalen handelt es sich meistens um Männchen, die nach der Paarungszeit auf Wanderschaft gegangen sind.
Die Pottwale bevorzugen tiefes Wasser; nur selten findet man sie in Gebieten, die weniger als 100 m tief sind. Am liebsten halten sie sich anscheinend in der Nähe der großen Meeresströme auf. Sie tauchen bis zu 500 m tief, haben aber auch schon Tiefseekabel beschädigt, die in ungefähr 1000 m Tiefe gelegt waren. Anscheinend tauchen die Pottwale so tief, weil sich dort viele Tiefseetintenfische aufhalten.
Die Pottwale leben meistens in kleinen Verbänden, die einige Weibchen mit ihren Jungen und ein altes Männchen umfassen. Die Männchen leben meistens einzeln oder in kleinen Junggesellenverbänden.

einen Steckbrief schreiben

1 a. Lies den Lexikoneintrag.
b. Wähle einen Wal aus.
Schreibe einen Steckbrief über diesen Wal auf eine Karteikarte.
Tipp: Ein Beispiel für einen Wale-Steckbrief findest du auf S. 92.

Starthilfe

… wal
Länge:
Gewicht:
Nahrung:
Gruppe:
Bestand:
Besondere Kennzeichen:
Vorkommen:

Die Schreibkonferenz

mehr Spielanleitungen S. 28–33

Die Klasse 6 plant eine Spielewand.
Einige Schüler haben schon Spielanleitungen aufgeschrieben.
Diese sollen nun in einer Schreibkonferenz überarbeitet werden.

Regeln für die Schreibkonferenz

Eure Schreibkonferenz wird gelingen, wenn ihr euch an einige Regeln haltet. Die Schülerinnen und Schüler der Klasse 6 tragen die Regeln zusammen:

Also – wie war das noch? Jemand liest seinen Text vor.

Ja, und die anderen müssen dabei gut zuhören.

Dann kann jeder sagen, was ihm an dem Text gut gefällt.

Wenn man etwas nicht verstanden hat, sollte man nachfragen.

Danach kann man gemeinsam überlegen, wie man das genauer und besser schreiben kann.

Dabei sollte man auch an einzelnen Sätzen arbeiten.

Zum Schluss muss man den Text noch mal in Reinschrift schreiben, damit ihn andere gut lesen können.

1 a. Wiederholt die Regeln.
b. Schreibt zu jeder Regel kurze Stichworte auf.

Starthilfe

1. Text vorlesen
2. gut …
3. sagen, was …
4. …
5. …
6. …
7. …

Eine Spielanleitung unter die Lupe nehmen

David, Steffen, Ilka und Birgül schauen sich zunächst gemeinsam die Spielanleitung an, die unter die Lupe genommen werden soll.

Brennball

Wir bilden zwei Mannschaften. Mannschaft A verteilt sich im Spielfeld und Mannschaft B steht draußen in einer Schlange
Der erste Spieler wirft den Ball, so weit es geht. Der erste Spieler läuft schnell los.
Wenn der Ball im Kasten ist, müsst ihr wechseln.
Jetzt wirft der erste Spieler von Mannschaft B. Du musst schnell bis zum Bock laufen. Du musst dann schnell zum Kasten laufen und dann zur Matte.
Wenn aus einer Mannschaft alle rumgelaufen sind, hat die Gruppe gewonnen.

1. Wählt jemanden aus, der die Spielanleitung laut vorliest. — der Text vorlesen

2. Was gefällt euch an dem Text? Sprecht gemeinsam darüber. — über den Text sprechen

3. Gibt es etwas, was nicht gut verständlich ist? Besprecht, woran gearbeitet werden sollte.

Die Schreibkonferenz

Tipps zum Überarbeiten

Wenn ihr diese Tipps beachtet, könnt ihr die Spielanleitung gründlich überarbeiten. Die Tipps helfen euch auch, wenn ihr eure eigenen Spielanleitungen verbessern wollt.

Anzahl der Spieler und Materialien

Tipp 1: Schreibt zu Anfang auf, wie viele Mitspieler und welche Materialien ihr für das Spiel braucht.

Da steht ja gar nicht, was man für das Spiel braucht.

Und wie viele sollen eigentlich mitspielen?

1 Schreibt den Anfang der Spielanleitung.

Starthilfe

Anzahl der Mitspieler: ...
Material/Geräte: ...

genaue Spielschritte

**Tipp 2: Denkt beim Schreiben an die Leser und Leserinnen, die das Spiel nicht kennen.
Beschreibt jeden Spielschritt genau und verständlich.**

Der erste Spieler wirft den Ball, so weit es geht.
Der erste Spieler läuft schnell los.
Wenn der Ball im Kasten ist, müsst ihr wechseln.
Jetzt wirft der erste Spieler von Mannschaft B.
Du musst schnell bis zum Bock laufen. Du
musst dann schnell zum Kasten laufen und
dann zur Matte.

2 Denkt nun gemeinsam über die einzelnen Spielschritte nach.
a. Stimmt die Reihenfolge der Spielschritte?
b. Fehlt ein Schritt?
c. Sind die einzelnen Spielschritte genau beschrieben?

Die Schreibkonferenz

Tipp 3: Entscheidet, wen ihr ansprechen wollt.

Form der Aufforderung einheitlich

Der erste Spieler läuft schnell los.
Wenn der Ball im Kasten ist, müsst ihr wechseln.
Jetzt wirft der erste Spieler von Mannschaft B.
Du musst schnell bis zum Bock laufen.

Ihr könnt:
- eine Gruppe ansprechen:
  Teilt zuerst zwei Mannschaften ein;
- über euch selbst sprechen:
  Wir teilen zuerst zwei Mannschaften ein;
- unpersönlich schreiben:
  Man teilt zuerst zwei Mannschaften ein.

3 a. Entscheidet euch für eine Form.
b. Schreibt die Sätze neu auf.

Tipp 4: Gestaltet die Sätze abwechslungsreich.

abwechslungsreiche Satzanfänge

Du musst schnell bis zum Bock laufen.
Du musst dann schnell zum Kasten laufen und dann zur Matte.

Der erste Spieler wirft den Ball, so weit es geht.
Der erste Spieler läuft schnell los.

Zuerst …
Danach …
Später …
Darauf …
Schließlich …
Nun …

4 Wählt unterschiedliche Satzanfänge. Oder stellt die Sätze um.

Tipp 5: Wählt eine treffende Überschrift.

treffende Überschrift

Welche Sorte Brennball wird hier eigentlich gespielt?

Stimmt – das könnte man in der Überschrift noch genauer sagen!

5 Prüft, ob ihr eine treffendere Überschrift findet.

6 Schreibt die Spielanleitung vollständig auf.

Tipp 6: Denkt beim Schreiben an die Leserinnen und Leser. Rechtschreibfehler stören beim Lesen!

Rechtschreibfehler verbessern

Eine Einladung gestalten

Die Klasse 6 b hat eine Modenschau vorbereitet und möchte dazu die Eltern einladen.

Niels hat die Einladung am Computer erst einmal so aufgeschrieben:

Einladung zur Modenschau
Liebe Eltern, wir laden euch zu unserer Trendy-Modenschau ein. Spitzenmodels führen sportive Mode auf dem Laufsteg vor. Vorgestellt wird die Modenschau von unserem bekannten Moderator Daniel. Freitag, 15.5.00, Raum 12 der Janusz-Korczak-Hauptschule. Klasse 6b

Eine Modenschau könnt ihr auf S. 46–47 vorbereiten.

die Gestaltung beurteilen

Niels freut sich, denn nun kann er das tun, was ihm am meisten Spaß macht – den Text gestalten. Fachleute sagen dazu Lay-out.

Einladung zur Modenschau
Liebe Eltern,
wir laden euch zu unserer
Trendy-Modenschau
ein.
Spitzenmodels führen sportive Mode auf dem
Laufsteg vor.
Vorgestellt wird die Modenschau von unserem
bekannten Moderator Daniel.
Freitag, 15.5.00,
Raum 12
der Janusz-Korczak-Hauptschule.
Die Klasse 6b

1 Sieh dir den Einladungstext an.
a. Was hat Niels verändert? Beachte die Anordnung der Zeilen und die Schrift.
b. An welcher Stelle hat er nicht aufgepasst?
c. Was fehlt noch in der Einladung?
d. Wie könnte Niels die Einladung noch schöner gestalten? Mache Vorschläge.

Tipps zum Lay-out aufschreiben

2 Was musst du tun, damit die Einladung gut aussieht? Schreibe Tipps für das Lay-out auf. Ordne dazu die Wortgruppen einander zu.

den Text	in die Mitte der Zeile setzen
die Überschrift	gliedern
in der Einladung	farbig hervorheben
Wichtiges	verschiedene Farben verwenden

Starthilfe

1. Setze die Überschrift in die Mitte der Zeile.
2. …

**Du möchtest die Einladung mit der Hand schreiben?
Dann beachte beim Schreiben folgende Tipps.**

Tipp 1: Bevor du mit dem Schreiben beginnst, teile das Blatt ein.

das Blatt einteilen

3 a. Teile das Blatt mit Bleistift und Lineal ein. Ziehe z. B. Linien für die Überschrift und die Blattränder.
b. Plane Platz für die Überschrift und eine Illustration ein.

Tipp 2: Schreibe so, dass jeder den Einladungstext gut lesen kann.

lesbar und schön schreiben

4 Schreibe diese Formen ein paar Mal ab.

5 Welche Buchstaben aus diesem Satz sind nicht gut lesbar?

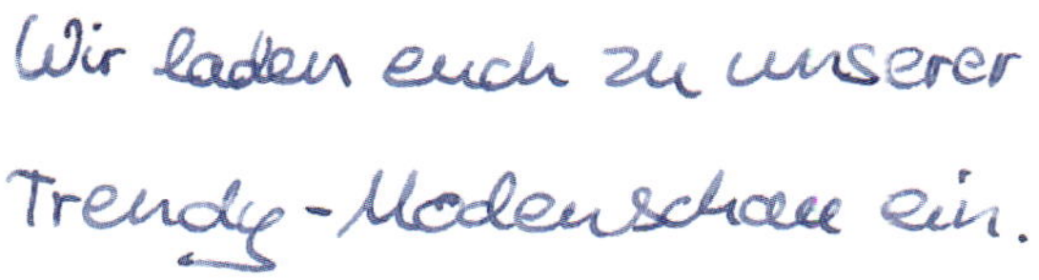

Tipp 3: Schreibe die Überschrift so, dass sie gleich ins Auge fällt.

die Überschrift gestalten

6 a. Welche dieser Überschriften ist am schönsten gestaltet? Begründe.

b. Gestalte eine eigene Überschrift.

7 Schreibe nun deinen Einladungstext auf.
Hebe wichtige Dinge hervor: durch eine besondere Schrift,
durch **Farbe** oder durch <u>Unterstreichen</u>.

die Einladung schreiben und gestalten

Tipp 4: Überlege, wie du deine Einladung noch verzieren kannst.

die Einladung verzieren

Erlebnisse in einem Brief erzählen

Ich muss dir etwas erzählen ...

Du hast etwas Besonderes erlebt. Du möchtest es unbedingt deiner Freundin oder deinem Freund erzählen. Aber du bist nicht zu Hause, sondern unterwegs. Telefonieren ist schwierig oder zu teuer ...

Unwetter erschreckte Feriengäste

Am späten Montagnachmittag schreckte ein kurzes, aber heftiges Unwetter die Bewohner und vor allem die Feriengäste der Insel ... auf. Aus heiterem Himmel fegten orkanartige Sturmböen über die Nordseeinsel, gefolgt von kräftigem Regen.

Nach zwanzig Minuten war alles vorbei.

Verletzt wurde niemand, weil sich wegen der kühlen Witterung kaum Badegäste am Meer aufhielten. Allerdings kam es an einigen Stellen durch umherfliegende ...

1 Lies den Zeitungsartikel.

biegen sich, peitschen, die Schaumkronen, trommeln, nass bis auf die Knochen, blauer Himmel, die Sonne, heißer Tee ...

Du hast gerade mit einem anderen Jungen oder Mädchen eine Radtour über die Insel gemacht, als euch das Unwetter überraschte.
Oder du wolltest auf einen Leuchtturm steigen, oder ...

2 Erzähle deinem Freund oder deiner Freundin in einem Brief über dieses Erlebnis.

Starthilfe

Hallo, Carlos,
ich muss dir unbedingt schreiben, was mir gestern passiert ist.

Bist du sicher, dass Carlos deinen Brief spannend findet?

lebendig erzählen

3 Überarbeite deinen Brief.

mir wurde heiß und kalt zugleich, ein richtiges Glücksgefühl, mir blieb fast das Herz stehen, ich hätte heulen können, Tränen schossen mir in die Augen, ich hätte alle umarmen können, …

den Brief überarbeiten

Texte überarbeiten S. 270

Arbeitstechnik

Lebendig erzählen im Brief:

- Kündige nach der **Anrede** an, dass du **etwas Besonderes** erzählen willst.
- Beschreibe danach kurz, wo du bist und **was du gerade machst**.
- Erzähle nun von dem **Erlebnis**.
  Erzähle, wie alles begann. **Steigere langsam die Spannung** bis zum aufregendsten oder witzigsten Augenblick.
  Erzähle am **Schluss**, wie es ausging.
- Schreibe, wie du dich dabei gefühlt hast. Unterbrich deine Erzählung ab und zu durch einen Ausruf oder eine Frage, z. B.: „Ist das nicht aufregend?!“ oder: „Ich wünschte, du wärst dabei gewesen!“
- Lass dir einen schönen **Briefschluss** einfallen.

Ein Briefanfang zum Weiterschreiben

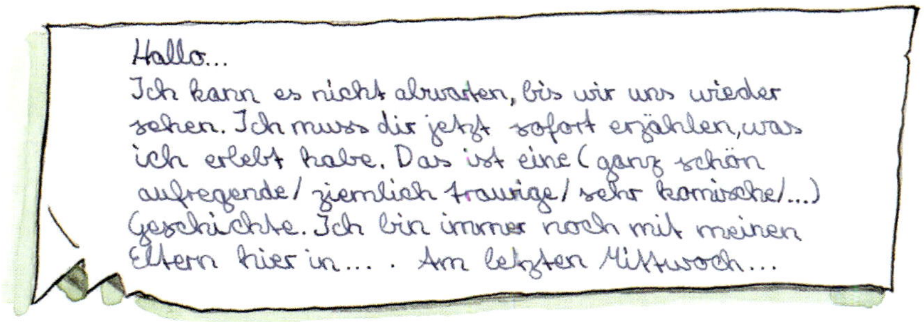
Hallo…
Ich kann es nicht abwarten, bis wir uns wieder sehen. Ich muss dir jetzt sofort erzählen, was ich erlebt habe. Das ist eine (ganz schön aufregende/ ziemlich traurige/ sehr komische/…) Geschichte. Ich bin immer noch mit meinen Eltern hier in… . Am letzten Mittwoch…

4 Schreibe diesen Brief weiter.

einen Brief weiterschreiben

Ideen zum Weiterschreiben

Ein zahmer Papagei hat sich in dein Zimmer verirrt,
oder: du hast dich in einer fremden Stadt verlaufen,
oder: du bist dem Traumjungen/Traummädchen begegnet,
oder …

Zu einem Gegenstand erzählen

In Gegenständen stecken Geschichten

Auf dem Foto seht ihr einen alten Schlüssel.
Ihr habt ihn zwischen alten Kleidern gefunden.
Was ist schon dran an solch einem alten Schlüssel?
Ganz viel!
Daraus könnt ihr eine Geschichte machen.

Ideen für eine Geschichte sammeln

1 Sammelt gemeinsam Ideen für eine Geschichte.
Wem könnte der Schlüssel gehören?
Welche Tür könnte damit geöffnet werden?
Hat jemand den Schlüssel verloren oder versteckt oder ...?
Wer könnte ihn finden?
Was passiert dann?

eine Geschichte schreiben

Texte überarbeiten S. 270

2 Schreibe nun eine Geschichte zu dem Schüssel.
- Du kannst dabei den folgenden Geschichtenanfang und einen Schluss verwenden.
- Vielleicht gefällt dir auch nur der Anfang oder nur ein Schluss.
- Oder du denkst dir die ganze Geschichte allein aus.

Das könnte der Anfang einer „Schlüssel-Geschichte" sein:

Es passierte in dem Monat, als wir von ... nach ... umzogen. Ich half mit, den Dachboden aufzuräumen, und hatte viel Spaß dabei, zwischen den alten, verstaubten Sachen herumzustöbern. In einer schwarzen Jacke, die mindestens tausend Jahre alt war, entdeckte ich ...

Ein Schluss könnte so lauten:

... Ich steckte den Schlüssel wieder in die alte schwarze Jacke.
Ich nahm mir fest vor, niemandem zu erzählen, was ich entdeckt hatte.

Oder:

Wenn ich damals nicht beim Aufräumen geholfen hätte, hätte ich wohl niemals ... gefunden.

eine Überschrift finden

3 Überlege dir eine passende Überschrift zu deiner Geschichte.

In Bildern stecken Geschichten

Eine geheimnisvolle Tür – wo führt sie hin?
Auch dazu kannst du eine Geschichte erzählen.

Ideen sammeln

1 Was verbirgt sich hinter der Tür?
Sammelt gemeinsam Ideen für eine Geschichte.
a. Schreibe zu dem Bild zwei Sätze auf.
Schreibe jeden Satz in großer, gut lesbarer Schrift auf ein Din-A 4-Blatt.
b. Heftet alle Sätze an die Tafel oder an die Wand, wo jeder sie gut lesen kann.
c. Wähle zwei Sätze aus, die dir zu dem Bild gut gefallen.
Schreibe sie ab.
Es können deine eigenen Sätze sein oder Sätze von anderen.

Starthilfe
Zum Beispiel:
Sie schlich an der Wand entlang zu der geöffneten Tür.
Oder: Er versuchte zu erkennen, wohin die Tür führte …

eine Geschichte zu einem Bild schreiben

2 Schreibe nun eine Geschichte zu dem Bild.
Verwende auch die beiden Sätze, die du ausgewählt hast

Arbeitstechnik

Spannend schriftlich erzählen

Deine Erzählung braucht eine **Einleitung**, einen **Hauptteil** und einen **Schluss**.
- Beginne mit **einleitenden Worten**.
- Erzähle am **Anfang ausführlich**, damit sich die **Spannung** aufbaut.
- Erzähle den **Höhepunkt besonders spannend**.
- Beschreibe Personen, Orte und Gefühle **mit treffenden Adjektiven**.
- **Verändere** die **Satzanfänge**.
- Schreibe zum **Schluss**, wie sich die Spannung löst.
- Suche eine **Überschrift**, die den Leser neugierig macht.

Fast in jedem Bild stecken Geschichten.

3 a. Schneidet Abbildungen aus Zeitschriften und Prospekten aus.
Sammelt sie in einem Karton.
b. Sucht euch ein Bild aus dem Karton heraus.
Schreibt dazu eine Geschichte.

Erzählen kannst du auch auf S. 19, 58, 59, 170 – 173.

Auf sich allein gestellt ...

Bei Familie van der Vluyn droht das Chaos auszubrechen.
Papa liegt mit gebrochenem Bein im Krankenhaus.
Mama hat Schichtdienst.
Vim, Mareike und Linda müssen nun allein zurechtkommen.
„Papa hat uns was aufgeschrieben“, sagt Mareike.
Aber wo ist der Zettel? Vim durchsucht den Papiercontainer.
Er findet aber nur noch Papierfetzen von Vaters Zettel ...

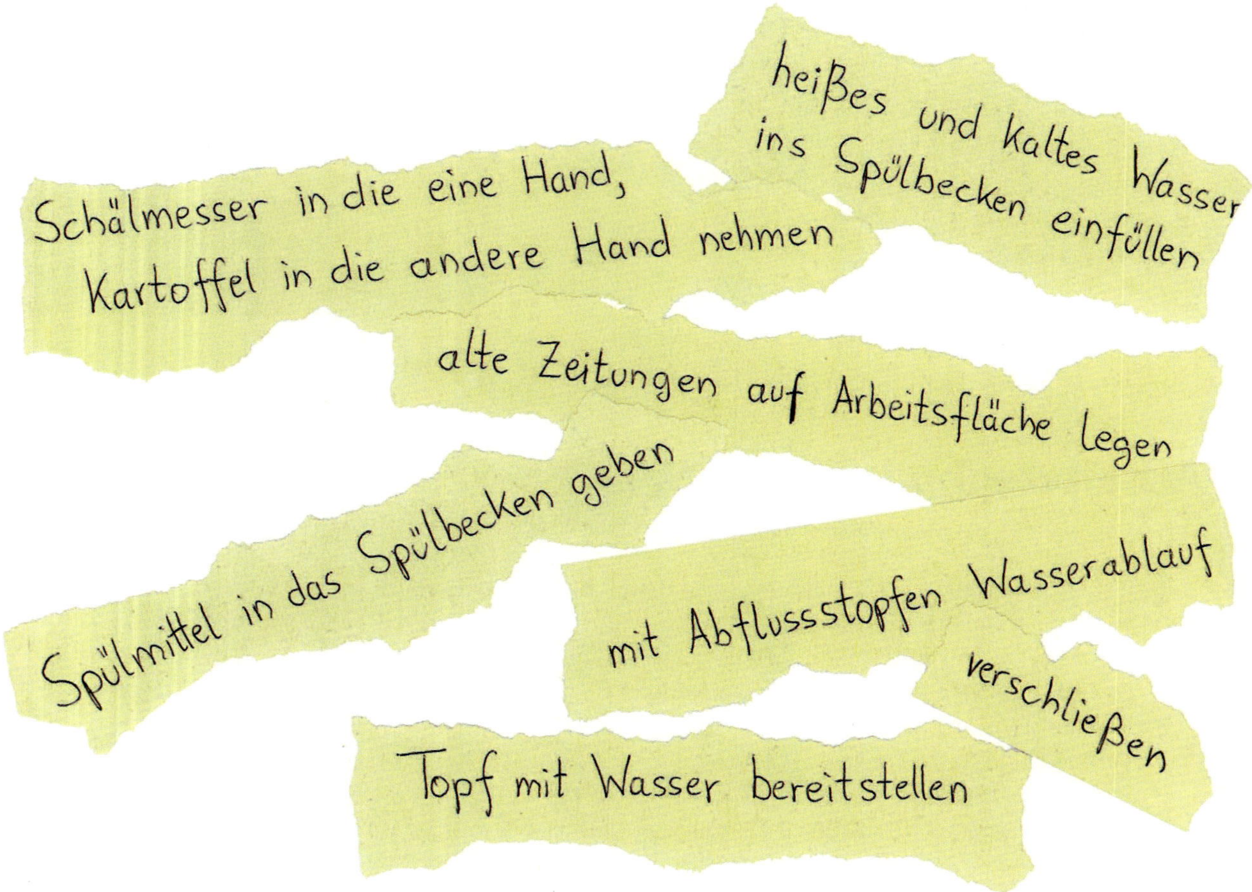

Arbeitsschritte ordnen

1 Seht euch die Papierfetzen an.
a. Überlegt, um was für Anleitungen es sich handelt.
b. Überlegt gemeinsam, wie man beide Anleitungen vervollständigen könnte.

Vim, Mareike und Linda ist nun klar, wozu der Zettel dienen sollte. Aber die Anleitung zum Kartoffelschälen ist ja unvollständig! Diese Bilder könnten weiterhelfen …

alte Zeitung – auf Arbeitsfläche legen –
Kartoffeln zurechtlegen – Messer nehmen

Kartoffel in die eine Hand nehmen –
mit der anderen Hand Messer an der Schale ansetzen –
Schale nach und nach abschälen

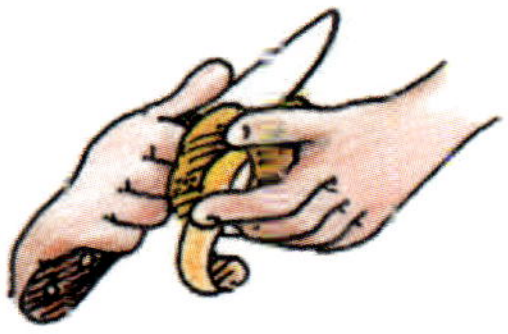

Kartoffel durchschneiden –
in Topf legen – waschen

2 Schreibe die vollständige Anleitung zum Kartoffelschälen auf.

eine Anleitung schreiben

Starthilfe

Zuerst legt **man** eine alte Zeitung auf die Arbeitsfläche. Darauf …

3 Überarbeite deinen Text.
- Gestalte deine Satzanfänge abwechslungsreich.
- Überlege dir eine Überschrift.

den Text überarbeiten

Hinweise dazu in der Schreibkonferenz auf S. 188 – 191

„Papa traut uns ja gar nichts zu", meint Linda. „Und bloß Kartoffeln. Machen wir uns doch noch Rührei."

… ein bisschen Salz hinzufügen …

… pro Ei einen Esslöffel Milch dazutun …

… mit dem Schneebesen ordentlich schlagen …

… die Eier am Schüsselrand aufschlagen …

… das Rührei vorsichtig rühren, damit es nicht anbrennt …

… Fett in der Pfanne erhitzen …

… die Eiermilch in die Pfanne gießen …

… den Inhalt der Eier in die Schüssel geben …

die richtige Reihenfolge herstellen

4 Schreibe die Anleitung für Rührei richtig auf.

„Wir müssen wohl abwaschen“, meint Linda. „Am besten spüle ich das Geschirr. Ihr habt das letzte Mal mit der Pfanne angefangen. Da war dann das Wasser so eklig. Ihr trocknet lieber ab.“

Richtig abwaschen

1 Als Erstes werden die Gläser mit einem Spüllappen, einem Schwamm oder einer Spülbürste gereinigt.

2 Danach wird das Geschirr mit einem Geschirrtuch abgetrocknet.

3 Der Abfluss in der Spüle wird mit einem Stopfen verschlossen.

4 Alles wird noch einmal mit klarem kalten Wasser abgespült.

5 Nun wird warmesWasser ins Spülbecken eingefüllt.

6 Dann wird der Rest des Geschirrs (Teller, Besteck …) auf gleiche Weise gesäubert.

7 Das gespülte Geschirr wird zum Abtropfen neben das Becken gelegt.

8 Anschließend wird ein wenig Spülmittel in das Spülbecken hineingegeben.

1 a. Bringe die Satzstreifen in die richtige Reihenfolge.
b. Schreibe die Anleitung zum Spülen richtig auf.

Spielidee

Wer kann die Arbeitsschritte beim Geschirrspülen am schnellsten ordnen?

a. Suche dir eine Partnerin oder einen Partner.
b. Faltet ein Zeichenblatt dreimal wie im Muster. Schneidet entlang den Kniffen Kärtchen aus.
c. Zeichnet für jeden Arbeitsschritt ein Bild auf ein eigenes Kärtchen. Einer zeichnet die ersten vier Bilder, der andere die letzten vier.
d. Mischt die Kärtchen.
e. Wer kann sie am schnellsten in die richtige Reihenfolge bringen?

„Wir überraschen Mama mit einem Kuchen“, sagt Vim. „Ich weiß ein ganz einfaches Rezept aus dem Kopf.“

ein Rezept schreiben

6 Eier wiegen
Mehl, so schwer wie 6 Eier, dazugeben
Zucker, so schwer wie 6 Eier, hineinschütten
Milch, so schwer wie 6 Eier, dazugießen
etwas Backpulver hinzufügen
alles verrühren
in Backform hineingeben
Backofen 170°, 45 Minuten

2 a. Was ist das Besondere an diesem Rezept? Wie werden die Zutaten abgewogen?
b. Schreibe das Backrezept für den 6-Eier-Kuchen auf.
c. Ihr könnt das Rezept auch ausprobieren.

Starthilfe

Man nehme …
Man gebe … dazu/schütte … hinein/
gieße … dazu/füge … hinzu/verrühre …/
gebe … hinein/backe …

Und wie kann hier geholfen werden???

Innenzelt an allen Ecken befestigen

Teleskopstangen durch Öffnungen des Innenzeltes schieben

beide Teleskopstangen zusammensetzen

Reißverschluss des Zelteingangs öffnen

Außenzelt darüber legen

Zeltleinen mit Heringen befestigen

Teleskopstangen spannen und befestigen (wo?)

kleine Zeltstangen des Eingangs mit Heringen und Leinen befestigen

Die Camper brauchen eine Anleitung für den Aufbau ihres Zeltes.

3 Schreibe eine Anleitung, die man leicht versteht und die beim Aufbau wirklich hilft.

eine Anleitung schreiben

Über einen Unfall berichten

Ein Unfall auf dem Schulhof

Wenn in der Schule ein Unfall passiert, wird in einem Unfallbericht genau aufgeschrieben, was geschah. In der Anne-Frank-Schule gibt es dafür einen Fragebogen.

1 Lies den Fragebogen.

einen Fragebogen lesen

Fragebogen zum Unfallhergang

- Wann genau passierte der Unfall?
- Wo genau passierte der Unfall?
- Wer wurde verletzt?
- Wo wurde er/sie verletzt?
- Wer war noch am Unfall beteiligt?
- Wie genau kam es zu dem Unfall?
- Wer hat den Unfall genau gesehen? Wer war Zeuge?

2 Beantworte die Fragen schriftlich.
Sieh dir dazu das Bild genau an und lies die Sprechblasen.

W-Fragen beantworten

Starthilfe

Wann genau passierte der Unfall?
Der Unfall passierte um 9.30 Uhr.

Über einen Unfall berichten

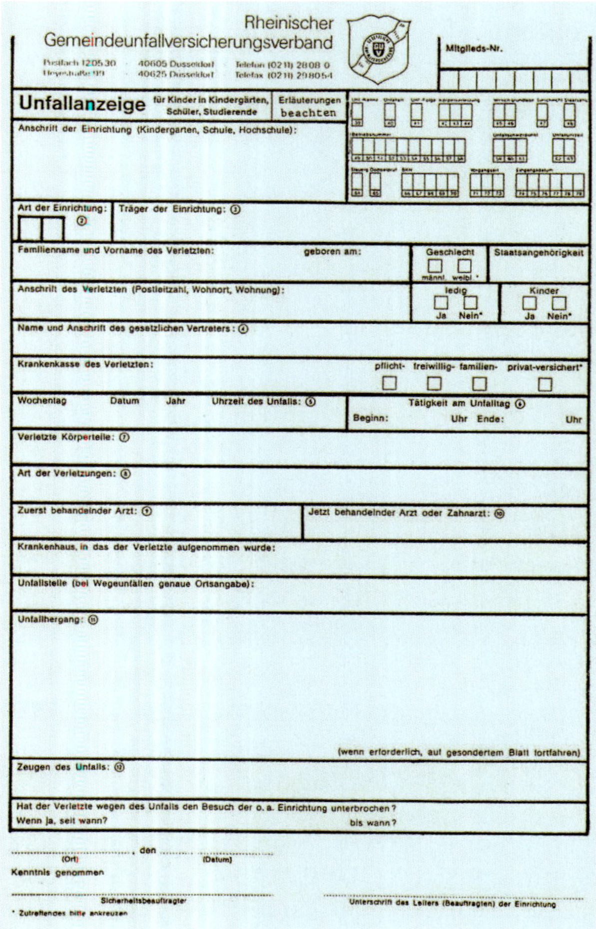

Rheinischer Gemeindeunfallversicherungsverband

Mitglieds-Nr.

Unfallanzeige für Kinder in Kindergärten, Schüler, Studierende | Erläuterungen beachten

Anschrift der Einrichtung (Kindergarten, Schule, Hochschule):

Art der Einrichtung: ② | Träger der Einrichtung: ③

Familienname und Vorname des Verletzten: | geboren am: | Geschlecht männl. weibl.* | Staatsangehörigkeit

Anschrift des Verletzten (Postleitzahl, Wohnort, Wohnung): | ledig Ja Nein* | Kinder Ja Nein*

Name und Anschrift des gesetzlichen Vertreters: ④

Krankenkasse des Verletzten: | pflicht- freiwillig- familien- privat-versichert*

Wochentag | Datum | Jahr | Uhrzeit des Unfalls: ⑤ | Tätigkeit am Unfalltag ⑥ Beginn: Uhr Ende: Uhr

Verletzte Körperteile: ⑦

Art der Verletzungen: ⑧

Zuerst behandelnder Arzt: ⑨ | Jetzt behandelnder Arzt oder Zahnarzt: ⑩

Krankenhaus, in das der Verletzte aufgenommen wurde:

Unfallstelle (bei Wegeunfällen genaue Ortsangabe):

Unfallhergang: ⑪

(wenn erforderlich, auf gesondertem Blatt fortfahren)

Zeugen des Unfalls: ⑫

Hat der Verletzte wegen des Unfalls den Besuch der o. a. Einrichtung unterbrochen?
Wenn ja, seit wann? | bis wann?

........................, den ....
(Ort) (Datum)

Kenntnis genommen

Sicherheitsbeauftragter | Unterschrift des Leiters (Beauftragten) der Einrichtung

* Zutreffendes bitte ankreuzen

Schulkinder sind unfallversichert. Passiert ein Unfall, wird er mit einem Formular der Versicherung gemeldet.

Für das Formular ist ein genauer Bericht über den Unfallhergang wichtig. Mehmet hat den Unfall genau gesehen.

3 Lies Mehmeds Aussage.

Was geschah vorher?
Was genau passierte dann?
Wer war beteiligt?
Wer wurde verletzt?
Wo wurde er verletzt?

Mehmed erzählt: „Also, Alex aus der 10a, der hat das bestimmt absichtlich gemacht! Aber vielleicht hat er es auch gar nicht gemerkt, so wie der gerannt ist. Also, Andrej aus der 6b, der hat Tischtennis gespielt – nein, er hatte gerade aufgehört. Die aus der 10a haben Fußball gespielt. Alex ist gegen Andrej gerannt, er hat Andrej einfach so umgeschubst. Andrej ist umgefallen, so nach vorn und genau auf die Ecke von der Tischtennisplatte und dann auf den Boden. Am Kopf vorn hat er geblutet. Mir ist ganz anders. Ich kann doch kein Blut sehen! Bestimmt hat er ’ne Gehirnerschütterung!“

Mit Hilfe deiner Antworten aus Aufgabe 2 und mit Mehmeds Aussage kannst du den Bericht verfassen.

Aufgabe 2 auf S. 203

einen Unfallbericht schreiben

4 Schreibe den Unfallbericht.
Schreibe auf, was nacheinander geschah.

Starthilfe

Am … um … Uhr wurde der Schüler …
auf dem Schulhof der … verletzt.
Der Unfall geschah wie folgt:
Die Schüler der Klasse 10a …

Arbeitstechnik

Berichten

Ein Bericht soll **knapp**, aber **genau** sein.
Er soll **einfach** und **klar** sein.
Er gibt Antworten auf die Fragen:

- **Wann** passierte es?
- **Wo** passierte es?
- **Was geschah** der Reihe nach?
- **Wer** war beteiligt?
- **Was** ist die **Folge**?

Ein Bericht wird im **Präteritum** geschrieben.

Wenn man über etwas Vergangenes schriftlich berichtet, verwendet man das Präteritum.

im Präteritum berichten

5 Überarbeite deinen Bericht.
Prüfe, ob du das Präteritum verwendet hast.

sie spielten
er rannte
er fiel
er lag
er blutete

Übungen zum Präteritum S. 56–57, 219, 258

Ein Bericht soll sachlich sein.
Sätze, die nur eine Meinung oder eine Vermutung wiedergeben, gehören nicht in einen Bericht.

6 Lies noch einmal, was Mehmed über den Unfall erzählt.
Welche Sätze sind Meinungen oder Vermutungen?

Unfallberichte zum Üben S. 256–257

Minireferate schreiben und halten

Das Thema aussuchen

Sami ist neu in der Klasse. Sie blättert im Buch: „Arbeitstechniken – was ist denn das?“ Die Klasse beschließt, die Arbeitstechniken in Minireferaten vorzustellen.

Den Inhalt vorbereiten

Pascale, Timo und Sami entscheiden sich für das Minireferat „Texte lesen – Bücher lesen“. Sie schlagen das Kapitel in ihrem Buch auf. „Da steig ich ja gar nicht durch! So viele Hinweise!“, meint Pascale. „Das sind doch zwei Teile“, bemerkt Timo.

die Gliederung erkennen

1 a. Suche zusammen mit einem Partner oder einer Partnerin das Kapitel im Buch.
b. Wie heißen die beiden Teile des Kapitels? Schreibt die Überschriften auf.
c. Erklärt, warum es zwei Teile gibt.

„In jedem der Teile werden Hinweise gegeben, wie man einen Text oder ein Buch besser verstehen kann", stellt Sami fest.

2 Wie viele Hinweise werden gegeben?
Notiert sie für jeden Teil.

„Nun brauchen wir nur noch die Hinweise zu erklären, einen nach dem anderen. –
Aber vorlesen sollen wir sie ja wohl nicht, oder?"

3 a. Lest euch jeden der beiden Teile einmal durch.

Notizen machen

b. Bearbeitet dann die Hinweise nacheinander.
Beginnt mit dem ersten Teil.
- Lest den ersten Hinweis.
- Schreibt die Überschrift auf.
- Notiert zu jeder Überschrift die Schlüsselwörter.

Starthilfe

Texte knacken
1. Bilder
   - erzählen viel über einen Text
   - erklären Wörter oder Textstellen
2. Überschrift
   - das Thema

   ...

4 Macht euch nun genauso Notizen zum Teilkapitel „Büchern begegnen".

Starthilfe

Büchern begegnen
1. Bilder
   - sagen, worum es im Buch geht

   ...

Den Vortrag vorbereiten

Pascale, Timo und Sami kennen nun den Inhalt ihres Referates. Aber es gehört noch mehr dazu. Das Minireferat muss richtig aufgebaut werden.

Zu Beginn des Vortrags solltet ihr die Überschrift nennen. Damit alle aufmerksam zuhören, solltet ihr eine Überschrift wählen, die neugierig macht.

eine Überschrift finden

5 Denkt euch eine Überschrift für das Minireferat aus.
- Ihr könnt euch eine eigene Überschrift überlegen.
- Ihr könnt auch eine Überschrift aus den Vorschlägen auswählen.

Ein Textknacker knackt jeden Text – und Bücher auch!

Ob Nüsse, Texte oder Bücher – ein Textknacker ist für alle da!

Wer knackt den Text?

Jetzt sagt ihr, worum es in dem Referat geht, was das Thema ist.

das Thema nennen

6 Überlegt gemeinsam, worum es in dem Kapitel geht.

Starthilfe
In diesem Referat geht es um …

Dann könnt ihr sagen, warum das Thema des Minireferates wichtig ist.

7 Überlegt, warum es wichtig ist, diese Arbeitstechniken zu kennen. Schreibt Stichworte dazu auf.

Starthilfe
Texte leichter verstehen
Bücher …

Daran schließt sich der Hauptteil des Referats an. Dazu braucht ihr eure Notizen.

Den Vortrag üben

Pascale, Timo und Sami wollen das Referat gemeinsam vor der Klasse halten. Sie einigen sich, wer welchen Teil vorstellt. Dann üben sie zusammen den Vortrag.

Überschrift
Thema
Warum das Thema wichtig ist
Hinweise zu „Texte knacken“
Hinweise zu „Büchern begegnen“

8 a. Lest noch einmal eure Notizen zum Referat.
b. Einigt euch, wer was vortragen möchte.

9 Übt jetzt, euren Teil vorzutragen.
a. Lest euch eure Notizen durch.
b. Versucht dann in ganzen Sätzen zu sprechen.

Starthilfe

1. Bilder
Bilder **können uns schon** viel über einen Text erzählen.
Bilder …

Arbeitstechnik

Freier Vortrag

- Stellt euch so hin, dass euch alle sehen können.
- Versucht **frei zu sprechen**.
- Orientiert euch an euren **Stichworten**.
- Schreibt **Schlüsselwörter** an die Tafel.
- **Schaut** beim Sprechen **die Zuhörer an**.

10 Wählt eine weitere Arbeitstechnik aus „Doppel-Klick“ aus.
Entwerft ein Minireferat für eure Klassenkameraden.
Denkt an die Stufen:

das Thema aussuchen → **den Inhalt vorbereiten** → **den Vortrag vorbereiten** → **den Vortrag üben**

Ein Flugblatt gestalten

mehr über Wale S. 86 – 97

Nach einem Projekt zum Thema „Wale“ sind sich alle in der Klasse einig: Auch wir müssen etwas zum Schutz der Wale tun! Mit einem Flugblatt will die Klasse andere informieren. Wie wäre es mit einem eigenen Flugblatt?

Zuerst hat die Klasse Stichpunkte für das Flugblatt gesammelt.

- große Netze: Wale verfangen sich
- Thunfisch schmeckt gut, deshalb egal, ob Wale mit gefangen werden
- Treibnetze: müssen verboten werden
- Gesang der Wale: schön, ich muss immer weinen
- seit 1986: Wale dürfen nicht mehr geschlachtet werden
- Geld: Geschäfte mit Walen
- Greenpeace: will Schutzgebiete für Wale auf der ganzen Welt
- Walfang: manche Länder fangen Wale, obwohl verboten

Stichpunkte auswählen

1 a. Wählt gemeinsam Stichpunkte für euer Flugblatt aus.
b. Zwei Punkte solltet ihr nicht aufschreiben. Welche sind es?

Diese Fotos von Walen hat die Klasse gefunden.

ein Foto auswählen

2 Welches Foto würdet ihr für das Flugblatt auswählen? Entscheidet euch für ein Foto.

Informationen über Wale beschaffen S. 97

Die Klasse hat Material der Umweltschutzorganisation Greenpeace besorgt. Dort können auch Kinder mitarbeiten. Schreibt selbst an Greenpeace.

Nun könnt ihr den Flugblatt-Text schreiben.

Sätze auswählen

3 Stellt den Text für das Flugblatt zusammen.
- Ihr könnt aus dem Angebot geeignete Sätze auswählen.
- Ihr könnt auch eigene Sätze schreiben.

<table>
<tr><td colspan="2">Wale
Die Wale sterben!
Sollen alle Wale sterben?
Nur noch wenige Wale!
Greenpeace!
Wählt Greenpeace!</td></tr>
<tr><td colspan="2">Wale verfangen sich in Treibnetzen der Fischer.
Wale werden mit gefangen, wenn die Fischer andere Fische fangen wollen.
Wale merken nicht, dass sie mit den Thunfischen in ein Treibnetz gelangen.</td></tr>
<tr><td colspan="2">Der Fang von Großwalen ist seit 1986 verboten.
Großwale dürfen seit 1986 nicht mehr geschlachtet werden.
Obwohl es verboten ist, gibt es Walfänger, die weiter Wale töten, weil sie viel Geld verdienen wollen.</td></tr>
<tr><td rowspan="3">Greenpeace bittet:
Greenpeace fordert:
Das möchte Greenpeace:
Greenpeace verlangt:</td><td>Keine Fischerei mit großen Treibnetzen!
Wir möchten keine Waljagd mehr.
Hört bitte auf mit dem Fischen!</td></tr>
<tr><td>Der Handel mit Walfleisch muss verboten werden!
Keiner darf mehr mit Walfleisch handeln.
Mit Walen sollen keine Geschäfte mehr gemacht werden!
Verbot: Handel mit Walfleisch!</td></tr>
<tr><td>Schutzgebiete für Wale!
Alle Meere müssen zum Schutzgebiet für Wale werden!
Alle Wale ins Schutzgebiet!</td></tr>
<tr><td>Wollt ihr was tun?
Das könnt ihr tun!
Das müsst ihr tun!</td><td>Sammelt Unterschriften!
Schreibt Briefe an die Fischer
Gründet einen Verein.
Gründet ein Greenteam*!</td></tr>
</table>

*Greenteam Greenpeace-Kindergruppe

Nun könnt ihr das Flugblatt gestalten.

4 Gestaltet das Flugblatt so, dass es anderen besonders auffällt.
- Schreibt eine auffällige Überschrift.
- Unterstreicht wichtige Wörter oder gestaltet sie farbig.
- Fügt ein Bild ein.

das Flugblatt gestalten

Hinweise dazu S. 187

Das Partnerdiktat

Trainingstexte und Wörterlisten S. 216–235

Die Trainingstexte und Wörterlisten auf den Seiten 216 bis 235 eignen sich gut für Partnerdiktate.
Bei einem Partnerdiktat geht es darum, mit Hilfe des Partners oder der Partnerin einen Text fehlerfrei aufzuschreiben.

Vorbereitung:

Erster Schritt: Lest zunächst jeder für sich den Trainingstext in aller Ruhe durch.
Zweiter Schritt: Diktiert euch gegenseitig die Wörter und Wortgruppen der Wörterlisten.
Dritter Schritt: Macht die Übungen, die nach den Wörterlisten folgen.
Vierter Schritt: Lest den Text noch einmal.
Sprecht über mögliche Rechtschreibklippen.
Fünfter Schritt: Bereitet dann den Text zum Diktieren vor:
Markiert Sinnschritte, die zusammenhängend diktiert werden sollen.

Durchführung:

Arbeitstechnik

Beim Diktieren:

- Setze dich so hin, dass du gut sehen kannst, was dein Partner schreibt.
- Lies den ersten Satz vor.
- Diktiere dann nacheinander die Sinnschritte.
- Bei einem Fehler sage sofort „Stopp“.
Lasse dem Partner Zeit, den Fehler zu finden.
- Gib Hilfen, wenn er den Fehler nicht findet.
Oder zeige den Diktattext.

Beim Schreiben:

- Höre dir den Satz in Ruhe an.
- Schreibe dann Sinnschritt für Sinnschritt.
- Schreibe nur in jede zweite Zeile.
Sage „Stopp“, wenn du nicht mitkommst.
- Lies den letzten Sinnschritt und versuche den Fehler zu finden.
- Lasse dir helfen, wenn du unsicher bist.
Streiche das Fehlerwort durch.
Schreibe das Wort richtig darüber.

Das Kassettendiktat

Du möchtest einen Trainingstext als Diktat üben, aber keiner hat Zeit, um dir etwas zu diktieren? Probiere es doch einmal mit einem Kassettendiktat. Du brauchst dafür einen Kassettenrekorder mit Aufnahmefunktion und möglichst Kopfhörer.

Trainingstexte und Wörterlisten S. 216–235

Vorbereitung:

Erster Schritt: Lies den Trainingstext zunächst in aller Ruhe durch.

Zweiter Schritt: Markiere Sinnschritte im Trainingstext.

Dritter Schritt: Sprich den Trainingstext Satz für Satz auf eine Kassette.
- Lies jeden Satz einmal ganz vor.
- Lies ihn dann noch einmal. Mache dabei eine Pause nach jedem Sinnschritt.
- Sprich langsam und deutlich.

Vierter Schritt: Spule die Kassette zurück bis zum Anfang.

Durchführung:

Beachte diese Regeln genau.

1. Benutze Kopfhörer oder einen Walkman. So werden die anderen nicht gestört.
2. Höre dir einen Satz an. Drücke dann auf Pause. Du kannst natürlich jederzeit ein Stück zurückspulen.
3. Höre dir dann den ersten Sinnschritt noch einmal an. Schreibe ihn auf.
4. Schreibe so den Text Sinnschritt für Sinnschritt in dein Heft. Beschreibe nur jede zweite Zeile.
5. Vergleiche deinen Text mit der Vorlage. Vergleiche Wort für Wort.
6. Entdeckst du einen Fehler, streiche das Wort durch. Schreibe es richtig in die Zeile darüber.

Achtung: Spule die Kassette für den Nächsten zurück.

Das Schleichdiktat oder Laufdiktat

Trainingstexte und Wörterlisten S. 216–235

**Es heißt Laufdiktat, Schleichdiktat, Eigendiktat …
Es ist immer dasselbe und es bringt Spaß.
Mit dem Schleichdiktat kannst du gut allein üben.
Wende es zu Hause oder im Wochenplan an.**

Vorbereitung:

Erster Schritt: Wähle einen der Trainingstexte aus.
Zweiter Schritt: Lies den Text einmal in Ruhe durch.
Dritter Schritt: Markiere Sinnschritte im Trainingstext.
Vierter Schritt: Lege das Buch mit dem aufgeschlagenen Trainingstext auf einen weit entfernten Tisch.

Durchführung:

Beachte diese Regeln genau.

1. Schleiche leise zum Tisch mit dem Diktattext.
2. „Fotografiere“ nun die Wörter des ersten Sinnschrittes.

3. „Trage“ die Wörter im Kopf zu deinem Arbeitsplatz.
4. Schreibe sie in dein Heft.
   Beschreibe nur jede zweite Zeile.
5. Schleiche so oft hin und her, bis der gesamte Text in deinem Heft steht.
6. Kontrolliere selbst:
   Nimm dein Heft mit zum Diktattisch.
   Vergleiche Wort für Wort.
7. Entdeckst du einen Fehler, streiche das Wort durch.
   Schreibe es richtig in die Zeile darüber.

Das Abschreiben

Abschreiben ist für richtiges Schreiben von besonderer Bedeutung. Es will jedoch gelernt sein. Mit den Trainingstexten in diesem Kapitel kannst du das Abschreiben üben.

Trainingstexte und Wörterlisten S. 216–235

Vorbereitung:

Erster Schritt: Lies den Trainingstext zunächst in aller Ruhe durch.
Tipp: Lies ihn laut, wenn du niemanden damit störst.

Zweiter Schritt: Schreibe dann die Wörter der Wörterliste mehrmals ab, die zum Trainingstext gehört.
- Lies ein Wort oder eine Wortgruppe.
- Schreibe das Wort oder die Wortgruppe dreimal auswendig auf.
- Kontrolliere sofort sorgfältig.

Dritter Schritt: Mache die Übungen, die nach den Wörterlisten folgen. So bist du noch besser auf das Abschreiben vorbereitet.

Durchführung:

1. Lies den Text noch einmal langsam und sorgfältig.
2. Präge dir die Wörter des ersten Sinnschrittes genau ein.
   Lies dazu nochmals Silbe für Silbe, Wort für Wort.
3. Jetzt schreibe die Wörter auswendig auf.
   Schreibe langsam und ordentlich. Schreibe nicht zu eng.
4. Schreibe den Text Sinnschritt für Sinnschritt in dein Heft.
   Beschreibe nur jede zweite Zeile.
5. Vergleiche deinen Text mit der Vorlage.
   Vergleiche Wort für Wort.
6. Korrigiere deine Fehler.
   Streiche Fehlerwörter durch.
   Schreibe sie richtig in die Zeile darüber.
7. Schreibe die Fehlerwörter auf Lernkärtchen.
   Sammle sie in der Fehlerkartei.

Ein Tipp zum Schluss: Schreibe alle Rechtschreibübungen in ein Extraheft – dein Rechtschreibheft.

1. Trainingseinheit

Auf den Seiten 212 bis 215 kannst du nachlesen, wie du mit den Trainingseinheiten arbeiten kannst.

Liebe Olga! |
Vielen Dank | für deinen | ehrlichen Brief. | Er hat mir | die Augen geöffnet. | Ich habe mich | wirklich | hundsgemein benommen. | Ich hoffe, | dass du | meine Entschuldigung | annehmen kannst. | Ich weiß | nämlich jetzt, | dass wahre | Freundschaft | eigentlich | Freude und Spaß | machen sollte. | Darum wird | mein nächster Besuch | bei dir | bestimmt | ganz anders sein. | Ich glaube | ganz fest, | dass wir | dann endlich | gemeinsam | spielen werden. | Liebe Olga, | ich habe dich | doch auch | schrecklich lieb. | Vielleicht | wird jetzt | alles gut. |

Herzliche Grüße |
dein hundsgemeines Luder |
Martina |

mehr über Freundschaft S. 8–21

1. Lies den Text.

2. Schreibe die Wörter der Wörterliste dreimal.

Übungen zu Wörtern mit ck S. 238

vielen Dank	annehmen	endlich
ehrlich	nämlich	gemeinsam
der Brief	wahre Freundschaft	schrecklich
öffnen	eigentlich	vielleicht
wirklich	Freude und Spaß	herzliche Grüße
benehmen	mein nächster Besuch	
die Entschuldigung	bestimmt	

Diese Satzanfänge kommen häufig vor:

Ich hoffe, dass … / Ich weiß, dass … / Ich glaube, dass …

Übung zu dass S. 226

3. a. Schreibe sie untereinander auf.
   b. Schreibe die Sätze dann zu Ende.

Diese Wörter mit einem h kommen immer wieder vor:

Wörter mit h

ehrlich, wahr, während, die Gefahr, nehmen, die Uhr, wohnen, fehlen, fühlen, sehr, ungefähr, wohl, der Sohn, wahrscheinlich, sehnen, der Stuhl, die Zahl, zehn

4 Ordne die Wörter nach dem Alphabet.

nach dem Alphabet ordnen S. 184–185

Auch Nomen, die etwas bezeichnen, das man nicht anfassen kann, werden großgeschrieben:

Nomen großschreiben

Freude, Spaß, Wunsch, Lust, Ehre, Stille, Trauer, Glück, Angst, Wut, Weile, Ruhe, Liebe, Hunger, Frieden, Hass, Himmel, Gott

5 Suche dir eine Partnerin oder einen Partner.
Diktiert euch die Wörter gegenseitig.

Nomen werden großgeschrieben.

Hinweise zum Partnerdiktat S. 212

6 Beim Briefanfang hast du die Wahl.

Zeichensetzung am Briefanfang

Liebe Olga!	Liebe Olga,
Vielen Dank …	vielen Dank …

Denke daran, wenn du das nächste „Briefchen“ schreibst.

Spezialtraining

7
- Schreibe die Wörter **nämlich**, **endlich**, **vielleicht** auf Plakate.
- Schreibe in deiner schönsten Schrift.
- Benutze einen besonderen Stift.
- Die schönsten Plakate werden im Klassenraum aufgehängt.
- Im Laufe des Schuljahres kommen neue Wörter dazu.
- Wählt sie zusammen mit eurer Deutschlehrerin oder eurem Deutschlehrer aus.

ein Plakat für das Rechtschreibtraining gestalten

8 Schreibe den Trainingstext ab.
Beachte die Tipps zum Abschreiben.

Abschreibtipps S. 215

9 Du kannst den Text auch als Dosendiktat schreiben.

Dosendiktat S. 273

2. Trainingseinheit

Spielt mit! |
Martina und Olga | spielen jetzt | häufig zusammen. | Heute dürfen sogar | ihre Mitschülerinnen | Marina, Elena und Steffi | mitspielen. | Musik erklingt | im Klassenzimmer | und die fünf Mädchen | beginnen | mit einem Tanzspiel. | Zuerst | bewegen sie sich | ganz langsam. | Dann aber | wird die Musik | schneller | und die Bewegungen | der Mädchen | werden ebenfalls schneller. | Jetzt klatschen sie | gemeinsam | und bilden | einen Kreis. | Plötzlich hört | die Musik auf. | Niemand | darf sich mehr | bewegen. | Alle erstarren | in der letzten Bewegung. | Als die Musik | wieder beginnt, | lachen alle. | „Martina, | du sahst eben | wirklich | komisch aus“, | bemerkt Olga. |
Auf einmal kommen | Timo und Lars | ins Klassenzimmer. | „Spielt mit!“, | ruft Martina | freundlich. |

Mehr Spiele findest du auf S. 22–33.

1. Lies den Text.

2. Schreibe die Wörter der Wörterliste zweimal.

Übungen zu Wörtern mit ss, mm, nn S. 239

jetzt	beginnen	erstarren
häufig	das Tanzspiel	sehen
die Mitschülerin	die Bewegung	bemerken
die Mitschülerinnen	ebenfalls	auf einmal
mitspielen	klatschen	kommen
das Klassenzimmer	der Kreis	freundlich
erklingen	niemand	

Komma in als-Sätzen

Beginnt ein Satz mit als,
folgt häufig etwas später ein Komma.
Das Komma steht zwischen zwei Verben.

Als die Musik wieder beginnt, lachen alle.

3. a. Schreibe den als-Satz aus dem Text ab.
b. Schreibe selbst drei als-Sätze.

4 In der Wörterliste stehen acht Verben im Infinitiv (Grundform).
a. Lege eine Tabelle mit drei Spalten an.
b. Schreibe in die linke Spalte die Infinitive, in die mittlere je eine Präsensform, in die rechte Spalte die passende Präteritumform.

Verbformen im Präsens und im Präteritum bilden

Starthilfe

Infinitiv passieren	Präsens Das passiert jetzt.	Präteritum Das passierte gestern.
mitspielen erklingen beginnen …	ich spiele mit sie erklingt …	ich spielte mit sie erklang …

Wörter mit äu sind von Wörtern mit au abgeleitet.

häufig ← der Haufen die Verkäuferin ← kaufen

Wörter ableiten: äu ← au

5 Überprüfe die Schreibung.
a. Von welchen Wörtern sind die folgenden Wörter abgeleitet?
b. Schreibe die Wörter und ihre Ableitungen in dein Rechtschreibheft.

der Räuber, gebräuchlich, das Gebäude, aufräumen, käuflich, häuslich, äußerlich, das Geräusch, bräunlich

Starthilfe
der Räuber ← rauben
…

6 Im Trainingstext stehen zwei wörtliche Reden.
a. Schreibe sie mit dem Begleitsatz heraus.
b. Schreibe sie noch einmal.
Nun soll der Begleitsatz vorn stehen.

Starthilfe
Olga bemerkt: „ … “
…

wörtliche Rede

Wissenswertes zur wörtlichen Rede auf S. 276

7 Schreibe selbst zwei weitere wörtliche Reden, einmal mit dem Begleitsatz vorn und einmal mit dem Begleitsatz hinten.

8 Schreibe den Trainingstext ab.

Abschreibtipps S. 215

9 Du kannst den Text auch abwechselnd mit einer Partnerin oder einem Partner diktieren und schreiben.
Wechselt nach jedem Satz. Alle Satzzeichen mitdiktieren!

Hinweise zum Partnerdiktat S. 212

3. Trainingseinheit

Texte zu Angst und Mut findest du auch auf S. 60–71.

Geschafft |

Dunkle Wolken | zogen auf | und der Wind wurde | immer stärker. | Lars und Stefan | erhöhten | ihre Geschwindigkeit. | Kräftig traten sie | in die Pedalen | ihrer Fahrräder. | „Wir schaffen es | noch rechtzeitig | bis nach Hause“, | rief Lars. | Auf einmal | fielen | die ersten Regentropfen. | In der Ferne | zuckte ein Blitz | am Himmel | und ein gewaltiger | Donnerschlag | folgte | etwas später. |

„Stefan, | schneller!“, | schrie Lars. | Die Jungen | bekamen | ein wenig Angst. | Der Regen | wurde stärker | und heftig | blies ihnen | der Wind | ins Gesicht. | Das Fahren | war jetzt | sehr anstrengend. | Endlich | waren sie | zu Hause. | Als sie gerade | ins Haus | sausten, | blitzte | es wieder | und der Donner | folgte sofort. | Erleichtert | bemerkte Stefan: | „Geschafft.“ |

1. Lies den Text.

2. Schreibe die Wörter der Wörterliste zweimal.

Übungen zu Wörtern mit pf S. 239

sie zogen	rechtzeitig	der Donnerschlag
sie erhöhten	nach Hause	sie bekamen
die Geschwindigkeit	auf einmal	heftig
sie traten	sie fielen	das Fahren
die Pedalen	die Regentropfen	endlich
das Fahrrad	in der Ferne	zu Hause
die Fahrräder	gewaltig	sie sausten

3. Wähle drei Wörter oder Wortgruppen aus.
Schreibe jeweils einen Satz damit auf.

Verben werden zu Nomen

> Aus Verben können Nomen werden.
> Der Artikel **das** macht's.
> fahren – **das** Fahren

4 Bilde ebenso aus den folgenden Verben Nomen.

aus Verben Nomen bilden

ziehen, treten, fallen, kommen, sausen

Die Jungen	erhöhten	ihre Geschwindigkeit.
Sie	traten	kräftig in die Pedalen.
Sie	bekamen	ein wenig Angst.
Sie	schafften	es gerade noch.

5 a. Schreibe die Sätze ab.
b. Bilde die Präsensformen. Schreibe die Sätze im Präsens auf.

Sätze im Präsens aufschreiben

Neue Wörter bauen

Nomen oder Verb		Nomen	zusammengesetztes Nomen
der Regen	+	der Tropfen	= der Regentropfen

6 Baue neue Wörter.

zusammengesetzte Nomen bilden

der Donner	+	der Schlag	der Unterricht	+	die Stunde
fahren	+	das Rad	die Geburt	+	der Tag
die Klasse	+	der Raum	fernsehen	+	der Apparat
die Schule	+	das Heft	das Ende	+	das Spiel
baden	+	das Zimmer	die Klasse	+	die Lehrerin

7 Schreibe nun den Trainingstext ab.

Hinweise zum Abschreiben S. 215

8 Oder schreibe den Trainingstext als Schleichdiktat.

Schleichdiktat S. 214

4. Trainingseinheit

Modenschau |

Langsam | hob sich | der Vorhang. | Die spezielle | Modenschau der 6b | begann. | Leise Musik | ertönte | und Sabine | tänzelte | auf die Bühne. | Sie trug | ein Fantasiekleid | voller echter, | bunter Blumen. | Sie sah | ein bisschen | wie ein riesiger | Blumenstrauß aus. | „Herzliche Grüße | aus einer | prachtvollen | Sommerwiese", | rief Olga, | unsere Klassensprecherin, | ins Publikum. | Auch die anderen | Jahreszeiten | erschienen | in ihrer ganzen | Schönheit | und Besonderheit | auf der Bühne. | Frühlings-, | Sommer-, | Herbst- | und Wintermelodien | begleiteten | die Vorführungen. |

Schließlich | kamen alle | noch einmal zurück | und ein außergewöhnliches | Jahresbild entstand. | Der Sommer | tanzte | mit dem Winter | und der Herbst | mit dem Frühling. | „Eigentlich | wollten wir | auch noch | die neuen Kleider | des Kaisers | vorführen, | doch die Mehrheit | war davon | gar nicht | begeistert", | sagte Olga | noch lachend, | als der Vorhang | fiel. |

Eine Modenschau könnt ihr auf S. 46–47 vorbereiten.

1. Lies den Text.

2. a. Schreibe die Wörter der Wörterliste zweimal.
   b. Du kannst dir die Wörter auch von einem Partner oder einer Partnerin diktieren lassen.

Partnerdiktat S. 212

der Vorhang	riesig	die Vorführung
speziell	der Blumenstrauß	schließlich
ertönen	prachtvoll	noch einmal
tänzeln	das Publikum	außergewöhnlich
die Bühne	die Schönheit	die Mehrheit
das Fantasiekleid	die Besonderheit	gar nicht
ein bisschen	die Frühlingsmelodien	fallen – er fiel

Übungen zu Wörtern mit vor S. 240

Getrennt schreiben

Gar nicht wird gar nicht zusammengeschrieben.

3 Genauso ist es bei den folgenden Wortgruppen. Schreibe mit jeder Wortgruppe einen Satz auf.

ein bisschen, noch einmal, auf einmal, ein wenig

Nomen mit -ung, -keit und -heit

Nomen mit -ung, -keit, -heit

Wörter mit den Endungen -ung, -keit, -heit sind **Nomen**. Sie werden großgeschrieben. Alle Wörter mit -ung, -keit, -heit haben den Artikel die.

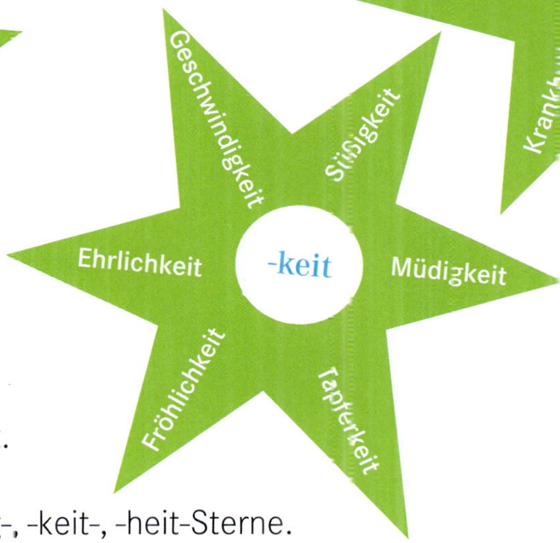

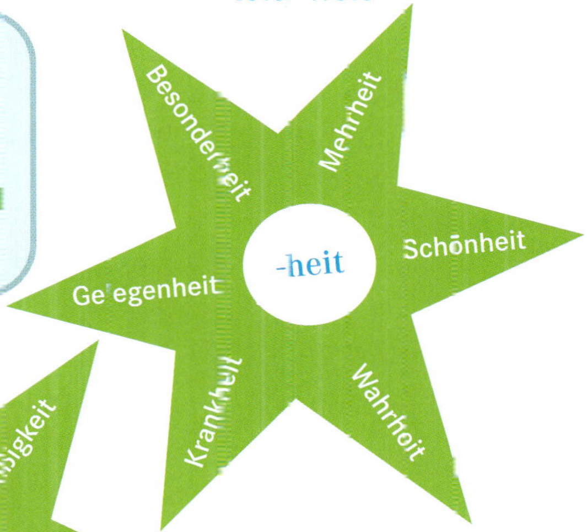

4 Übertrage die Sterne in dein Heft.

5 Schreibe und zeichne selbst -ung-, -keit-, -heit-Sterne. Vielleicht hat einer deiner Sterne sogar acht oder mehr Strahlen.

6 Schreibe den Trainingstext ab.

Abschreibtipps S. 215

7 Oder schreibe den Text als Schleichdiktat.

Schleichdiktat S. 214

5. Trainingseinheit

Achtung! Ein intelligentes, witziges Fehlerteufelchen hat im Text seine Spuren hinterlassen. Du findest sie bestimmt.

Mehr Spuren kannst du auf S. 48–59 suchen.

Spurensuche |

„Liebes Rind, | aufstehen!“, | rief meine Mutter | heute Morgen. | Noch ein wenig müde | bewegte ich | meine Steine | zur Fettkante. | Beim Aufstehen | sah ich | auf dem Stuhl | vor meinem Fett | meine Hasen, | meinen Bock | und meine Blume. | Ich überlegte | kurz: | „Hase, Bock | oder Blume?“ | Ich entschied mich | für den Bock | und die rote Blume. | In der Küche | war der Tisch | schon geleckt | und ein frisches Boot | lag auf dem Fisch. | Da kam | meine Mutter | mit einer Wanne | Kakao. | Sie fühlte | meine Kasse | und ich genoss | den weißen Kakao. | Dann sagte ich: | „Liebe Butter, | gib mir bitte | die Mutter.“ | Ich strich | die Mutter | auf mein Boot | und legte | eine Scheibe Durst | darauf. | Als ich endlich | fettig war, | lief ich | sinkend | zum Spielen | in den Garten. |

1 Lies den Text.

2 a. Schreibe die Wörter auf, in denen das Fehlerteufelchen seine Spuren hinterlassen hat.
b. Setze das richtige Wort dazu.

Starthilfe
Rind – Kind
…

3 Schreibe die Wörter der Wörterliste zweimal.

Übungen zu Wörtern mit i S. 241

sie rief	kurz	sie gibt
heute Morgen	ich entschied	ich strich
ein wenig	sie kam	endlich
beim Aufstehen	der Kakao	ich lief
ich sah	ich genoss	zum Spielen

4 a. Schreibe die Verbformen aus der Wörterliste auf.
b. Setze den Infinitiv (die Grundform) hinzu.

Starthilfe
sie rief – rufen
…

Starke Wörter: beim und zum

Aus Verben können Nomen werden.
Die starken Wörter beim und zum machen's.
aufstehen – beim Aufstehen
spielen – zum Spielen

5 Mache aus den folgenden Verben ebenfalls Nomen.
Schreibe sie zuerst mit **beim** und dann mit **zum** auf.

aus Verben Nomen bilden

genießen, laufen, fühlen, fahren, hören

In diesen Wörtern steckt das Wort Ende.
Darum wird die Silbe end- mit d geschrieben.

Wörter mit end-

endlich – das Warten ist zu Ende

endlos – ohne Ende

endgültig – bis zum Ende gültig

das Endspiel – das Spiel am Ende eines Wettbewerbs

enden – etwas ist zu Ende

6 a. Diktiere einer Partnerin oder einem Partner die Worterklärungen. Sie oder er schreibt dann das Wort dazu.
b. Dann diktiert der oder die andere die Wörter. Du schreibst die Worterklärungen dazu.

Partnerdiktat S. 212

7 a. Schreibe selbst eine kleine Geschichte, in der das Fehlerteufelchen seine Spuren hinterlassen hat.
b. Diktiere deine Geschichte deinem Partner oder deiner Partnerin.

eine Geschichte schreiben

8 Schreibe den Trainingstext ab.

Abschreibtipps S. 215

9 Du kannst den Trainingstext auch auf Kassette sprechen und als Kassettendiktat üben.

Kassettendiktat S. 213

6. Trainingseinheit

Missverständnisse |
Eines Tages | besuchen Karagöz | und Hacivat | ein Fest. | Überrascht | entdecken sie, | dass die Familie Kampmann | auch anwesend ist. | Sie erinnern sich | an ihren Besuch. | Weil am Tisch | der Kampmanns | noch Platz ist, | gehen beide | zu ihnen. | Auf dem Weg | dorthin | flüstert Karagöz | Hacivat ins Ohr: | „Alle Leute hier | kennen offensichtlich | die Sitten und Bräuche | der anderen. | Niemand missversteht | irgendetwas.“ | Als sie den Tisch | der Kampmanns | fast erreicht haben, | steht plötzlich | Herr Kampmann | freundlich lächelnd auf. | Er hebt | seine Hand | mit der Handfläche | nach oben | und lässt sie | wieder fallen. | Jetzt kommt es | doch noch | zu Missverständnissen. | Karagöz bleibt | verdutzt stehen | und Herr Kampmann | wiederholt | die einladende Geste. | Doch Karagöz | schüttelt heftig | seinen Kopf | und Herr Kampmann | wundert sich sehr. | Dann beginnt | Frau Kampmann | herzhaft zu lachen | und Hacivat | bemerkt leise: | „Karagöz, | ich glaube, | dass ich dir | noch einmal | etwas erklären muss.“ |

Mehr über Sitten und Bräuche kannst du auf S. 77–83 nachlesen.

1. Lies den Text.

2. Schreibe die Wörter der Wörterliste einmal.

Übungen zu Wörtern mit ent- S. 241

das Missverständnis	flüstern	lassen
überrascht	offensichtlich	verdutzt
entdecken	Sitten und Bräuche	die einladende Geste
anwesend	der anderen	schütteln
erinnern	irgendetwas	herzhaft
ihnen	lächelnd	noch einmal

3. Schreibe die Satzanfänge untereinander auf. Schreibe sie zu Ende.

Ich hoffe, dass …
Er erklärte ihm, dass …
Sie weiß, dass …
Wir glauben, dass …
Ich wette, dass …
Ich denke daran, dass …

Wissenswertes zu dass-Sätzen S. 276

Wörter mit ä

Wörter mit dem Umlaut ä
Wörter mit ä kann man von anderen Wörtern ableiten:
lächeln **kommt von** lachen
du hältst **kommt von** halten

4 Mache es mit diesen Wörtern genauso.

gefährlich, quälen, kräftig, die Hände, die Sätze, du fällst, dieWälder, zählen, mächtig

Starthilfe
gefährlich – die Gefahr
quälen – …
…

Wörter mit kurzem Vokal

Kurzer Vokal (Selbstlaut) – doppelter Konsonant (Mitlaut)
Die Vokale sind: a, e, i, o, u; ä, ö, ü

Missverständnis (kurz)   erinnern (kurz)

5 a. Schreibe alle weiteren Wörter mit kurzem Vokal und doppeltem Konsonanten aus der Wörterliste auf.
b. Das Wort **überrascht** gehört nicht dazu, obwohl auch in diesem Wort zwei gleiche Konsonanten nebeneinander stehen. Berate dich mit einem Partner oder einer Partnerin, warum dieses Wort nicht dazugehört.

6 Ordne alle Wörter mit einem Doppelkonsonanten nach dem Alphabet.

Wörter mit miss-

7 a. Zeichne einen Stern mit zwölf Strahlen.
b. Schreibe in die Mitte die Vorsilbe miss-. Trage die folgenden Wörter in die Strahlen ein.

missverstehen, missachten, missbrauchen, misshandeln, missglücken, misslingen, missmutig, misstrauen, misstrauisch

8 Schreibe den Trainingstext ab. Abschreiben S. 215

9 Oder schreibe den Text als Partnerdiktat. Partnerdiktat S. 212

7. Trainingseinheit

„Moby Dick | oder Der weiße Wal“ |
So heißt | der bekannteste Roman | des amerikanischen Schriftstellers | Herman Melville. | Melville wurde 1819 | in New York geboren | und starb dort auch | im Jahre 1891. | Damals war | das Fangen | von Walen | ein äußerst | gefährliches Unternehmen. | Im Roman | geht es | um Kapitän Ahab | und Moby Dick, | einen starken, | weißen Wal. | Ahab gelingt es nicht, | diesen Wal | zu töten. | Er ist intelligenter | und mutiger | als alle anderen Wale. | Ahab will ihn | aber trotzdem haben. | Wie ein Besessener | durchkreuzt | er die Meere. | Als es | zur letzten Begegnung | kommt, | verliert Ahab | den Kampf | und muss | mit seinem Leben | bezahlen. | Vielleicht | hast du | im Fernsehen | bereits | die gelungene Verfilmung | des Romans gesehen. | Die nächste Wiederholung | kommt bestimmt. |

mehr Informationen über Wale auf S. 86 – 97

1. Lies den Text.

2. Schreibe die Wörter der Wörterliste dreimal.

Übungen zu Wörtern mit tz S. 242

der Roman	das Unternehmen	verlieren
amerikanisch	der Kapitän	müssen – er muss
der Schriftsteller	töten	vielleicht
New York	intelligent	bereits
das Fangen	trotzdem	die Verfilmung
äußerst	durchkreuzen	die Wiederholung
gefährlich	die Begegnung	

Komma in als-Sätzen auch auf S. 218, 276

3. Im Text gibt es einen als-Satz.
Finde den Satz.
Schreibe ihn ab.

Amerika – amerikanische Kinder, Polen – polnische Musik

Adjektive aus Ländernamen

4. Bilde Adjektive aus diesen Ländernamen:
Russland, Türkei, England, Iran, Italien, Spanien

Wörter mit ver-: verfilmen, der Verband

Verben und Nomen mit ver-

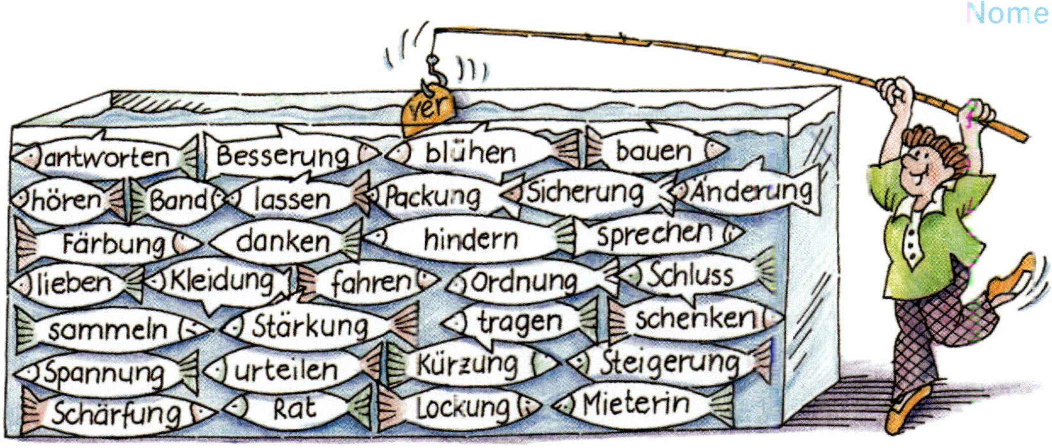

5 Angle dir die Fische aus dem Aquarium!
- Fange ein Verb. Verbinde es mit ver-:
  Ein neues Verb entsteht. Schreibe es auf.
- Fange ein Nomen. Verbinde es mit ver-:
  Ein neues Nomen entsteht.
  Schreibe es mit Artikel auf.

Starthilfe
antworten – verantworten
die Besserung – die Verbesserung

Kurzer Vokal ss – langer Vokal ß
vergessen – aber vergaß

Verben mit ss und ß

fassen – fasst – fasste – gefasst
kurz – kurz – kurz – kurz

essen – isst – aß – gegessen
kurz – kurz – lang – kurz

passen – passt – passte – gepasst
kurz – kurz – kurz – kurz

fressen – frisst – fraß – gefressen
kurz – kurz – lang – kurz

vergessen – vergisst – vergaß – vergessen
kurz – kurz – lang – kurz

6 Schreibe eine Verbreihe nach der anderen auswendig auf.

7 Die Verbreihen kannst du auch als Dosendiktat üben.

Dosendiktat S. 273

8 Schreibe den Trainingstext ab.

Abschreibtipps S. 215

8. Trainingseinheit

Aus dem Leben eines Buches |

Ich bin | ein großes, | dickes Buch | und stand | viele Wochen | mit meinen Schwestern | und Brüdern | einsam | in einem großen Raum | in einem Regal. |
Eines Tages jedoch | kam eine Frau | in meine Nähe, | griff mich | und schlug | mich auf. | Dann | murmelte sie: | „Endlich | habe ich es | gefunden." | Nun begann | mein wahres Leben. | Ich wurde sorgfältig verpackt | und am nächsten Morgen | lag ich | auf dem Geburtstagstisch | von Maria. | Später | nahm sie mich | strahlend | in ihre Hände | und begann | in mir | zu lesen, | als ob sie | auf mich | gewartet hätte. | „Endlich | ist es so weit, | ich habe | einen Menschen, | der wirklich | zu mir gehört", | dachte ich | voller Freude. | Abends | holte sie | mich wieder | und dann | war es | irgendwann | ganz dunkel. | Dann kam | eine einsame Zeit | für mich. | Verlassen | stand ich wieder | im Regal. | Glücklicherweise | passierte bald | etwas Schönes. | Maria und Birgit | traten ins Zimmer. | Maria griff mich, | blätterte | und plötzlich | fing sie | an vorzulesen. | Ich hörte mich | sozusagen selbst. | Birgit lachte | fröhlich dabei. | Dann steckte mich | Birgit in eine Tasche. | Wie es | mit mir | weiterging, | kannst du dir | sicher denken. |

mehr über Bücher S. 98–113

1 Lies den Text.

2 a. Schreibe die Wörter der Wörterliste zweimal.
b. Du kannst sie auch mit einem Partner oder einer Partnerin üben.

Partnerdiktat S. 212

viele Wochen	am nächsten Morgen	blättern
in einem großen Raum	Geburtstagstisch	sozusagen
die Nähe	strahlend	glücklicherweise
greifen – sie griff	hätte	etwas Schönes
murmeln	voller Freude	weitergehen
mein wahres Leben	abends	
sorgfältig	irgendwann	

Übungen zu Adjektiven mit -ig S. 242

3 Wähle drei Wörter oder Wortgruppen aus.
Schreibe Sätze mit ihnen auf.

Noch ein starkes Wort: etwas

Etwas macht Adjektive zu Nomen.
schön – **etwas** Schönes

4 Mache es genauso mit den folgenden Adjektiven.
schwierig, interessant, schlimm, süß, angenehm, traurig, herrlich

aus Adjektiven Nomen bilden

… und dann war es irgendwann dunkel.

Zusammensetzungen mit irgend-

Zusammensetzungen mit irgend- werden immer zusammengeschrieben.

5 Vervollständige die folgenden Sätze.
Welche Zusammensetzung mit irgend- passt an den Anfang?
Probiere es aus. Schreibe die Sätze in dein Heft.

… werde ich dich bestimmt besuchen.
… stimmt hier nicht!
… werde ich die Arbeit schon schaffen.
… stieß mich aus Versehen an.
… werde ich endlich Ruhe finden.
… Lehrer lächelte mich freundlich an.

irgendein
irgendetwas
irgendjemand
irgendwann
irgendwie
irgendwo

Wörter mit d am Ende
Das Verlängern hilft.

Wörter mit d

strahlend – strahlende Kinderaugen, tanzend – tanzende Paare

6 Mache es genauso. Verlängere diese Wörter.
anwesend, laufend, klatschend, spannend, lächelnd

Wörter verlängern

7 Schreibe den Trainingstext ab. Beachte dabei die Abschreibtipps.

8 Oder übe den Text als Kassettendiktat.

Hinweise zum Kassettendiktat S. 213

9. Trainingseinheit

Ein besonderer Tagebucheintrag |

Ich bin | überglücklich. | Bisher | hat niemand | eine Ahnung davon. | Liebes Tagebuch, | dir aber | möchte ich nun | mein Geheimnis | anvertrauen. | Du kennst ja | Rebecka, | ich habe dir ja | schon viele Geschichten | über sie erzählt. | Heute Nachmittag | traf ich sie | zufällig | in einem Kaufhaus. | Du weißt ja, | dass ich | sie heimlich | unheimlich mag. | Beim Treffen | heute Nachmittag | geschah | etwas Wunderbares. | Im Vorübergehen | trafen sich | unsere Blicke | und ein Lächeln | schwebte zu mir | herüber. Im gleichen Moment | sprach mein Herz: | „Sie mag | dich auch.“ | Mit dieser | tiefen Gewissheit | verließ ich | das Kaufhaus. | Ich war | wie verwandelt | und die Welt | draußen | schien nur noch | voller Freundlichkeit | und Fröhlichkeit | zu sein. | Liebes Tagebuch, | ich bin verliebt. |

Rebecka, | du bist schön, | ..., | ... und ... |

Bert |

mehr Geschichten über Bert auf S. 154 – 165

1. Lies den Text.

2. Wie ist Rebecka noch?
In der Aufzählung am Ende des Tagebucheintrags fehlen drei Teile.
Schreibe den Satz ab. Ergänze dabei die Teile.

3. Schreibe die Wörter der Wörterliste zweimal.

Übungen zu Wörtern mit h S. 243

überglücklich	heute Nachmittag	ein Lächeln
bisher	zufällig	die Gewissheit
eine Ahnung	heimlich	verwandelt
davon	beim Treffen	draußen
mein Geheimnis	etwas Wunderbares	die Freundlichkeit
viele Geschichten	im Vorübergehen	die Fröhlichkeit

Komma bei Anreden

Der Tagebuchtext enthält drei Anreden, die durch Kommas vom Satz abgetrennt sind. Eine hast du schon geschrieben.

4. Schreibe die Sätze mit den beiden anderen Anreden in dein Heft.

Die starken Endungen im Überblick

Nomen mit -ung, -keit, -heit, -nis

die Ahnung – die Freundlichkeit – die Gewissheit – das Geheimnis

Wörter mit den Endungen -ung, -keit, -heit, -nis werden großgeschrieben.

5 a. Lege eine Tabelle an mit den vier Spalten -ung, -keit, -heit, -nis. Schreibe die vier Nomen mit Artikel in die vier Spalten.

b. Finde mit einer Partnerin oder einem Partner für jede Spalte weitere Nomen. Schreibe sie mit Artikel auf.

c. Zählt die gefundenen Nomen in jeder Spalte. Vergleicht die Zahlen miteinander: Für welche Spalte habt ihr die meisten Nomen gefunden?

Starthilfe

-ung	-keit	-heit	-nis
…	…	…	…

Das kleine Wörtchen vor ist ganz besonders häufig.
Es holt sich oft ein Nomen, ein Verb und andere Wortarten.
Und schon gibt es neue Wörter.

Zusammensetzungen mit vor

vor + die Stadt = die Vorstadt

vor + bei = vorbei

vor + gestern = vorgestern

vor + singen = vorsingen

vor + weihnachtlich = vorweihnachtlich

Tipp: Sieh einmal im Wörterbuch nach!

6 Fische aus dem Aquarium Nomen, Verben und andere Wortarten. Bilde mit dem Wörtchen vor neue Wörter.

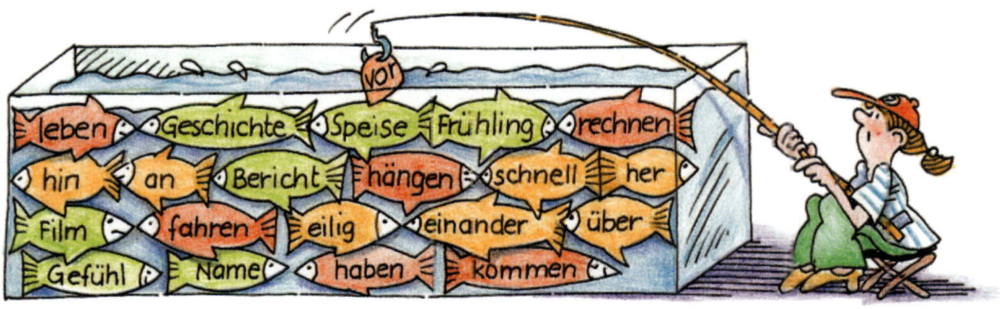

7 Schreibe den Trainingstext ab.

Abschreibtipps S. 215

8 Oder übt den Text zusammen als Partnerdiktat.

Partnerdiktat S. 212

10. Trainingseinheit

Wie Eulenspiegel | dreimal getauft wurde |

Die erste Taufe war | eine ganz normale Taufe. | Sie fand auch | in einer Kirche statt. | Dabei brüllte | der kleine Till | ziemlich stark. | Doch das ist | nichts Außergewöhnliches | bei einer Taufe. |

Nach dieser | kirchlichen Taufe | kehrte | die Taufgesellschaft | in ein Wirtshaus ein, | weil alle | Hunger und Durst hatten. | Nachmittags | gingen alle | zurück nach Hause | und beim Überqueren | eines kleinen Baches | fiel dann | die Hebamme | mit Till | ins Wasser. | Till schrie | wie am Spieß. | Das war | seine zweite Taufe. |

Zu Hause | wurde Till | in die Badewanne gesteckt, | weil die Taufe | im Bach | dafür gesorgt hatte, | dass Till ein wenig schmutzig | geworden war. | Er wurde | mit Wasser begossen. | Das war | sozusagen | seine dritte Taufe. |

Der Pastor soll | am nächsten Tag | gesagt haben: | „Wenn das | nur gut geht | mit dem Jungen. | Dreimal | getauft werden, | das hält | kein Kind aus.“ |

mehr über Till Eulenspiegel auf S. 114 – 119

1. Lies den Text.

2. Schreibe die Wörter der Wörterliste dreimal.

dreimal	einkehren	fallen – er fiel
stattfinden	Hunger und Durst	die Hebamme
brüllen – er brüllte	nachmittags	der Spieß
ziemlich	zurückgehen	zu Hause
nichts Außergewöhnliches	nach Hause	schmutzig
kirchlich	beim Überqueren	am nächsten Tag

Übungen zu Wörtern mit sp S. 243

Noch ein starkes Wort: nichts

aus Adjektiven Nomen bilden

Nichts macht Adjektive zu Nomen.
außergewöhnlich – **nichts** Außergewöhnliches

3 Mache es genauso mit den folgenden Adjektiven.
schwierig, interessant, schlimm, süß, angenehm, traurig, herrlich

Die starken Wörter zum, beim, im und der Artikel das:
Aus Verben werden Nomen.

aus Verben Nomen bilden

4 In der Schlange sind zehn Nomen enthalten. Vor jedem steht ein starkes Wort.

a. Teile deine Heftseite in zwei Spalten. Nimm dazu Bleistift und Lineal.
b. Schreibe die Wortgruppen untereinander in die rechte Spalte.
c. Setze das Verb im Infinitiv davor.

Starthilfe

lernen →	zum Lernen
… →	im Rechnen
… →	…

5 Schreibe den Trainingstext ab.

Die Wiederholung

Das Geheimnis des Erfolgs ist die Wiederholung. Du wirst dann immer sicherer.
Sicher und richtig schreiben zu können, das ist ja unser Ziel.
Die folgenden Wörter stehen in den Wörterlisten der Trainingseinheiten von Band 5 und 6.

Trainingseinheiten S. 216–235

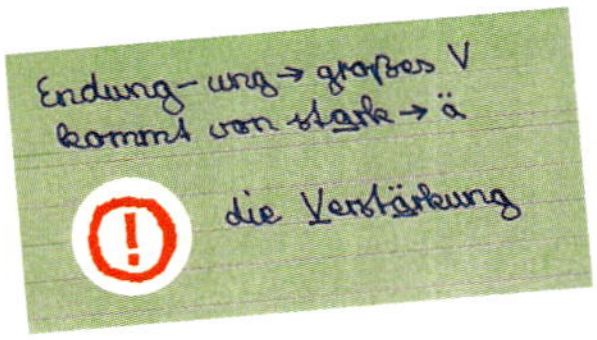

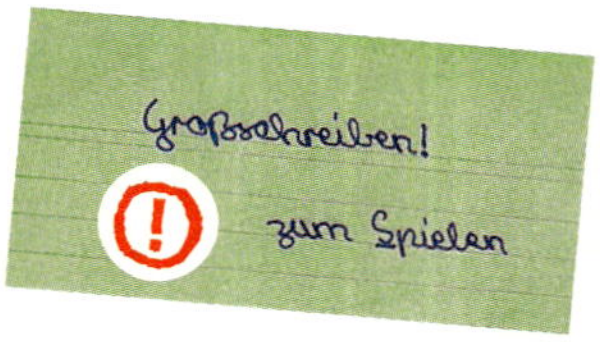

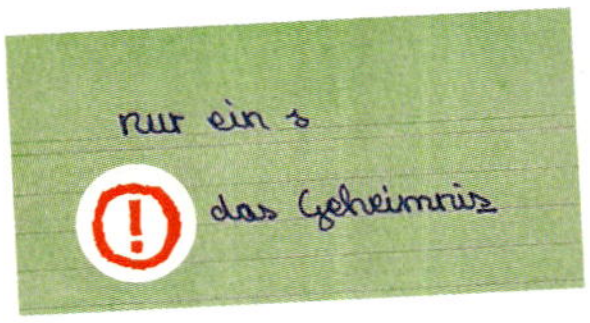

ehrlich	zu Ende	die Mitschülerinnen
nämlich	zum Spielen	zu Hause
irgendwann	nachmittags	das Fahren
vielleicht	ich las	die Verstärkung
neugierig	das Buch	ein bisschen
die Vorräte	etwas Wunderbares	beim Aufstehen
interessant	das Geheimnis	enttäuscht
abends	die Freundlichkeit	entdecken
heute Morgen	im Vorübergehen	die Schönheit
endlich	der Geburtstag	bereits
er kam	lächelnd	nichts Außergewöhnliches
die Entdeckung	herzliche Grüße	die Unterrichtsstunde

Du kennst inzwischen verschiedene Trainingsmöglichkeiten:

- das richtige Abschreiben
- das Partnerdiktat
- das Dosendiktat
- das Schleichdiktat oder Laufdiktat
- das Kassettendiktat

Hinweise dazu S. 212–215, 273

1 Wähle eine Trainingsmöglichkeit aus. Übe das Schreiben der Wörter.

Lernerfolgs-kontrolle

2 Du kannst diese Wörterliste auch zur Lernerfolgskontrolle benutzen.
- Lass sie dir diktieren.
- Schreibe jeden Tag eine Spalte: eine am ersten Tag, eine am zweiten und die letzte am dritten Tag.
- Kontrolliere die Wörter.

Hinweise zur Fehlerkartei S. 237

Auch für Lernkärtchen eignen sich die Wörter der Wörterliste. Dazu schau dir die nächste Seite genau an.

Entwickle dein Rechtschreibgespür!

In jedem Wort der Wörterliste gibt es Stellen am Anfang, am Ende oder im Wort, wo häufig Falschschreibungen passieren können.
Wer diese Stellen spürt, wird beim Schreiben besonders darauf achten. Er hat diese Stellen sozusagen mit Warnschildern versehen.

1 Sieh dir diese vier Lernkärtchen genau an.

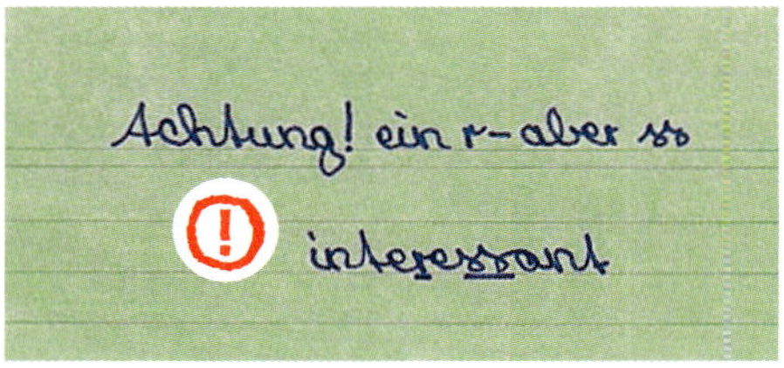

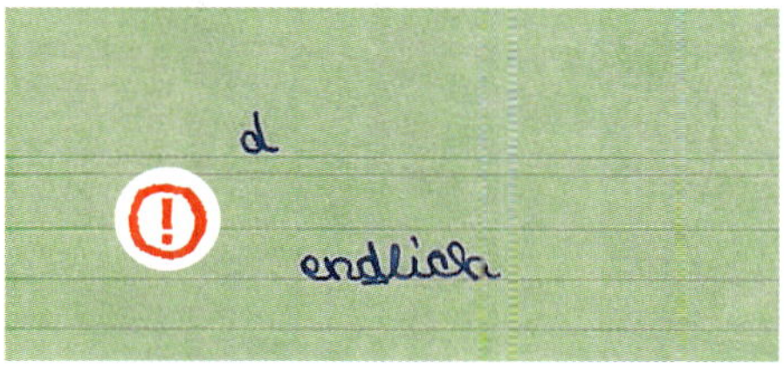

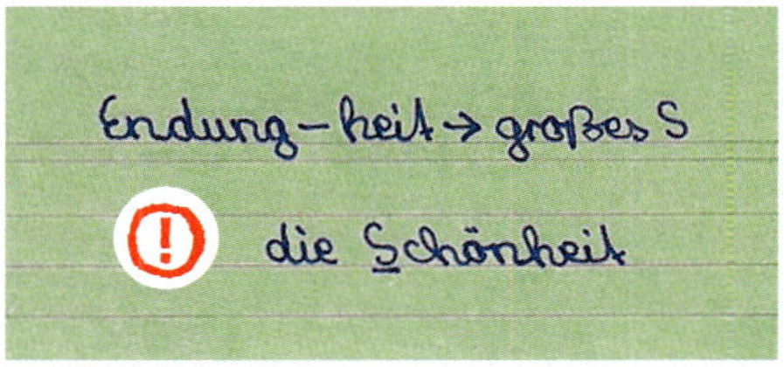

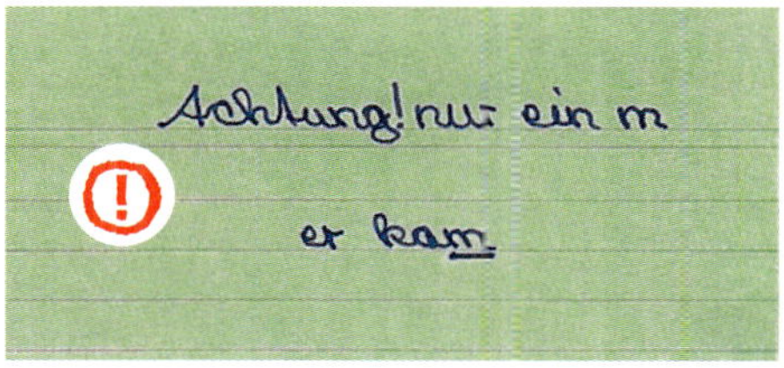

2 a. Schreibe auch die übrigen Wörter der Wörterliste auf Lernkärtchen.
b. Stelle Warnschilder auf.
c. Tausche deine Kärtchen mit einer Partnerin oder einem Partner. Kontrolliert, ob auch genug Warnschilder aufgestellt sind.

3 Arbeite mit den Lernkärtchen.
- Präge dir das Wort mit Warnschild oder Warnschildern genau ein.
- Drehe das Kärtchen um und schreibe das Wort auswendig auf.
- Kontrolliere das geschriebene Wort genau.

Mit Wörterlisten trainieren

Wenn du die Wörter der Wörterlisten noch weiter üben möchtest, kannst du auch

- alle Wörter einmal abschreiben,
- mit einigen der Wörter einen Satz schreiben.

Wörter mit ck

Wörter mit ck

Martina hat Olga doch auch schrecklich lieb.

schrecklich	die Locke	schmücken
die Decke	der Druck	schmecken
glücklich	die Brücke	backen
zurück	der Zucker	flicken
der Zweck	der Rücken	packen
der Blick	hacken	schlucken
der Stock	verstecken	dick
die Glocke	der Acker	trocken
der Bock	drucken	die Ecke

nach Wortarten ordnen

Wissenswertes zu Wortarten S. 277–279

1 Ordne die Wörter der Wörterliste in die Tabelle ein.

Starthilfe

Nomen	Verben	Adjektive
die Decke …	hacken …	schrecklich …

zusammengesetzte Nomen bilden

2 Zu diesen Nomen passen Nomen mit ck aus der Wörterliste:

die Lampe   der Turm   das Haar   der Zug   die Augen
die Wurst   der Bau   das Werk   die Schmerzen   der Guss

a. Bilde zusammengesetzte Nomen.
b. Schreibe die zusammengesetzten Nomen auf.

Starthilfe

die Lampe + die Decke = die Deckenlampe
der Turm + … = …
…

3 Mit den Wörtern der Wörterliste kannst du auch eine kleine Geschichte schreiben. Verwende so viele Wörter wie möglich.

Mit Wörterlisten trainieren

Wörter mit ss, mm und nn

Musik erklingt im Klassenzimmer und die fünf Mädchen beginnen mit einem Tanzspiel.

Wörter mit ss, mm, nn

4 Schreibe die Wörter der Wörterliste in eine Tabelle mit drei Spalten.

Starthilfe

Wörter mit ss	Wörter mit mm	Wörter mit nn
die Klasse …	das Zimmer …	beginnen …

die Klasse	irgendwann	rennen
beginnen	die Gewissheit	dumm
bestimmen	können	erkennen
ein bisschen	schwimmen	schlimm
erinnern	lässig	fassen
müssen	besser	Kamm

5 Bilde zu den Verben der Wörterliste die 1. Person Singular Präteritum.

Starthilfe

beginnen – ich begann
bestimmen – ich …

das Präteritum bilden

Präteritum S. 278

Wörter mit pf

Auf einmal fielen die ersten Regentropfen.

Wörter mit pf

6 Die Wörterliste enthält sechs zusammengesetzte Nomen. Schreibe auf, aus welchen Nomen die Wörter zusammengesetzt sind.

Nomen zerlegen

Starthilfe

der Regentropfen = der Regen + der Tropfen
der Baumpfahl = … + …
…

der Regentropfen	**das Pfund**	der Pfeffer
pflanzen	die Pfanne	die Pfeilspitze
schimpfen	stopfen	das Pfingsten
der Kampf	pflegen	**der Pfirsich**
klopfen	der Baumpfahl	das Pflaster
kämpfen	die Gartenpforte	die Pfote
der Dampf	der Pfannkuchen	pfui
das Pferd	**der Pfarrer**	**der Pflaumensaft**

7 Ordne die blau hervorgehobenen Wörter der Wörterliste nach dem Alphabet.

nach dem Alphabet ordnen

8 Du kannst auch einen Satz schreiben, in dem alle fett geschriebenen Wörter vorkommen.

Wörter mit vor

Wörter mit dem Wörtchen vor

Langsam hob sich der Vorhang.

vorarbeiten	vorrücken	die Vorrunde
vorzeigen	der Vormittag	der Vorschlag
vorwärts	vorlesen	die Vorsorge
die Vorsicht	vornehm	die Vorstadt
die Vorspeise	vorrechnen	vorstellen
die Vorschau	vorrätig	der Vorteil

1 Schreibe die Sätze ab.
Setze dabei in jede Lücke ein passendes Wort mit vor.

Im Mathematikunterricht musste ich eine Aufgabe … .
Unsere Fußballmannschaft hat die … ohne Niederlage überstanden.
Gestern … hat sich unser neuer Schulleiter … .
Ich musste meine Hausaufgaben noch einmal … .
Die … im Fernsehen verspricht einen spannenden Fernsehabend.

Verben zerlegen

2 Die Verben der Wörterliste sind zusammengesetzt.
Schreibe bei allen Verben auf,
wie sie zusammengesetzt sind.

Starthilfe

vorarbeiten = vor + arbeiten
vorbauen = … + …
…

Wörter mit vor S. 233, 276

3 Mit den folgenden Wörter mit vor kannst du Sätze schreiben.
Wähle dazu drei Wörter aus.

das Vorzimmer	vorschreiben
der Vorstoß	das Vorspiel
vorsorglich	die Vorauswahl
vormerken	

Wörter mit einfachem i

Wörter mit i

Es gibt nur wenige Wörter mit einem langen i.
Gib mir bitte ein Stück Brot.

4 Schreibe die Wörter der Wörterliste dreimal.

gib	lila	der Juni
mir	die Margarine	der Juli
dir	die Maschine	die Gardine
der Igel	prima	die Apfelsine
das Kaninchen	der Ski	die Medizin
das Kilo	der Tiger	das Augenlid
das Kino	erwidern	der Kamin
das Krokodil	die Bibel	die Rosine

5 Bilde drei Sätze.
Verwende in jedem Satz zwei andere Wörter der Wörterliste.

Wörter mit der Vorsilbe ent-

Wörter mit ent-

Überrascht entdecken sie, dass die Familie Kampmann auch anwesend ist.

6 Verwandle die Verben der Wörterliste in Nomen.

Nomen bilden

Starthilfe
entschuldigen – die Entschuldigung
entscheiden – …

entschuldigen	entlassen
entscheiden	entspannen
entdecken	die Entzündung
entfernen	die Entrümpelung
entgegnen	die Entlastung
enthalten	die Enthüllung

7 Verwandle die Nomen der Wörterliste in Verben.

Verben bilden

Starthilfe
die Entzündung – entzünden
die Entwendung – …

8 Du kannst auch selbst jeweils fünf weitere Verben und Nomen mit der Vorsilbe ent- finden. Schau einmal ins Wörterbuch.

Wissenswertes zu Verben und Nomen S. 274, 277, 278

Mit Wörterlisten trainieren

Wörter mit tz

Wörter mit tz

Ahab will ihn, Moby Dick, aber trotzdem haben.

zusammengesetzte Nomen bilden

1 Bilde zusammengesetzte Nomen.

a. Finde Nomen, die zu den blau hervorgehobenen Nomen passen.
b. Schreibe die zusammengesetzten Nomen auf.

Starthilfe
der Schatz + die Suche = die Schatzsuche
der Platz + … = …

trotzdem	der Schmutz	witzlos
schmutzig	der Marktplatz	schutzbedürftig
der Schatz	kratzen	spritzen
der Platz	schmatzen	verschmutzen
das Netz	verletzen	spritzig
der Witz	blitzen	platzieren
der Schutz	die Spritze	witzig

Wortfamilien aufschreiben

2 Schreibe zu den folgenden Wörtern Wortfamilien auf.

der Schmutz, der Schutz, der Witz, die Spritze, der Platz

a. In der Wörterliste findest du andere Familienmitglieder.
b. Erweitere jede Wortfamilie um zwei Mitglieder.

Starthilfe
der Schmutz – schmutzig – verschmutzen – …
der Schutz – … – …

Adjektive auf -ig

Adjektive mit der Endung -ig

Für Marias Geburtstag wurde ich sorgfältig verpackt.

3 Verlängere die Adjektive. Füge zu jedem Adjektiv ein Nomen hinzu.

Starthilfe
sorgfältig – sorgfältige Schüler
tüchtig – …

sorgfältig	zielstrebig	sonnig
tüchtig	eilig	eisig
zuverlässig	witzig	traurig
langweilig	häufig	listig
mutig	rechtzeitig	zornig
nebelig	heftig	
ekelig	zufällig	

4 In den blau hervorgehobenen Adjektiven stecken Nomen. Schreibe sie dazu.

Starthilfe
mutig – der Mut
nebelig – …

Wörter mit Dehnungs-h

Wörter mit h

Ich bin überglücklich.
Bisher hat niemand eine Ahnung davon.

5 Ordne die Nomen, Verben und Adjektive der Wörterliste in die Tabelle ein.

Starthilfe

Nomen	Verben	Adjektive
die Ahnung …	nehmen …	ehrlich …

die Ahnung	strahlen	belohnen
ehrlich	wahrscheinlich	fehlerlos
nehmen	wohnen	die Schifffahrt
die Gewohnheit	gewöhnlich	zahlbar
die Mehrheit	die Nahrung	überfahren
die Gefahr	das Gefühl	gefährlich

6 Bilde zu den blau hervorgehobenen Wörtern Nomen mit den Endungen -keit oder -ung.

Starthilfe
ehrlich – die Ehrlichkeit
strahlen – …

Wörter mit sp am Wortanfang

Wörter mit sp

Till schrie wie am Spieß.

7 Schreibe die Wörter der Wörterliste zweimal.

der Spieß	der Spezialist	die Spagetti
spalten	der Sperling	der Spaßvogel
spöttisch	die Spende	spinnen
splittern	speichern	der Spitzel
spiegelglatt	die Spedition	das Spielzeug

8 Drei der Wörter sind Fremdwörter. Schreibe sie heraus.

Fremdwörter schreiben

9 Schreibe zu den blau hervorgehobenen Wörtern Wortfamilien auf.

Starthilfe
spiegelglatt – der Spiegel, …
das Spielzeug – das Spiel, …

Wortfamilien aufschreiben

Begriffe ordnen und zuordnen

Wale sind Säugetiere

mehr über Wale
S. 86–97

Die Klasse beschäftigt sich in einem Projekt mit dem Thema „Wale". „Gehören Wale nicht zu den Fischen?", staunt Anna. „Nein, sie gehören zu den Säugetieren", antwortet Selda.

eine Übersicht beschreiben

1 a. Sieh dir die Übersicht an.
Sie könnte so in einem Biologiebuch stehen.
b. Beschreibe, zu welchen Tieren die Wale gehören.
Beginne oben bei „Tiere".

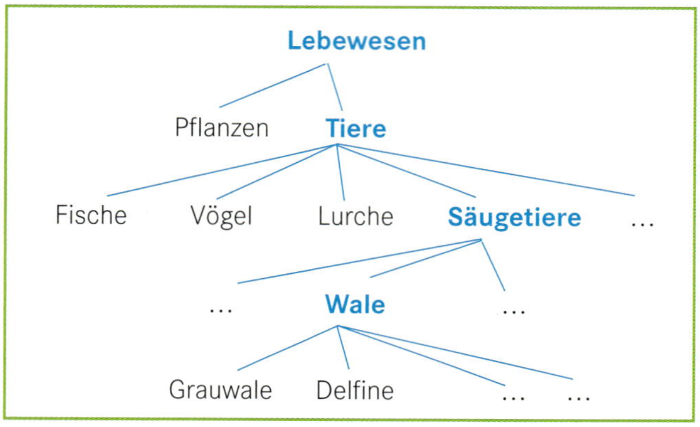

**In der Übersicht gibt es Ober- und Unterbegriffe:
Säugetiere ist ein Oberbegriff, Wale ein Unterbegriff.**

Auch Gegenstände und Pflanzen kannst du ordnen.

nach Ober- und Unterbegriffen ordnen

2 Ordne auch diese Wörter nach Ober- und Unterbegriffen.
- der Kriminalroman, das Wörterbuch,
  der Abenteuerroman, Bücher, das Telefonbuch
- der Schrank, der Sessel, Möbel,
  das Regal, das Sofa, das Bett
- das Fadenspiel, das Murmelspiel,
  das Brettspiel, Spiele, das Ballspiel,
  das Kartenspiel

3 Ordne auch die folgenden Wörter nach Ober- und Unterbegriffen.

der Blumenkohl die Kirsche die Pflaume
die Kartoffel der Rotkohl
das Obst der Apfel die Möhre die Kiwi
die Zwiebel das Gemüse die Erdbeere
die Bohne die Banane die Aprikose
der Spargel die Ananas

Starthilfe

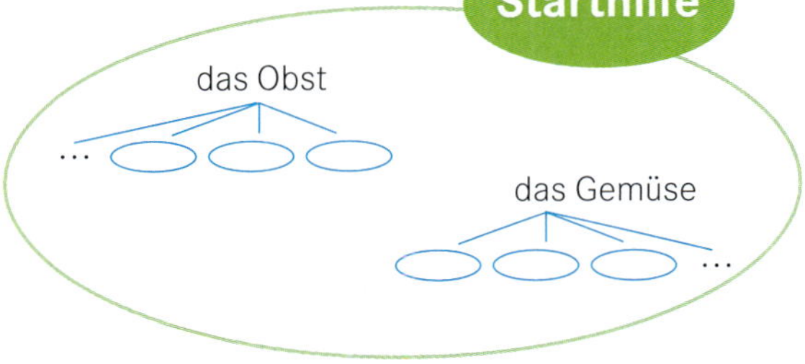

Spielidee
Wörter raten

- Spieler 1 denkt sich ein Wort aus: eine Person, ein Lebewesen oder eine Sache.
- Spieler 2 versucht das Wort durch Fragen zu erraten. Spieler 1 darf nur mit „Ja" oder „Nein" antworten. „Ist es ein Lebewesen?" „Ja." „Ist es ein Tier?" „Ja." „Ist es eine Mücke?" „Nein."
- Wenn Spieler 1 mit „Nein" antwortet, fragt Spieler 3 weiter.
- Die Spielrunde ist beendet, wenn das gesuchte Wort erraten wurde.
- Spielt das Spiel einmal zur Probe mit dem Wort „Wale".
- Sucht euch dann neue Wörter.

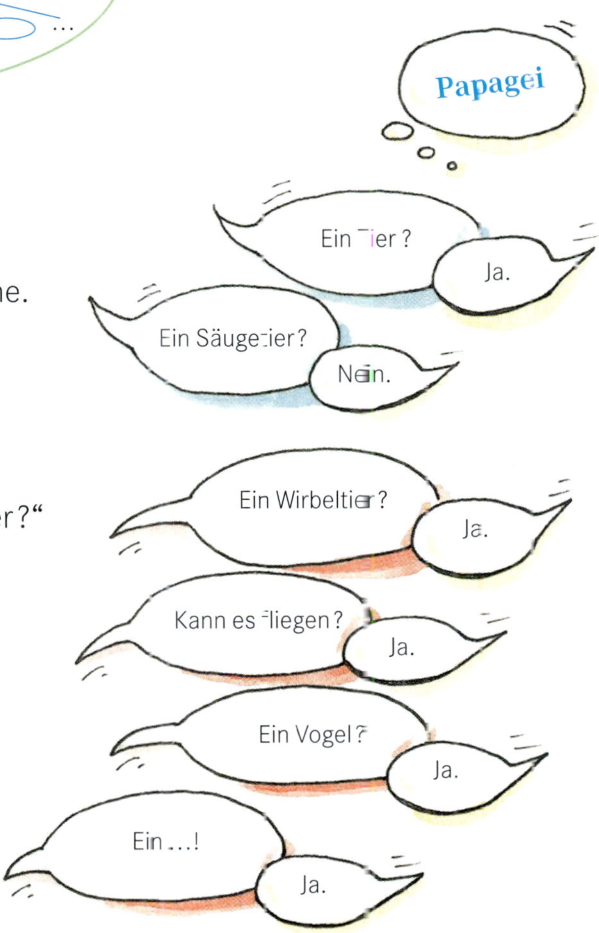

Die Wortarten im Überblick

Ein Sportfest an unserer Schule

Für die Eröffnung des Sportfestes haben sich Alina, Sascha und Benito etwas Tolles ausgedacht:
ein Freundschaftsspiel mit der Nachbarschule.

Anregungen für einen Spielenachmittag S. 24–25

1 Es ist gar nicht so einfach, ein Fußballspiel zu organisieren.
a. Lest, worüber die drei sprechen.
b. Woran müssen sie noch denken? Sprecht darüber.

Die drei müssen kurz vor dem Spiel noch einige Fragen klären.

„Wo ist die ___ für die Schiedsrichterin?“
„Svenja ist nicht da. Wer soll denn für sie ___ ?“
„Haben alle die ___ Trikots mitgebracht?“
„Wer hat den ___ für die Umkleideräume?“
„Hinterher haben alle Durst. Stehen ___ Getränke bereit?“
„Hast du den Ersatzball ___ ?“

Nomen, Verben und Adjektive einsetzen

2 Schreibe die Fragen der Freunde vollständig auf. Passende Wörter findest du in der Wörterliste.

(der) Schlüssel	(die) Pfeife
kalt	finden
spielen	rot

Zum Glück haben Alina, Sascha und Benito an alles gedacht.

3 Lies einmal.

Der Bus der anderen Mannschaft steht schon
vor dem großen Tor.
Alina hilft wunderbar bei den letzten Vorbereitungen.
Der Trainer spricht gerade mit einem fremden Mann.

4 In den Sätzen sind Nomen, Verben und Adjektive in verschiedenen Farben hervorgehoben.
a. Zeichne eine Tabelle in dein Heft.
b. Ordne die Wörter in die Tabelle ein.

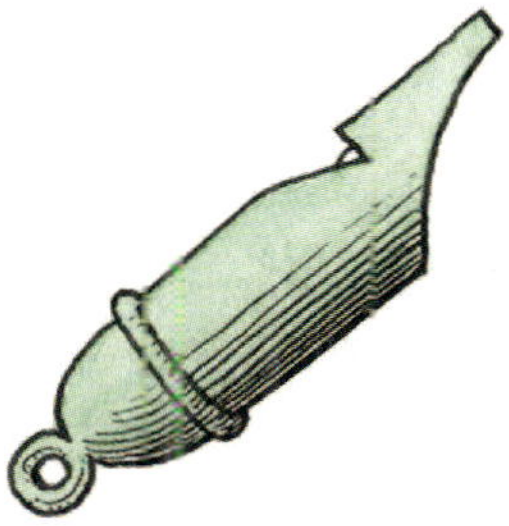

Nomen, Verben und Adjektive schreiben

Wissenswertes zu Nomen S. 277, zu Verben S. 278, zu Adjektiven S. 279

Starthilfe

Nomen	Verben	Adjektive
der Bus …	…	…

Kristina kommentiert das Fußballspiel.
Die letzten Minuten sind angebrochen.

„Noch immer ___ es 1:1 zwischen den Mannschaften. Die Spieler der 6a haben den ___. Karim gibt ab an Daniela, Daniela ___ zu Lisa. Das war ein ___ Pass. Lisa ___ einen ___ Pass auf den Stürmer der 6a. Der wird sofort gestört von zwei ___ der 6c und gibt ab. Da ___ der Ball herein von der linken Flanke. Marco, der ___ Außenstürmer der 6a, steht völlig frei vor dem Tor. Er ___, Kopfball und Tor. Tor, Tor! Das war ein ___ Fehler der Abwehr der 6c. Das könnte der ___ für die 6a sein. Aber die Spieler der 6c ___ mit dem Ball in die ___ der 6a. Doch da ertönt der ___. Das Spiel ___ mit 2:1 für die 6a!“

(der) Ball
(der) Abwehrspieler
(der) Sieg
(die) Hälfte
(der) Schlusspfiff

stehen
verlängern
schießen
kommen
springen
stürmen
enden

toll
hoch
schnell
schwer

5 Schreibe den Kommentar vollständig auf.
Passende Nomen, Verben und Adjektive findest du in den Wörterlisten.

Nomen und Adjektive

Nach dem Fußballspiel beginnen die Sportwettkämpfe für alle Schülerinnen und Schüler.

Hier wird über die Wettkämpfe berichtet. Aber irgendetwas stimmt doch nicht ...

Der dritte Läufer der Staffel verlor die Hürden.
Der Sand fehlte beim Hochsprung.
Eine Stoppuhr fiel in eine Kurve.
Ein Schlagball flog über die Hochsprunglatte.
Eine Matte harkte den Sand für den Weitsprung.
Moesha sprang beim Lauf locker über den Staffelstab.
Ein Trainer lag auf 1,40 m.
Die Kurzstreckenläuferinnen liefen durch die Tribüne.

Nomen mit bestimmtem und unbestimmtem Artikel

1 a. Lies die Sätze über die Wettkämpfe.
b. Wie lauten die Sätze richtig? Schreibe sie in dein Heft.

Vor Nomen steht oft ein bestimmter Artikel (der, die, das) oder ein unbestimmter Artikel (ein, eine).

In der Pause gibt es eine Erfrischung für alle Sportlerinnen und Sportler. Auch in dem Bericht darüber scheint einiges durcheinander geraten zu sein...

In der Pause laufen alle mit langsamen Schritten in die Kantine. Sport macht satt. Die älteren Schülerinnen und Schüler sind zuerst da. Wer dumm ist, stellt sich sofort an. Die Schlange wird immer kürzer. Es gibt heißes Mineralwasser und kalte Würstchen mit alten Brötchen. Weiche Eier und süße Gurken liegen auch auf der Theke. Jeder findet einen Platz an den kleinen Tischen. Alle essen winzige Portionen. Denn es ist unbekannt: Wer Sport treibt, wird nicht dünn!

Adjektive einsetzen

2 Verbessere den Bericht.
a. Suche zu jedem Adjektiv das Gegenteil. Tausche die Adjektive aus.
b. Schreibe die richtigen Sätze in dein Heft.

Treffende Verben

Im Stadion warten die Zuschauer auf die 2-Kilometer-Läufer. Wo sind sie nur?

Wortfeld „gehen“

Tim läuft die zwei Kilometer nicht, er geht die Strecke!

David und Lorena bummeln noch durch die Stadt.

Daniela und Sami schleichen nur ums Stadion.

Die 9a wandert die Strecke!

Die Kleinen aus der Fünften waten durch jede Pfütze.

Die Jungen rennen den Weg zweimal!

1 a. Lies die Sätze.
b. Die Verben drücken aus, wie man sich auf verschiedene Weise fortbewegen kann.
Schreibe die Verben im Infinitiv (Grundform) auf.

Am nächsten Tag dreht sich alles noch einmal um das Sportfest.

Wortfeld „sagen“

Alle ___ über das Fußballspiel. Jonas ___, wie er gefoult wurde. Sie ___ über den Elfmeter. Der Torwart ___, wie er den Ball gehalten hat. Der Trainer ___, wo der Ball geblieben ist. Keiner ___. Nur Sascha und Niko ___ miteinander. Sie ___, dass die Schüler der anderen Schule den Ball noch haben.

2 Setze passende Verben aus dem Wortfeld „sagen“ ein.
Vorschläge findest du in der Wörterliste.

sprechen
erzählen
reden
berichten
fragen
antworten
flüstern
meinen

Wissenswertes über die Wortarten S. 277–279

Mit Adjektiven beschreiben

eine Modenschau vorbereiten S. 46

**Die Klasse 6 a bereitet sich auf eine Modenschau vor.
Die Schülerinnen und Schüler haben viele Adjektive gesammelt, mit denen der Moderator die Kleidung beschreiben soll.
Doch bei der Vorbereitung ist etwas schief gegangen.**

1. Sieh dir das Bild an.
Was stimmt hier nicht? Sprecht darüber.

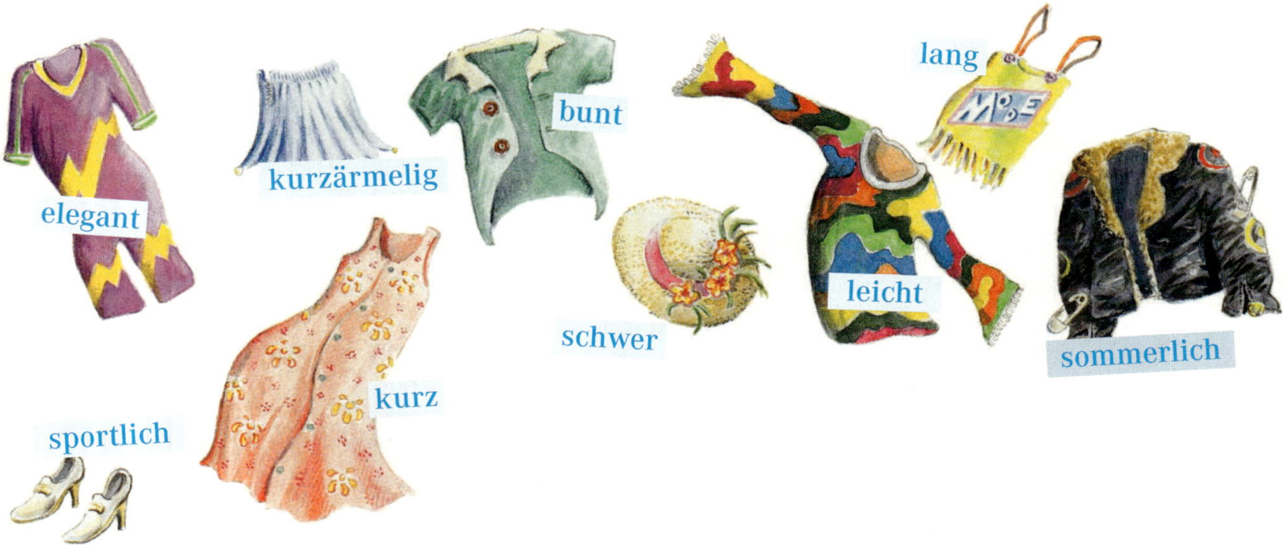

Adjektive zuordnen

2. Ordne die Adjektive den richtigen Kleidungsstücken zu.
   a. Frage nach den Adjektiven.
   b. Schreibe die Sätze in dein Heft.

Starthilfe

Wie ist der Rock?
Der Rock ist **kurz**.

Mit **Adjektiven** kannst du Dinge oder Lebewesen genauer beschreiben. Adjektive werden kleingeschrieben.

3. Schreibe auf, wer die Kleidungsstücke vorführt.

Starthilfe

Claudia **trägt** einen **kurzen** Rock.
Jens **führt** ... **vor**.

Sina findet: „Kurz, lang, bunt – das ist viel zu langweilig!“
Roberto bestätigt: „Ja, wir müssen ein paar coolere Adjektive finden, Wörter, die wir selbst oft gebrauchen.“
Artur meint: „So etwas mit ‚super‘ oder ‚mega‘ …“

Sie stellen gemeinsam Listen von Adjektiven zusammen.

trendy
superchic
topmodisch
topaktuell
lässig
schrill
megaleicht

cool
supergeil
sportlich
superweit
neongrün
superkurz
hip

4 a. Lies die Adjektive.
b. Schreibe die Adjektive ab.
c. Erweitere die Listen um eigene Adjektive.

neue Adjektive finden

5 Beschreibe nun die Kleidungsstücke mit diesen Adjektiven.
Tipp: Manche Adjektive passen zu allen Kleidungsstücken, manche aber nicht.

mit Adjektiven beschreiben

Starthilfe
Diese kurze Hose ist **topaktuell**. Sie ist echt **trendy** und …
Dieser lange Rock ist … . Er …

6 Welche Adjektive könnten im nächsten Jahr „out“ sein?
Schreibe acht Adjektive auf.

Ideen für eine Modenschau S. 44–45

Zusammengesetzte Adjektive

Lisa freut sich: „Der Stoff ist ja so leicht wie eine Feder!" „Klar", sagt Roberto, „federleicht!"

Nomen + Adjektiv = Adjektiv

Mit zusammengesetzten Adjektiven kannst du Dinge oder Lebewesen noch genauer beschreiben.

ein Bild-Wort-Rätsel lösen

1 a. In diesem Bild-Wort-Rätsel kannst du zusammengesetzte Adjektive enträtseln.
b. Schreibe die zusammengesetzten Adjektive auf.

Starthilfe
watteweich, …

Was – wattestark und turmkalt? Das kann ja irgendwie nicht sein.

stark
kalt
leicht
hart
hoch
weich

2 Die Adjektive enthalten Vergleiche. Schreibe sie auf.

Starthilfe
watteweich: weich wie Watte
turmhoch: …

zusammengesetzte Adjektive finden

3 a. Auch dieses Bild-Wort-Rätsel enthält zusammengesetzte Adjektive. Schreibe sie auf.

Sonne Pfeil Frosch Bett Schnee

weiß warm gelb schnell grün

b. Welche der Wörter kannst du für die Modenschau gebrauchen? Verwende sie in Sätzen.
Tipp: Adjektive schreibt man klein.

Zusammengesetzte Adjektive

Mit den Wörtern aus den beiden Wörterlisten kannst du weitere Adjektive für die Modenschau bilden.

4 a. Setze die Wörter zu Adjektiven zusammen.
b. Schreibe sie auf.

STAHL	BLAU
BILD	VOLL
KRAFT	GRÜN
NACHT	GRAU
GIFT	SCHÖN

Adjektive zusammensetzen

Starthilfe

stahlgrau, . .

5 a. Schreibe dann mit deinen Adjektiven Sätze für die Modenschau auf.
b. Unterstreiche die Adjektive.
c. Frage nach den Adjektiven.

Starthilfe

Die Hose ist <u>stahlgrau</u>.
Wie ist die Hose? **Stahlgrau**.
Das Kleid ist … . …
Wie ist … ? …

die Hose
das Kleid
die Shorts
die Sandalen
die Handschuhe
der Rock

Spielidee

Ihr könnt zu zweit, zu dritt oder zu viert spielen.

- Faltet ein leeres Blatt zweimal. So entstehen drei Spalten.
- Füllt das Blatt aus wie in dem Beispiel.

Spielt nun so:

- Der erste Spieler schreibt ein **Kleidungsstück** und das Wort **ist** in die 1. Spalte und knickt sie dann nach hinten um.
- Der zweite Spieler zeichnet einen **Gegenstand** oder ein **Lebewesen** in die 2. Spalte.
- Der dritte Spieler schreibt ein **Adjektiv** in die 3. Spalte.

Dann geht es wieder von vorne los.
Wenn das Blatt voll ist, könnt ihr es auseinander falten und vorlesen.
Quatschsätze sind garantiert!

Perfekt und Präteritum

Was ist passiert?

ein Unfall in Bildern

das Lebensmittelgeschäft
der Feinkostladen
der Zebrastreifen
die Bremsen
der Krankenwagen
die Trage

sehen
kommen
schleppen
warten
anhalten
betreten
heranrasen
überholen
quietschen
stürzen
rollen
legen
transportieren

**In der Bachstraße ist ein Unfall passiert.
Amadou und Lorena sind Zeugen.
Sie erzählen der Polizistin, was geschehen ist.**

mündlich erzählen

1 a. Schreibe die Sprechblasensätze ab.
b. Unterstreiche die Verbformen.

> Wenn man etwas mündlich erzählt, was schon vergangen ist, verwendet man meist das Perfekt.

Perfekt

Wissenswertes über das Perfekt S. 278

2 Wiederholt gemeinsam, wie Perfektformen gebildet werden.

3 Was haben Lorena und Amadou der Polizistin noch erzählt?
a. Malt Sprechblasen. Sie sollten groß genug sein, damit die Sätze hineinpassen.
b. Schreibt die Sätze auf.
c. Lest das Gespräch mit verteilten Rollen vor.

Starthilfe
Der … hat … betreten.
Dann ist … herangerast.
… hat … überholt.
… haben … gequietscht.
…

Perfekt und Präteritum

Der Unfallbericht

schriftlich berichten

**Die Polizistin hat sich Notizen gemacht.
Sie verfasst den Unfallbericht.**

1 a. Lies den Anfang des Berichts.
b. Schreibe ihn ab.
c. Unterstreiche die Präteritumformen.

Am 25. 4. … um 16.00 Uhr ereignete sich in der Bachstraße ein Unfall. Herr Rose wollte am Zebrastreifen die Straße überqueren. Er wartete zunächst. Ein grüner Pkw hielt vor dem Zebrastreifen. Herr Rose betrat den Zebrastreifen. Als er gerade mitten auf der Straße war, raste ein roter Pkw auf ihn zu. Er überholte den grünen Pkw.

Präteritum

> Wenn man über etwas Vergangenes schriftlich berichtet, verwendet man meist das Präteritum.

Präteritumformen bilden

2 Mit den folgenden Sätzen kannst du den Unfallbericht weiterschreiben.
a. Schreibe die Sätze ab.
b. Ergänze die Verbformen im Präteritum.

Der rote Wagen … nicht mehr rechtzeitig bremsen. Er … Herrn Rose … .
Herr Rose … .
Die Einkaufstasche … auf die Straße.
Gemüse und Obst … über die Straße.

können
anfahren
stürzen
fallen
kullern

Bericht schreiben

3 Schreibe den Bericht mit Hilfe der Stichpunkte zu Ende.

zwei Kinder, Amadou B. und Lorena C., die Zeugen des Unfalls, den Krankenwagen (rufen), nach wenigen Minuten, der Krankenwagen (ankommen), die Sanitäter den Mann (versorgen), auf die Trage (legen), ins Franziskuskrankenhaus (transportieren), danach den Autofahrer des roten Wagens (befragen)

Unfallbericht schreiben S. 202–205

Der Bericht der Reporterin

**Eine Reporterin wollte über den Unfall berichten.
Aber es gab keine Zeugen.
Denn die Leute auf der Straße waren alle beschäftigt:**

So beginnt der Bericht:

Als der Unfall geschah, streichelte eine Frau gerade ihren Hund.
Zur gleichen Zeit reparierte ein Mädchen sein Fahrrad.
Ein Mann mit Schlips las die Zeitung.

1 a. Schreibe die Sätze ab.
b. Unterstreiche die Präteritumformen.

einen Zeitungsbericht schreiben

So geht der Bericht weiter:

Während des Unfalls ⬬ ein Maler eine Leiter auf sein Auto.
Ein Postbote ⬬ einen Brief ein. Zwei Kinder ⬬ Rollschuh.
Ein Fensterputzer ⬬ das Schaufenster vom Supermarkt.

2 a. Schreibe den Zeitungsbericht weiter ab.
b. Ergänze die Verbformen im Präteritum.
Tipp: Bei machen Verben wird aus e → a,
bei manchen wird aus au → ie.

laufen
werfen
putzen
stellen

Wissenswertes zu Perfekt und Präteritum S. 278

Präteritum und Präsens

So reiste man früher – so reist man heute

Früher ___ man sehr beschwerlich.
Oft ___ man wochenlang mit der Postkutsche von einem Ort zum anderen. Für eine Entfernung von100 Kilometern ___ man mindestens drei Tage. Man ___ seine Siebensachen in riesige Lederkoffer und ___ sie auf die Kutsche.
Ein Pferdegespann ___ die Kutsche, in der die Reisenden ___.
Heutzutage ___ man mit dem Auto, der Bahn oder dem Flugzeug. So ___ man in kürzerer Zeit viel weitere Strecken.
Außerdem ___ das Reisen auch viel bequemer. Allerdings ___ es auch oft Staus und die Abgase ___ unsere Umwelt.

- reisen
- fahren
- brauchen
- packen
- schnallen
- ziehen
- sitzen
- reisen
- überwinden
- sein
- geben
- verschmutzen

1 Lies den Text.

Präteritum- und Präsensformen verwenden

2 Übertrage den Text in dein Heft. Setze dabei die Verben aus der Wörterliste in der richtigen Zeit ein.

Starthilfe
Früher **reiste** man sehr beschwerlich …
… Heutzutage **reist** man mit dem Auto, …

Wissenswertes zu Präteritum und Präsens S. 278, Übungen dazu S. 246–247, 249

Tipp: Denke daran:
Über Vergangenes erzählt man im Präteritum.
Über die Gegenwart erzählt man im Präsens.

Futur

Wie sieht das Reisen morgen aus?

Besuch auf anderen Planeten
Raumschiff
Reise zum Mond
Tauchgang zum Meeresgrund
Surfen im Internet
Erdmobil
Reise ins Innere der Erde
Spaceshuttle
Jet
Meereslift

1 Schreibe auf, wie und wohin du vielleicht bald reisen wirst.

Starthilfe
Bald werde ich … reisen.
Ich werde … besuchen.

über die Zukunft schreiben

> Wenn man über Dinge spricht, die in der Zukunft liegen, also noch nicht geschehen sind, dann verwendet man oft das **Futur**.
> Ich **werde** mit einem Raumschiff **verreisen**.

Futur

Zeitreise in die Zukunft

Letzte Woche erzählte meine Freundin von einem Besuch bei einer Wahrsagerin. Die Wahrsagerin sagte zu meiner Freundin: „Du ___ eine weite Reise ___. Viele interessante Menschen ___ du ___ ___. Du ___ auch bald eine Glückssträhne ___. Die nächste Klassenarbeit ___ eine Zwei ___. Deine Eltern ___ dein Taschengeld ___. Ist das nicht prima?“ Meine Freundin flüsterte mir zu: „Jetzt will ich unbedingt wissen, ob alles eintrifft.“

werde
wirst
wird
werden
werdet
werden

unternehmen
kennen lernen
haben
sein
erhöhen

2 a. Lies den Text.
b. Schreibe den Text ab.
Setze dabei die Verben aus der Wörterliste im Futur ein.
c. Unterstreiche alle Verbformen.

Futurformen verwenden

3 Stelle dir vor, du lernst auf einer Reise in die Zukunft neue Freunde kennen. Schreibe dazu eine Geschichte auf.

Wissenswertes zum Futur S. 278

Possessivpronomen verwenden

Possessivpronomen im Nominativ üben

Mit Freunden baden und im Wasser toben – das gefällt allen. Aber als sich Katrin, Paul und Rita wieder anziehen wollen, da …

1. Lest die Sprechblasen vor.

2. Schreibt neun Sätze auf, die Katrin, Paul und Rita sagen könnten.
   - Ihr könnt die Tabelle zu Hilfe nehmen.
   - Ihr könnt aber auch eure eigenen Sätze schreiben.

mein/dein/sein – ihr		meine/deine/seine – ihre
der	das	die
Strumpf	Unterhemd	Jacke
Schuh	Handtuch	Bluse
Sonnenhut	Sweatshirt	Hose
Ohrring	Top	Jogginghose

Starthilfe

Katrin: 1. **Mein** Rock ist weg.
2. … 3. …
Rita/Paul: 1. …! Wo ist bloß …?
2. … 3. …

Possessivpronomen kennen lernen

Die Wörter
mein/dein/sein – ihr,
meine/deine/seine – ihre
sagen, wem etwas gehört.
Es sind **Possessivpronomen**.

Auch Max, Jana und Franziska schimpfen und jammern.

Possessivpronomen im Akkusativ üben

Max: „Ich kann meinen Pullover nicht sehen!“

Jana: „Wer hat mein Handtuch gefunden?“

Franziska: „Dein Handtuch? Such lieber meine Jacke.“

Max: „Wer hilft mir, meinen Pullover zu finden?“

Max: „Die haben’s gut. Franziska hat ihre Jacke gefunden und Paul hat sein Handtuch wieder. Und ich habe meinen Pullover immer noch nicht.“

3 a. Spielt das Gespräch.
b. Ihr könnt aber auch ein ähnliches Gespräch spielen, das ihr euch selbst ausdenkt.

ein Gespräch spielen

Wenn du wen? oder was? fragen kannst, können sich die Endungen der Possessivpronomen verändern.

4 a. Bilde Sätze mit Hilfe der Tabelle.
Passende Nomen findest du in Aufgabe 2.
b. Schreibe die Sätze auf.

Sätze mit Possessivpronomen schreiben

Ich habe	meinen/mein/meine		verloren.
Du hast	deinen/dein/deine	Pullover	gefunden.
Er hat	seinen/sein/seine	Hemd	verlegt.
Sie hat	ihren/ihr/ihre	Hose	gesucht.
Wer hat	meinen/mein/meine	…	gesehen?

5 Possessivpronomen ist ein schwieriges Wort.
a. Lies auf dem Pinnzettel nach, was das Wort bedeutet.
b. Übe das Wort lesen, bis du es kannst.
c. Schreibe das Wort Possessivpronomen einmal in dein Heft.
Kontrolliere, ob du es richtig geschrieben hast.

Das englische Wort *to possess* bedeutet besitzen, das Wort *possession* heißt auf Deutsch Besitz.
Das Possessivpronomen ist das Pronomen (Fürwort), das den Besitz anzeigt.
Es ist das besitzanzeigende Fürwort.

Possessivpronomen verwenden

Possessivpronomen im Singular und im Plural üben

Dann kommen noch mehr aus der Gruppe angelaufen und wollen sich nach dem Baden umziehen.

6 a. Lest euch zunächst einmal die Sprechblasen durch.
b. Sprecht sie dann mit verteilten Rollen.

7 Schreibt eigene Sätze.
Verwendet dabei die Wörter der Wörterliste.

meine Sachen
unser Zeug
deine Shorts
eure Handtücher
seine Sandalen
ihre Ohrringe
unsere Badetaschen

Aber so langsam finden alle ihre Sachen.

8 a. Lies die Sätze.

Peter: „Da ist mein Pullover."
Paul: „Nein, das ist meiner!"

Jan: „Das glaubst auch nur du, dass das da dein Handtuch ist. Denkste, das ist meins."

Rita: „Ich habe meine Bluse gefunden."
Annalena: „Gib her! Das ist meine!"

b. Schreibe selbst ähnliche Sätze.
Diese Wörter kannst du verwenden:
(die) Jacke, (der) Strumpf, (das) T-Shirt, (das) Hemd, (das) Top, (die) Hose

Possessivpronomen können auch allein stehen.
Im Englischen ist es ähnlich wie im Deutschen.

englische Possessivpronomen

Im Englischen stehen folgende Possessivpronomen vor Nomen:	allein:	
my	mine	Is this my shirt? – No, it's mine.
your	yours	
his/her/its	his/hers	
our	ours	
your	yours	
their	theirs	

Spielidee

mit Possessivpronomen spielen

Mit den Sätzen der Sprechblasen könnt ihr die Possessivpronomen in einem Spiel üben.

Sprechblasen S. 262

- Schreibt die Sätze auf kleine Kärtchen. Die Sätze dürfen mehrfach auf den Kärtchen stehen.
- Bildet einen Kreis.
- Teilt die Kärtchen gleichmäßig untereinander auf.
- Einer sagt einen der Sprechblasensätze ohne Possessivpronomen.
- Wer das richtige Possessivpronomen weiß und den Satz richtig sagt, bekommt das Kärtchen.
- Er darf dann den nächsten Sprechblasensatz nennen.

Wissenswertes zu den Possessivpronomen S. 279

Subjekt und Prädikat

Die Klasse möchte am letzten Schultag gemeinsam frühstücken. Dafür muss ein Arbeitsplan erstellt werden. Sandra, Florian, Nadja, Chris, Alexej, Bushra, Irina und Sven haben Notizzettel für den Arbeitsplan geschrieben.

Säfte kaufen

die Tische decken

Schlüssel besorgen, Svenja geben

Kuchen backen

Kaffee kochen

Eimer und Lappen besorgen

Eier kochen

dem Reinigungspersonal Bescheid sagen

Brötchen besorgen

Salat machen

Musikkassetten der Klassenlehrerin bringen

den Hausmeister nach einem Raum fragen

Tische abwischen

Geschirr und Besteck aus der Schulküche besorgen

einer Mutter die Zutaten zum Brotbacken bringen

Gurken schneiden

Subjekte und Prädikate erfragen

1 Sieh dir die Notizzettel genau an. Verteile die Aufgaben.
a. Lege in deinem Heft eine Tabelle an.
b. Trage ein, wer was tut.
c. Unterstreiche in deiner Tabelle die Subjekte grün, die Prädikate rot.

Starthilfe

Wer?	Was tut?	
Alexej Sandra	kauft deckt	die Säfte die Tische

Mit wer? oder was?
fragst du nach dem **Subjekt**.
Mit was tut?
fragst du nach dem **Prädikat**.

Dativ- und Akkusativobjekt

Einige sind verärgert, als sie den Arbeitsplan sehen.
Sandra: „Ich will nicht die Gurken schneiden. Das kannst du doch machen, Alexej."
Alexej: „Das kommt überhaupt nicht in Frage! Ich will auch nicht ...!"

Sandra und Alexej stellen den Arbeitsplan einfach um.

wer?	was tut?	wem?	wen oder was?
Sandra	kocht		den Kuchen
Florian	gibt	der Klassenlehrerin	den Schlüssel
Nadja + Chris	schneiden		die Säfte
Alexej	backt		Eimer und Lappen
Bushra	bringt	dem Hausmeister	Kakao
Irina	kauft		die Gurken
Sven	besorgt		die Musikkassetten

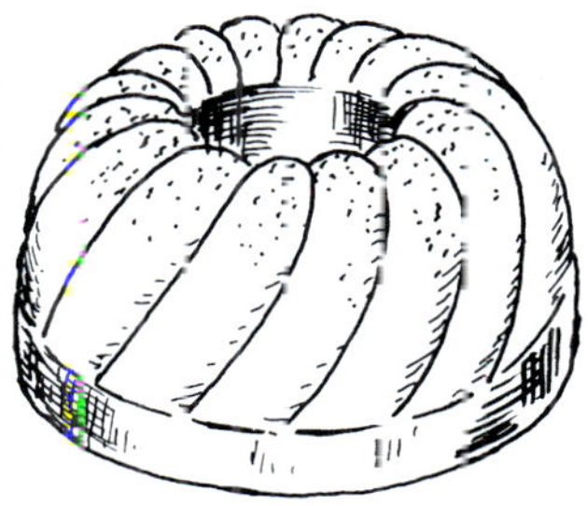

Florian: „Was soll ich wem geben?
Irina: „Was soll ich kaufen?"

1 Ändere den Arbeitsplan.
Was kauft Irina? Wem bringt Bushra was?
a. Frage nach den Objekten.
b. Ordne sie richtig zu.
c. Bilde sinvolleSätze und schreibe sie ins Heft.

Starthilfe
Was kauft Irina? – Die Säfte
Irina kauft die Säfte.

nach Objekten fragen
Sätze bilden

Mit wen? oder was? fragst du nach einem Objekt. Dieses Objekt wird **Akkusativobjekt** genannt.

Mit wem? fragst du auch nach einem Objekt. Dieses Objekt wird **Dativobjekt** genannt.

Adverbiale Bestimmungen

Alles muss rechtzeitig erledigt werden.
Die Schülerinnen und Schüler haben sich Notizen gemacht, wann und wo sie einige Dinge besorgen können und wohin sie sie bringen sollen.

1 Lies dir die Notizen durch.

Irina:
Dienstag: Geschirr und Besteck in der Schulküche; in die Klasse bringen

Sandra:
Mittwoch: Säfte im Supermarkt; in den Kühlschrank stellen

Florian:
Donnerstag: Aufschnitt beim Metzger; in den Kühlschrank legen

Alexej:
Um 7.00 Uhr: Brötchen beim Bäcker; in die Schule bringen

Nadja und Chris:
Mittwoch: Musikkassetten in der Bücherei; in den Klassenschrank legen

Manuel:
Montag: Einladung; in das Lehrerzimmer bringen

Mit wann? fragst du nach der Zeit, in der etwas geschehen soll. Mit wo? und wohin? fragst du nach dem Ort.

adverbiale Bestimmungen erfragen und aufschreiben

2 a. Frage nach der Zeit und dem Ort in den Notizen.
b. Schreibe die Fragen und Antworten in dein Heft.

Starthilfe

Wann besorgt Alexej die Brötchen? Um 7.00 Uhr.
Wo besorgt Alexej die Brötchen? Beim Bäcker.
Wohin muss er die Brötchen bringen? In die Schule.

Übungen zu den Satzgliedern

Bushra schreibt ihrer Freundin Rumina einen „Quatsch"-Brief.

... Petra und Marco besorgten die Würstchen und falteten sie.
Am Morgen kaufte Marina beim Hausmeister die Brötchen.
Unsere Lehrerin wurde am Freitag bestellt.
Ben und Sarah pflückten beim Bäcker die Blumen.
Beim Blumenhändler holten wir die Schlüssel für den Frühstücksraum ab.
Die Musik brachte gesundes Obst mit.
Die Servietten legten wir in den Kühlschrank ...

Du kannst dir sicherlich denken, dass Rumina den Brief mehrmals lesen muss, um ihn zu verstehen.

1 Schreibe den Brief richtig auf.
Setze dabei die unterstrichenen Satzglieder
in die passenden Sätze ein.

Satzglieder ordnen

Spielidee

Ihr könnt den Brief auch in einem Spiel ordnen.

- Ihr braucht kleine Pappkarten in den Farben Rot, Grün, Gelb, Blau und Weiß.
- Teilt die Klasse in Gruppen auf.
- Sucht alle Satzglieder aus dem Brief heraus.
- Schreibt sie auf die Kärtchen:
  Subjekte (wer?) auf grüne Kärtchen,
  Prädikate (was tut?) auf rote Kärtchen,
  Dativobjekte (wem?) auf gelbe Kärtchen,
  Akkusativobjekte (wen/was?) auf blaue Kärtchen,
  adverbiale Bestimmungen (wann? wo? wohin?) auf weiße Kärtchen.
- Nun könnt ihr die Karten mischen und Sätze bilden.

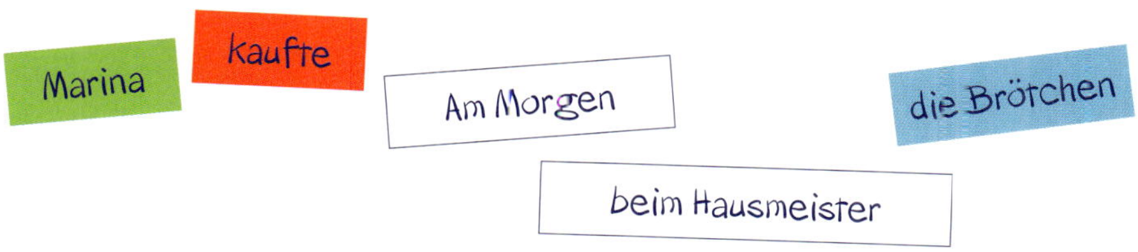

Wissenswertes zur Literatur

Märchen

Märchen sind Fantasie-Erzählungen, in denen oft Dinge passieren, die in der Wirklichkeit nicht passieren können:

- Tiere und Gegenstände können sprechen.
- Oft wirken Zauberkräfte oder es werden Wünsche erfüllt.
- Zahlen wie 3, 7 oder 12 spielen manchmal eine wichtige Rolle.
- Menschen werden von bösen Wesen bedroht.
- Das Gute siegt meistens, das Böse wird bestraft.

Sage

Sagen lesen,
Sagen erzählen
S. 114–123

In Sagen wird über wundersame Ereignisse oder Erlebnisse so erzählt, als ob sie wirklich geschehen wären. Oft werden Personen, Orte oder Ereignisse genannt, die es wirklich gab. Doch die Sage ist kein Tatsachenbericht, vieles ist hinzugedichtet.

Gedicht

Gedichte haben mindestens eine → Strophe und sind in → Versen (Zeilen) geschrieben. Sie reimen sich häufig.

- Der **Reim** ist der möglichst genaue Gleichklang von Wörtern.

mehr über Reime
S. 142–146

Reime am Ende von Gedichtzeilen, die aufeinander folgen, nennt man Paarreime.

Ameisin	a
hin	a
sprach	b
nach	b

Reimt sich jeweils der übernächste Vers, so spricht man von Kreuzreimen.

Gefahren	e
Schneckenhaus	f
Scharen	e
hinaus	f

- Eine **Strophe** verbindet eine bestimmte Anzahl von → Versen (Gedichtzeilen) zu einer Einheit und gliedert das Gedicht oder Lied. Ein Gedicht kann aus einer Strophe bestehen oder aus mehreren.
- Ein **Vers** ist eine Gedichtzeile. Er besteht aus betonten und unbetonten Silben, die in einer bestimmten Ordnung aufeinander folgen.

Gedichte lesen
und vortragen
S. 142–153

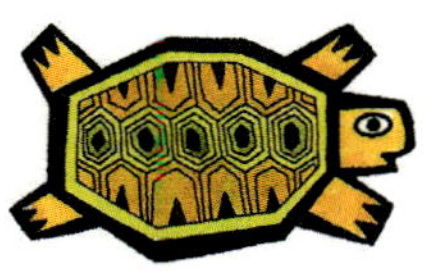

Fabel

Fabeln sind kleine Geschichten, meist über Tiere mit menschlichen Eigenschaften, die auch wie Menschen denken und handeln. Fabeln enthalten eine Lehre, aus der die Leser etwas lernen können.

Fabeln lesen
S. 123–129

Lesen und Vorlesen

Texte knacken

- Die **Bilder** neben, im und unter dem Text helfen dir, den Text zu verstehen.
- Die **Überschrift** sagt dir, was das Thema ist.
- In der **Einleitung** steht, worum es in dem Text geht.
- **Schlüsselwörter** sind besonders wichtige Wörter.
- Manche Wörter werden als **Fußnote** oder in der **Randspalte** erklärt.
- Suche Wörter, die du nicht verstehst, im **Lexikon**.

Büchern begegnen

Der **Textknacker** hilft auch bei Büchern:
- Das Bild auf dem **Buchcover** sagt dir, worum es geht.
- Der **Buchtitel** nennt das Thema.
- Der **Klappentext** erzählt dir, worum es geht.
- **Schlüsselwörter** sind wichtige Wörter.
- **Fußnoten** erklären manche Wörter.
- Bei unbekannten Wörtern hilft das **Lexikon**.

Texte und Bücher lesen S. 90–91, 98–113, 120–123, 176–179

Texte vorlesen

- **Lies** den Text **mehrmals** leise.
- Mache nach jedem **Satzzeichen** eine kurze **Pause**.
- **Senke** bei einem **Punkt** am Satzende die **Stimme**. Mache eine etwas längere Pause.
- Ausdrucksvoll kannst du vorlesen, wenn du **einzelne Wörter** besonders **betonst**.
- Lies die **wörtliche Rede** so, dass der Hörer merkt, wer spricht und wie er spricht.

Sich auf das Vorlesen vorbereiten

- Setze dich **gerade** hin. So kannst du gut atmen.
- Achte auf eine gute **Beleuchtung**.
- Lege deine **Federtasche unter das Buch**. Dann kannst du den Text besser lesen.
- Beginne mit dem Lesen, wenn du **eingeatmet** hast.

Texte vorlesen auf S. 66, 111, 127

Ein Gedicht auswendig lernen

- Lerne die erste Strophe **Zeile für Zeile** auswendig.
- Sprich dann die **Strophe als Ganzes**.
- Verfahre genauso mit den anderen Strophen.
- Am Anfang kann ein **Blatt Papier** helfen: Lege das Blatt so, dass du jeweils nur den Anfang jeder Zeile lesen kannst.

Tipps für ein Interview:

Für ein Interview benötigt man
- einen **Interviewbogen** mit Fragen und Platz für die Antworten,
- einen **Kassettenrekorder** (er kann die Arbeit erleichtern, wenn man nicht so schnell mitschreiben kann),
- eine **Mappe**, in der man die Interviewbögen mit den Antworten abheftet.

auswendig lernen S. 129, Wischtechnik S. 143

Interview auf S. 55, 58, 162

Arbeitstechniken

Die Regeln für die Schreibkonferenz kannst du auf S. 188–191 nachlesen.

Texte überarbeiten in der Schreibkonferenz

In einer Schreibkonferenz lest ihr euch gegenseitig eure Texte vor. Anschließend überarbeitet ihr die Texte gemeinsam in der Gruppe.

Texte überarbeiten S. 29–31, 58, 125, 172–173, 195, 199

Spiele findest du auf S. 22–33, 45, 85, 94, 171.

Texte überarbeiten

- Gestaltet die **Satzanfänge** abwechslungsreich.
- Verwendet **treffende Verben** und **Adjektive**.
  Dann wird der Text anschaulicher.
- Überlegt euch eine passende **Überschrift**.
- Korrigiert **Rechtschreibfehler**.

Eine Spielanleitung überarbeiten

- Gestaltet die **Satzanfänge** abwechslungsreich.
- Bezeichnet die **Mitspieler** genau.
- Beschreibt jeden **Spielschritt** genau und verständlich.
- Schreibt **nicht zu lange Sätze**.
- Korrigiert **Rechtschreibfehler**.
- Schreibt den Text in **Reinschrift** ab.

Ein Flugblatt gestalten kannst du auf S. 210–211.

Ein Flugblatt gestalten

- Welches **Papierformat** wählt ihr aus?
- Welchen **Text** wollt ihr auf das Flugblatt schreiben?
- Wie soll die **Überschrift** heißen? Was soll noch auf das Flugblatt? (Bilder, Fotos?)
- Wie wollt ihr Überschrift, **Text, Bilder und Fotos** auf dem Flugblatt verteilen?
- Welche Wörter wollt ihr besonders **hervorheben**?
- Welche Stifte nehmt ihr, damit die **Schrift** auf dem Flugblatt **gut lesbar** ist?

Berichten

Berichten kannst du auf S. 202–205 üben.

Berichten

Ein Bericht soll **knapp**, **genau** und im Präteritum geschrieben sein.
Er soll **einfach** und **klar** Antworten auf diese Fragen geben:

- **Wann** passierte es?
- **Wer** war beteiligt?
- **Wo** passierte es?
- **Was** ist die **Folge**?
- **Was geschah** der Reihe nach?

Beschreiben

Eine Person beschreiben

- Wie sieht die Person **insgesamt** aus?
- Wie sieht ihr **Gesicht** aus? Und ihre **Haare**?
- Wie sieht ihre **Kleidung** aus?
- Gibt es etwas, was dir **besonders** an ihr **auffällt**?
- Wie **wirkt** sie auf dich?

Personen beschreiben auf S. 10

Erzählen

Mündlich erzählen

- **Warte**, bis deine Zuhörer und Zuhörerinnen ruhig sitzen und aufmerksam sind.
- **Verändere deine Stimme**: Sprich langsamer, wenn du die Spannung erhöhen willst, und sprich schneller, wenn etwas Aufregendes passiert. Sprich manchmal laut und manchmal leise.
- Hast du **Bilder**, um deine Erzählung zu veranschaulichen? Dann zeige die Bilder.
- **Nacherzählen** kannst du besonders gut mit **Erzählkärtchen**.

Übungen zum Erzählen S. 19, 59, 63, 124, 170–173, 194–197, zum Nacherzählen S. 16, 114, 123

Spannend schriftlich erzählen

- Suche eine **Überschrift**, die neugierig macht.
- Deine Erzählung braucht eine **Einleitung**, einen **Hauptteil** und einen **Schluss**.
- Erzähle am **Anfang besonders ausführlich**, damit sich die Spannung aufbaut.
- Erzähle den **Höhepunkt besonders spannend**.
- Beschreibe Personen, Orte und Gefühle **mit treffenden Adjektiven**.
- **Verändere** die **Satzanfänge**.
- Schreibe zum **Schluss**, wie sich die Spannung löst.

Zu Bildern schriftlich erzählen kannst du auf S. 124–125, 130–131, 196–197.

Im Brief erzählen

- Denke an die **Anrede**.
- Beschreibe kurz deine **Situation**.
- Erzähle aufregend und witzig von deinen Erlebnissen.
- Beschreibe, wie du dich **gefühlt** hast.
- Schreibe einen schönen **Briefschluss**.

Erlebnisse im Brief erzählen auf S. 194–195

Arbeitstechniken

Cluster kannst du auf S. 62, 156 anfertigen, Ideen sammeln auf S. 100–101, 132, 149.

Ideensammlung Cluster

- Schreibt in die Mitte eines leeren Blattes das Wort, zu dem ihr Ideen sammeln wollt. Kreist das Wort ein.
- Schreibt nun die Wörter rund um das Wort auf, die euch *genau jetzt* in den Sinn kommen.
- Verbindet die neuen Wörter durch Striche mit dem Kernwort.
- Ihr könnt so viele Wörter aufschreiben, wie euch in ungefähr 5–10 Minuten einfallen.

Im Lexikon nachschlagen kannst du auf S. 186–187, Wörter erschließen auf S. 91 üben.

Unbekannte Wörter verstehen

- Schlagt im **Wörterbuch** oder **Lexikon** nach.
- **Fragt** die Lehrkraft oder Mitschüler.
- Schaut nach, ob ihr **im Text** eine Erklärung für das Wort findet.
- Manchmal helfen euch **Fußnoten** mit Worterklärungen.
- Manche schwierigen Wörter kennt ihr schon. Überlegt euch einfache Erklärungen für diese Wörter.

Minireferate vorbereiten

- Sucht ein **Thema** aus.
- Sammelt **Material** zum Thema.
- Lest **Texte** zum Thema und macht euch **Notizen**.
- Findet eine **Überschrift** und eine **Einleitung**.
- **Übt**, das Minireferat **vorzutragen**.

Notizen machen

- **Lest** euch den Text einmal durch.
- Bearbeitet ihn **Abschnitt für Abschnitt**.
- Arbeitet mit dem **Textknacker**.
- Notiert zu jedem Abschnitt die **Schlüsselwörter**.

Minireferat vorbereiten und halten S. 206–209

Freier Vortrag

- Stellt euch so hin, dass euch alle sehen können.
- Versucht **frei zu sprechen**.
- Orientiert euch an euren **Stichworten**.
- Schreibt **Schlüsselwörter** an die Tafel.
- **Schaut** beim Sprechen **die Zuhörer an**.

Die Arbeitstechniken

Übungsmöglichkeiten

- **Partnerdiktat**
  Beim Partnerdiktat geht es darum, mit Hilfe des **Partners** oder der **Partnerin** einen **Text fehlerfrei aufzuschreiben**.
- **Kassettendiktat**
  Wenn niemand da ist, der dir einen Trainingstext diktieren kann, kannst du den Text selbst auf Kassette diktieren.
  Höre dir dann den Text über Kopfhörer an und schreibe ihn auf.
- **Schleichdiktat oder Laufdiktat**
  Beim Schleichdiktat schleichst du zwischen dem Trainingstext und deinem Rechtschreibheft hin und her. Du prägst dir Sinnschritt für Sinnschritt den Text ein und schreibst ihn so nach und nach auf.
- **Abschreiben**
  Richtiges Abschreiben will gelernt sein. Es erfordert deine ganze Konzentration und deine beste Schrift. Das Abschreiben wird erfolgreich sein, wenn du die Regeln genau beachtest.
- **Fehlerkartei**
  Jedes Fehlerwort, das bei der Arbeit mit den Trainingseinheiten und in den Schreibkonferenzen aufgetaucht ist, schreibe auf ein **Lernkärtchen**.
- **Dosendiktat**
  - Schreibe den Trainingstext Satz für Satz auf Papierstreifen.
  - Ordne die Streifen.
  - Nimm den ersten Streifen. Lies ihn gut durch.
  - Stecke den Streifen in die Dose
  - Schreibe den Text in dein Heft.
  - Verfahre so mit allen Streifen.
  - Vergleiche deinen Text mit der Vorlage.
  - Streiche Fehlerwörter durch und schreibe sie richtig darüber.

Partnerdiktat auf S. 212

Kassettendiktat auf S. 213

Schleichdiktat auf S. 214

Abschreiben auf S. 215

Fehlerkartei auf S. 237

Dosendiktat auf S. 229

Nach dem Alphabet ordnen

- Wenn du Wörter nach dem Alphabet ordnen willst, musst du das Abc kennen.
- Wenn die Wörter mit demselben Buchstaben beginnen, musst du dich auch nach dem zweiten Buchstaben richten.
- Manchmal musst du sogar den dritten, vierten oder fünften Buchstaben ansehen.

Das Alphabet trainieren kannst du auf S. 184–185, 217, 239, 273.

Rechtschreiben

Rechtschreibregeln – Rechtschreibtipps

Wörter mit kurzem Vokal

Übungen dazu
S. 227, 238, 239

Kurzer Vokal (Selbstlaut) : doppelter Konsonant (Mitlaut)
Die Vokale sind: a, e, i, o, u, ä, ö, ü

Missverständnis (kurz) erinnern (kurz) Klassenzimmer (kurz) schrecklich (kurz)

Wörter mit langem Vokal

Übungen dazu
S. 217, 241, 243

Wörter mit h kommen immer wieder vor:
ehrlich, wahr, während

Es gibt nur wenige Wörter mit einem langen i, die mit einem einfachen i geschrieben werden:
gib, mir, Igel, Kino

Nomen

Nomen mit -ung, -keit, -heit und -nis

die Ahn**ung**
die Freundlich**keit**
die Gewiss**heit**
das Geheim**nis**

Übungen dazu
S. 223, 233, 243

Wörter mit den Endungen **-ung**, **-keit**, **-heit** und **-nis** sind Nomen.
Sie werden großgeschrieben.
Alle Nomen mit **-ung**, **-keit**, **-heit** haben den Artikel **die**.
Nomen mit **-nis** können verschiedene Artikel haben.

Verben werden zu Nomen

Übungen dazu
S. 225, 235, 241

Aus Verben können **Nomen** werden.
Die starken Wörter **beim**, **zum**, **im** und der Artikel **das** machen's!

rechnen –
beim/zum/im Rechnen

Adjektive werden zu Nomen

Übungen dazu
S. 231, 234

Etwas und **nichts** machen Adjektive zu **Nomen**.

schön –
etwas/nichts Schönes

Neue Wörter bauen

Nomen

Nomen 1	+	Nomen 2	=	zusammengesetztes Nomen
der Regen	+	der Tropfen	=	der Regentropfen

Übungen dazu S. 221, 238, 239

Wörter mit ver-

Viele Wörter haben die Vorsilbe ver-.

Verbindet man ein Verb mit ver-, entsteht ein neues Verb.

ver- + schenken = verschenken

Verbindet man ein Nomen mit ver-, entsteht ein neues Nomen.

ver- + das Band = der Verband

Übung dazu S. 229

Wörter mit vor

Viele Wörter sind mit dem Wörtchen vor zusammengesetzt.

vor + die Stadt = die Vorstadt
vor + singen = vorsingen
vor + bei = vorbei

Übungen dazu S. 233, 240

Wörter mit end-

In vielen Wörtern steckt das Wort Ende.
Darum wird die Silbe end- mit d geschrieben.

endlos – ohne Ende
das Endspiel – das Spiel am Ende eines Wettbewerbs

Übung dazu S. 225

Wörter mit ent-

Mit der Vorsilbe ent- kann man neue Wörter bilden.

decken – entdecken – die Entdeckung

Wörter mit -d am Ende

Das Verlängern hilft.

strahlend – strahlende Kinderaugen

Übungen dazu S. 241, 231

Zeichensetzung

Satzarten und Zeichensetzung

1. Nach einem Aussagesatz steht ein Punkt.
   Ich mag dich auch.
2. Nach einem Ausrufesatz steht ein Ausrufezeichen.
   Olga, ich finde dich super!
3. Nach einem Fragesatz steht ein Fragezeichen.
   Wann sehen wir uns wieder?

als-Sätze

Übungen dazu
S. 218, 228

Beginnt ein Satz mit als, folgt häufig
etwas später ein Komma.
Das Komma steht zwischen zwei Verben.
Als die Musik wieder beginnt, lachen alle.

dass-Sätze

Übungen dazu
S. 216, 226

Der dass-Satz wird durch Komma vom
Hauptsatz abgetrennt.
Ich hoffe, dass …
Ich weiß, dass …

Wörtliche Rede

Übungen dazu
S. 82, 83, 219

Sven ruft: „Olga, ich finde dich super!“ : „ !“
Olga antwortet: „Ich mag dich auch.“ : „ .“
Sven fragt: „Wann sehen wir uns wieder?“ : „ ?“

Wortarten

Nomen

Lebewesen (Menschen, Tiere, Pflanzen), Gegenstände und andere sichtbare oder unsichtbare Dinge sind **Nomen**.

der Ball
das Trikot
die Pfeife

Nomen schreibt man im Deutschen immer groß.
Oft steht ein **bestimmter Artikel** (der, das, die) oder ein **unbestimmter Artikel** (ein, eine) vor den Nomen.

der Trainer – **ein** Trainer
das Spiel – **ein** Spiel
die Pause – **eine** Pause

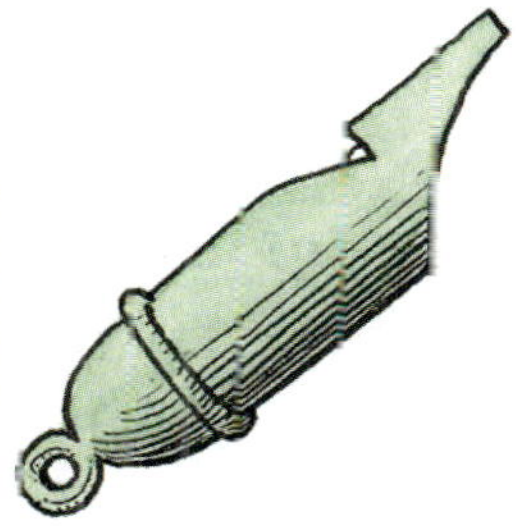

Fast alle Nomen können im **Singular** (Einzahl) oder im **Plural** (Mehrzahl) stehen.

der Sieg – die Siege
das Tor – die Tore
die Staffel – die Staffeln

Übungen dazu S. 246–248

Aus zwei Nomen kann man ein **zusammengesetztes Nomen** bilden. Werden zwei Nomen zusammengesetzt, richtet sich der Artikel nach dem zweiten Nomen.

der Pfiff – der Schlusspfiff
das Spiel – das Fußballspiel
die Läuferin – die Hürdenläuferin

weitere Übungen zu zusammengesetzten Nomen S. 221, 238, 239

Grammatik

Verben

Handlungen und Vorgänge werden durch **Verben** ausgedrückt.
Verben haben Personalformen:
1. Person: ich erzähle
2. Person: du erzählst
3. Person: er, sie, es erzählt usw.

Perfekt

Übungen zum Perfekt S. 254–255

Wenn man etwas mündlich erzählt, was schon vergangen ist, dann verwendet man meist das **Perfekt.**
Sehr viele Verben bilden das Perfekt mit haben:
Er hat Tüten geschleppt.

Das Perfekt von Verben der Bewegung wird mit sein gebildet:
Er ist gestolpert.

Präteritum

Übungen zum Präteritum S. 202–205 und S. 266–267

Wenn man über etwas Vergangenes schriftlich berichtet, dann verwendet man meist das **Präteritum**:
Er stürzte.

Bei manchen Verben ändert sich im Präteritum der Vokal:
fahren –> Es fuhr zu schnell.

Futur

Übungen zum Futur S. 259

Wenn man über Dinge spricht, die in der Zukunft liegen, also noch nicht geschehen sind, dann verwendet man oft das **Futur**.
Das Futur bildet man mit werden:
Ich werde bald eine Reise buchen.

Personalpronomen

Nomen kann man durch die Wörter
ich, du, er, sie, es, wir, ihr, sie
ersetzen.
Diese Wörter heißen **Personalpronomen**.
Wenn Personalpronomen für Nomen eingesetzt werden,
muss man die Nomen nicht ständig wiederholen.

Possessivpronomen

Die Wörter
mein/dein/sein – ihr, meine/deine/seine – ihre
sagen, wem etwas gehört.
Es sind **besitzanzeigende Pronomen**
oder **Possessivpronomen**.
Sie können vor einem Nomen oder allein stehen.
Die Endungen der Possessivpronomen
können sich verändern.

Übungen dazu
S. 260–263

Adjektive

Mit **Adjektiven** kann man Dinge
oder Lebewesen genauer beschreiben.
Adjektive werden kleingeschrieben.

Übungen dazu
S. 247–248,
250–251

Zusammengesetzte Adjektive

Mit **zusammengesetzten Adjektiven**
kann man Dinge oder Lebewesen
noch genauer beschreiben.

Übungen dazu
S. 252–253

Grammatik

Satzglieder

Subjekt

Übungen zum Subjekt S. 264–265, 267

Mit wer? oder was? fragst du nach dem **Subjekt**.
Mit wer? fragst du nach Personen.
Mit was? fragst du nach Sachen.
Wer kauft die Säfte? Alexej kauft die Säfte.
Was schmeckt gut? Der Kuchen schmeckt gut.

Prädikat

Übungen zum Prädikat S. 264–265, 267

Mit was tut? fragst du nach dem **Prädikat**.
Was tut Irina? Sie kauft Gurken.
Das Prädikat sagt etwas darüber aus,
was jemand tut oder was geschieht.

Dativ- und Akkusativobjekt

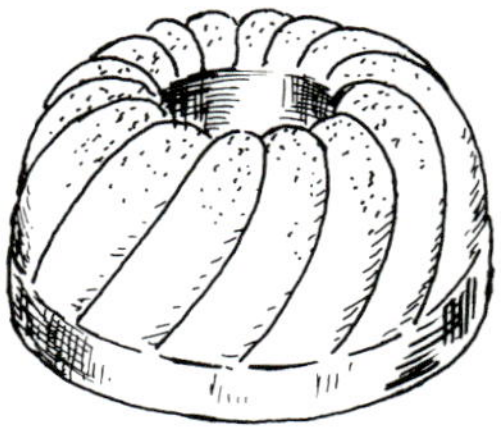

Mit wem? fragst du nach dem **Dativobjekt**.
Wem kocht Sven Kaffee? Sven kocht der Lehrerin Kaffee.

Übungen zu den Objekten S. 265, 267

Mit wen? oder was? fragst du nach
dem **Akkusativobjekt**.
Wen fragt Sandra? Sandra fragt Chris.
Was besorgt Nadja? Nadja besorgt den Schlüssel.

Adverbiale Bestimmung

Übungen zu adverbialen Bestimmungen S. 266, 267

Mit wann? fragst du nach der Zeit, in der etwas geschehen soll.
Mit wo? oder wohin? fragst du nach dem Ort.
Wann holt Irina das Geschirr? Am Dienstag holt
Irina das Geschirr.
Wo kauft Chris ein? Chris kauft beim Bäcker ein.

Hier findest du die vollständigen Gedichte von S. 142, 144 und 148.

Joachim Ringelnatz
Die Ameisen

In Hamburg lebten zwei Ameisen,
Die wollten nach Australien reisen.
Bei Altona auf der Chaussee
Da taten ihnen die Beine weh,
Und da verzichteten sie weise
Dann auf den letzten Teil der Reise.

Christian Morgenstern
Das ästhetische Wiesel

Ein Wiesel
saß auf einem Kiesel
inmitten Bachgeriesel.
Wisst ihr,
weshalb?
Das Mondkalb verriet es mir
im Stillen:
Das raffinier-
te Tier
tat's um des Reimes willen.

Joachim Ringelnatz
Im Park

Ein ganz kleines Reh stand am ganz kleinen Baum
Still und verklärt wie im Traum.
Da war es des Nachts elf Uhr zwei.
Und dann kam ich um vier
Morgens wieder vorbei,
Und da träumte noch immer das Tier.
Nun schlich ich mich leise – ich atmete kaum –
Gegen den Wind an den Baum,
Und gab dem Reh einen ganz kleinen Stips.
Und da war es aus Gips.

Textquellen

Andersen, Hans Christian (geb. 1805 in Odense/Dänemark, gest. 1875 in Kopenhagen) war der Sohn eines armen Schuhmachers. Dass er trotzdem die Schule besuchen und sogar studieren konnte, verdankte er König Friedrich IV., der ihn unterstützte, weil ihm seine Begabung aufgefallen war.
Des Kaisers neue Kleider (S. 37).
Aus: Die schönsten Märchen von Hans Christian Andersen. Stuttgart (Unipart) 1975.

Barbosa, Rogério Andrade und Fittipaldi, Ciça: Die Schildkröte und der Leopard (S. 126). Aus: Großvater Ussumane erzählt ... Tiergeschichten aus Afrika, Legenden und Fabeln. Wuppertal (Hammer) 1990.

Bote, Hermann (geb. 1436, gest. 1520): Wie Till Brot kaufte und wieder verkaufen wollte (S. 115), Wie Eulenspiegel in Magdeburg verkündete, dass er vom Rathauserker fliegen wollte (S. 118). Nach: Till Eulenspiegel. Hrsg. Siegfried H. Sichtermann. Frankfurt/Main (Insel) 1981.

Braem, Harald (eigentlich Wolfgang vom Stein, geb. 1944 in Berlin, lebt in Bettendorf im Taunus): Ich schenke dir diesen Baum (S. 150). Aus: Überall und neben dir. Weinheim (Beltz & Gelberg) 1989.

Busch, Wilhelm (geb. 1832 in Wiedensahl bei Hannover, gest. 1908 in Mechtshausen bei Hildesheim) wollte zur Enttäuschung seines Vaters nicht Maschinenbauer, sondern Maler werden. Erfolgreich wurde er dann aber als Karikaturist. Die Streiche von „Max und Moritz", die 1865 als Buch erschienen, waren bald das meistverkaufte Kinderbilderbuch der Welt.
Fink und Frosch (S. 128). Aus: Sämtliche Werke. Hrsg. von Otto Nöldeke. München (Braun und Schneider) 1943.

Cesco, Federica de (geb. 1938 in Pordenone/Italien): Cover und Klappentexte (S. 106). Aus: Das Lied der Delfine. Ravensburg (Ravensburger) 1998.

Ende, Michael (geb. 1929 in Garmisch-Partenkirchen, gest. 1995 in München) besuchte die Schauspielschule in München. Sein eigentliches Interesse aber galt der Literatur. Gleich für sein erstes Jugendbuch „Jim Knopf und Lukas der Lokomotivführer" bekam er den deutschen Jugendbuchpreis. Auch seine fantastischen Romane „Momo" und „Die unendliche Geschichte" waren sehr erfolgreich und wurden beide verfilmt.
Der Tausend Türen Tempel (S. 140). Aus: Die unendliche Geschichte. Stuttgart (Thienemanns) 1979.

Frei, Frederike (eigentlich Christine Golling, geb. 1945 in Brandenburg, lebt in Potsdam): Vogelbeerbaumgedicht (S. 152). Aus: Überall und neben dir. Weinheim (Beltz & Gelberg) 1989.

Gernhardt, Robert (geb. 1937 in Reval/Estland, lebt in Frankfurt):
Moin, Moin, Morgenstern (S. 145). Aus: Wörtersee. Frankfurt/M. (Zweitausendeins) 19881.

Graßhoff, Annelies: Die Sage von Sadko (S. 120). Nach: Sadko, der Sänger aus Nowgorod. Stuttgart (Urachhaus) 1986.

Groen, Els de (geb. 1949): Cover und Klappentexte (S. 107). Aus: Wo ist Hamid? Ravensburg (Ravensburger) 2000.

Guggenmos, Josef (geb. 1922 in Irsee/Ostallgäu) war als Kind beeindruckt von einem Schriftsteller, der seine Schule besuchte. Er selbst begann nach dem Krieg mit dem Schreiben. Seine Gedichte und Geschichten richten sich alle an Kinder. Einige davon wurden von Janosch illustriert.
Bruder Ahorn (S. 151). Aus: Überall und neben dir. Weinheim (Beltz & Gelberg) 1989.

Gutzschhahn, Uwe-Michael (geb. 1952, lebt in München): Klappentext (S. 21). Aus: Der Sog. München (dtv junior) 1997.

Jacobsson, Anders (geb.1963) und Olsson, Sören (geb.1964): Berts Tagebuch (S. 158), Die Autoren von Berts Katastrophen (S. 162), Wie können zwei Autoren zusammen ein Buch schreiben? (S.163) Aus: Berts gesammelte Katastrophen. Hamburg (Oetinger) 1990.

Jandl, Ernst (geb. 1925 in Wien, gest. 2000 in Wien) studierte Germanistik und Anglistik. Danach unterrichtete er an einem Gymnasium in Wien, unterbrach diese Tätigkeit aber immer wieder für Auftritte, Vortragsreisen und Lehraufträge im In- und Ausland (England, Deutschland, USA). Er schrieb „Sprechgedichte", Hörspiele und auch eine „Sprechoper".
auf dem land (S. 147). Aus: Laut und Luise. Neuwied (Luchterhand) 1971.

Kordon, Klaus (geb. 1943 in Berlin) wuchs in Ostberlin auf. Nach dem Tod seiner Mutter lebte er in verschiedenen Heimen. Er arbeitete dann als Transport- und Lagerarbeiter. 1972 holte er das Abitur nach, studierte Volkswirtschaft und unternahm als Exportkaufmann Reisen nach Afrika und Indien. Seit 1980 arbeitet er als freier Autor und schreibt vor allem historische Kinderromane. Er wohnt abwechselnd in Berlin und in Schleswig-Holstein.
Biologie (S. 151). Aus: Überall und neben dir. Weinheim (Beltz & Gelberg) 1989.

Krüss, James (geb. 1926 auf Helgoland, gest. 1997 auf Gran Canaria) fühlte sich zeit seines Lebens nur auf Inseln richtig wohl. Zunächst studierte er für das Lehramt, eine Begegnung mit Erich Kästner bestärkte ihn dann aber darin, Kinderbücher zu schreiben. 1961 ließ Krüss sich auf Gran Canaria nieder und begründete das so: „Da brauche ich nicht zu heizen und kann zu Weihnachten ohne Mantel ausgehen." Ich war einmal eine Schnecke (S. 146). Aus: James' Tierleben. Berlin (Der Kinderbuchverlag) 1998.

Lobe, Mira, Zotter, Gerri: Giraffe und Krokodil (S. 149). Aus: Das Sprachbastelbuch. Hrsg. v. H. Domenego. Wien/München (Jugend und Volk) 1983.

Lobe, Mira, Welsh, Renate, Zotter, Gerri: Wald (S. 153). Aus: Das Sprachbastelbuch. Hrsg. v. H. Domenego. Wien/München (Jugend und Volk) 1983.

Lundgren, Max (geb. 1937 in Landskrona/Schweden): Wenn du eine Kröte küsst, kriegst du Warzen auf der Nase (S. 111), Klappentext (S. 179). Aus: Wenn du eine Kröte küsst, kriegst du Warzen auf der Nase. München (Bertelsmann) 1997.

Maar, Paul (geb. 1937 in Schweinfurt) studierte an der Kunstakademie in Stuttgart und arbeitete nebenbei als Bühnenbildner und Theaterfotograf. Dann war er zehn Jahre lang Lehrer für das Fach Bildende Kunst im Raum Stuttgart. Heute lebt er in Bamberg. Seit 1976 ist er als freier Autor und Illustrator, aber auch als Regisseur, Schauspieler und Übersetzer tätig.
In der neuen Klasse (S. 180). Aus: Robert und Trebor. Hamburg (Oetinger) 1985.

Manz, Hans (geb. 1931 in Wila bei Zürich) war bis 1987 Lehrer an der Grundschule. Seitdem arbeitet er als freier Schriftsteller und Journalist. Er schreibt und übersetzt Bücher, Erzählungen, Gedichte und andere Texte und hat dafür viele Preise bekommen. Besonders interessiert ihn die Sprache, wie man an den Titeln seiner Bücher erkennen kann: „Worte kann man drehen", „Mit Wörtern fliegen. Neues Sprachbuch für Kinder und Neugierige". Er lebt in Zürich und in der Toskana.
Wunder des Alltags (S. 71), Waldsterben (S. 153), Autofriedhof (S. 153). Aus: Überall und neben dir. Weinheim (Beltz & Gelberg) 1989.

Manzoni, Carlo (geb. 1909 in Mailand, gest. 1975): Der Schlüssel (S. 84). Nach: Hundertmal Signor Veneranda. München (Langen Müller Verlag in der F. A. Herbig Verlagsbuchhandlung) 1966.

Martin, Hansjörg (geb. 1920 in Leipzig, gest. 1999 auf Mallorca): Cover und Klappentexte (S. 107). Aus: Die Sache mit den Katzen. Reinbek (Rowohlt) 1984.

Morgenstern, Christian (geb. 1871 in München, gest. 1914 in Meran)
Das ästhetische Wiesel (S. 144, 281). Aus: Galgenlieder. Ginganz und Horatius Travestitus. Sämtliche Dichtungen. Basel (Zbinden) 1972.

Nasrettin Hoca (14. Jh.): Ein gelehrter Mann (S. 114). Nach: Der Fuchs geht um ... auch anderswo. Weinheim (Beltz & Gelberg) 1991.

Nöstlinger, Christine (geb. 1936 in Wien) studierte Gebrauchsgrafik und arbeitete beim Rundfunk. Zum Schreiben kam sie durch ihre beiden Töchter, für die sie ihr erstes Kinderbuch malte und schrieb. Viele ihrer Geschichten hat sie selbst illustriert, bei einigen Büchern stammen die Bilder von ihrer Tochter, die ebenfalls Christine heißt. Christine Nöstlinger lebt abwechselnd in Wien und auf einem Bauernhof in Niederösterreich.
Brief an Martina (S. 12), 4-er-Märchen (S. 20). Aus: Ein und alles. Weinheim (Beltz & Gelberg) 1993.

Polak, Eva (geb. 1948 in Prag, lebt in Berlin): Klappentext (S. 21). Aus: Jeden Mittwoch Jessika. München (Bertelsmann) 1996.

Richter, Lena: Eifersucht (S. 12). Originalbeitrag.

Ringelnatz, Joachim (geb. 1883 in Wurzen bei Leipzig, gest. 1934 in Berlin) hieß eigentlich Hans Bötticher. Ringelnatz nannte er sich nach dem seemännischen Namen für das Seepferdchen.
Als Achtzehnjähriger fuhr er nämlich zur See. Danach war er unter anderem Hausmeister in einer englischen Pension, Inhaber eines Tabakladens und Bibliothekar einer vornehmen Familie. Außerdem schrieb er Geschichten, Kindererzählungen und komische Gedichte.
Die Ameisen (S. 142, 281). Aus: Und auf einmal steht es neben dir. Gesammelte Gedichte. Berlin (Karl H. Henssel) 1974. Im Park (S. 148). Aus: Das Gesamtwerk. Hrsg. v. Walter Pape. Zürich (Diogenes Verlag).

Rosendorfer, Herbert (geb. 1934 in Gries/Bozen, lebt in der Nähe von Bozen) Reise in die Gegenwart (S. 59). Aus: Briefe in die chinesische Vergangenheit. München (dtv) 1986.

Roth, Eugen (geb. 1895, gest. 1976 in München) war der Sohn des Schriftstellers Hermann Roth. Bis 1933 war er Redakteur bei den Münchner Neuesten Nachrichten, nach der Machtübernahme durch die Nationalsozialisten wurde er fristlos entlassen. Er lebte bis zu seinem Tod als freier Schriftsteller in München und schrieb Geschichten und Gedichte.
Der Baum (S. 152). Aus: Überall und neben dir. Weinheim (Beltz & Gelberg) 1989.

Rusch, Regina (geb. 1945 in Hamburg) unterrichtete in der Erwachsenenbildung und arbeitete als Journalistin und Herausgeberin für verschiedene Verlage. Heute lebt sie als freie Schriftstellerin mit ihrer Familie in Frankfurt. Sie veranstaltet seit 1985 Kinderschreibwettbewerbe.
Der Geschichten-Baukasten (S. 169). Aus: www.geschichtenwerkstatt.de

Scheuerer, Christina und Thiel, Hans Peter: Wörterbucheinträge (S. 186). Aus: Von Wort zu Wort. Berlin (Cornelsen) 1997.

Schlüter, Andreas (geb. 1958 in Hamburg) wollte als Kind zuerst Fernfahrer oder Zauberer werden, ab seinem zehnten Lebensjahr dann Journalist. Nach dem Abitur machte er allerdings erst eine Ausbildung zum Großhandelskaufmann und arbeitete dann in der Kinder- und Jugendarbeit, bevor er schließlich Journalist und Autor wurde. Heute ist Schreiben sein Beruf und zugleich sein Hobby.
Die Stadt der Kinder (S. 133). Aus: Level 4 – Die Stadt der Kinder. München (dtv junior) 1998.

Siege, Nasrin (geb. 1950 in Teheran/Iran, lebt in Daressalam/Tansania): Klappentext (S. 21). Aus: Shirin. Weinheim (Beltz & Gelberg) 1996.

Spohn, Jürgen (geb. 1934): Märchen (S. 151). Aus: Drauf und dran. Hamburg (Carlsen) 1988.

Stine, R. L. (geb. 1943 in Columbus/Ohio, lebt in New York): Cover und Klappentexte (S. 106). Aus: Gänsehaut. München (Bertelsmann Jugendbuch) 1997.

Trevis, Heike: Mit Rubbelbrett und Stampfer (S. 52). Aus: Aachener Nachrichten vom 31.01.2000. Aachen (Aachener Nachrichten).

Travers, Pamela (geb. 1899 in Queensland/Australien, gest. 1995 in London) kam 1924 aus Australien nach England. Sie arbeitete als Sekretärin, Tänzerin, Schauspielerin, und Journalistin. 1934 erschien das erste ihrer fünf Bücher über die Abenteuer von Mary Poppins. Es wurde in 20 Sprachen übersetzt und von Walt Disney verfilmt.
Mary Poppins (S. 136). Aus: Mary Poppins. Hamburg (Dressler) 1999.

Waechter, Friedrich Karl: Hund, Angsthase (S. 149). Aus: Opa Huckes Mitmachkabinett. Weinheim, Basel (Beltz & Gelberg) 1974.

Wahl, Mats (geb. 1945 auf Gotland/Schweden, lebt in Stockholm): Klappentext (S. 21). Aus: Emma und Daniel. München (Hanser).

Wiemer, Rudolf Otto (geb. 1905 in Friedrichsroda): Urlaubsreise (S. 143). Aus: Überall und neben dir. Weinheim (Beltz & Gelberg) 1986.

Wölfel, Ursula (geb. 1922 in Duisburg) studierte Germanistik und Pädagogik in Heidelberg und arbeitete als Sonderschullehrerin. Seit 1961 lebt sie als freie Schriftstellerin im Odenwald und ist heute eine der erfolgreichsten deutschen Kinder- und Jugendbuchautorinnen. Ihre Bücher handeln von Außenseitern und Randgruppen, von Konflikten mit der Familie und von anderen Schwierigkeiten, die Kinder in Südamerika, in Afrika und bei uns haben. Aber auch viele lustige Geschichten hat sie geschrieben.
Der Nachtvogel (S. 64). Aus: Geschichten-Sammelsurium. München (Deutscher Taschenbuch Verlag) 1981.

Unbekannte und ungenannte Verfasser:

Spiel mit Hindernissen oder Ein Spiel regeln (S. 26). Originalbeitrag.
... ganz normale Kieselsteine (S. 28). Originalbeitrag.
Mancala (S. 29). Originalbeitrag.
Zublinzeln (S. 30). Originalbeitrag.
Spiel mit fünf Kieselsteinen (S. 31). Originalbeitrag.
Der Moskito – Ein Fadenspiel aus Ghana (S. 32). Aus: Afrikanische Kinderspiele. Jugenddienst Verlag.
Es war einmal ein Kaiser (S. 36). Originalbeitrag.
Im Trend der Zeit ... (S. 40). Originalbeitrag.
Jung trifft Alt (S. 57). Originalbeitrag.
Angst lähmt - Angst schützt (S. 67). Originalbeitrag.
So viele Zeichen, so verschiedene Bedeutungen ... (S. 76). Originalbeitrag.
Andere Länder, andere Bräuche (S. 73). Originalbeitrag.
Es hat schon lange nicht mehr geregnet (S. 82). Originalbeitrag.
Wale (S. 90). Originalbeitrag.
Der Schweinswal und Der Grauwal (S. 93). Originalbeitrag.
Das große Walequiz (S.94). Originalbeitrag.
Delfine (S. 95). Originalbeitrag.
Der Gesang der Wale (S. 96). Originalbeitrag.
In der Stadtbücherei (S. 102). Originalbeitrag.
Wie Eulenspiegel in Magdeburg verkündete, dass er vom Rathauserker fliegen wollte (S. 118). Aus: Deutsche Schwänke. Hrsg. v. Leander Petzoldt. Stuttgart (Reclam) 1979.
Wie Eulenspiegel dreimal getauft wurde (S. 234). Originalbeitrag.
Auf heißer Spur... (S. 164). Originalbeitrag.
Computer und Internet (S. 168). Originalbeitrag.
Wissenswertes über das Internet (S. 175). Originalbeitrag.
Malis Abenteuer written by Regina (S. 171). Internet.
Blauwal, Pottwal (S. 187). Aus: Das große farbige Tierlexikon. Hrsg. Maurice Burton. Hamburg (Olde Hansen).
Unwetter erschreckte Feriengäste (S. 194). Originalbeitrag.

Bildquellen

S. 8, 22, 23, 24, 25, 26, 27, 28, 31, 40, 47, 77 rechts, 104, 113, 185, 189, 196, 197, 222, 240, 251, 264: Peter Wirtz, Dormagen;
S. 8 oben: Bavaria, Gauting;
S. 9: Pressefoto Michael Seifert, Hannover;
S. 21: Cover von Eva Polak: Jeden Mittwoch Jessika, Bertelsmann Jugendbuch Verlag, München 1998; omnibus Taschenbuch Nr. 20054; Illustration von Edda Skippe, Atelier 9;
S. 21: Cover von: Mats Wahl, Emma und Daniel, Hanser Verlag, München;
S. 21: Cover von: Nasrin Siege, Shirin, Beltz Verlag, Weinheim u. Basel, Programm Beltz & Gelberg; Gestaltung von Max Bartholl unter Verwendug eines Fotos von Lothar Schulz/ Bilderdienst Süddeutscher Verlag, München;
S. 21: Cover von: Uwe-Michael Gutzschhahn, Der Sog; Illustration Hano Rich; © Deutscher Taschenbuch Verlag, Mümchen 1997;
S. 23 unten links: Gabriele Biela, Berlin;
S. 23 unten rechts, 246, 248: Thomas Schulz, Hohen Neuendorf;
S. 31: Cover von: Steiner, Spielkartei, Ökotopia, Spielvertrieb und Verlag, Münster; Illustration: Ilona Klück;
S. 31: Cover von: Spiele rund um die Welt. Unicef, Köln;
S. 31: Cover von: Afrikanische Kinderspiele, Jugenddienst Verlag;
S. 36: Stadtwald; Maßkonfektion, Krefeld;
S. 38: Illustration von Franziska Zörner-Bertina, aus: Andersens Märchen, Unipart Verlag, Stuttgart 1975;
S. 42 oben: Jürgen Juncker-Rösch, Berlin;
S. 42 unten rechts: Corel Library;
S. 42: unten links: Viesti/Bavaria, Gauting
S. 48 (Wringmaschine) aus: Kulturgeschichte des Waschens, Econ Verlag, Düsseldorf, Wien 1966;
S. 48 Mitte: AKG, Berlin;
S. 51: Miele Archiv, Gütersloh;
S. 52: Heike Lachmann, aus: Aachener Nachrichten v. 31.01.2000;
S. 58: Germanisches Nationalmuseum, Nürnberg, Inv.-Nr. 4063;
S. 72/73: Figuren: Filiz Feustel/Foto: Sabine Kähne;
S. 72 (Hinweisschilder) 3 Foto-CD Galery © Expert Software. Inc. Microsoft Windows;
S. 72 u. 75 (Handy-Verbot): DB AG, Berlin;
S. 75 (Verkehrsschilder): Corel Library;
S. 77 links: Claudia Biela-Knigge, Roetgen;
S. 86/87, 186, 210: Yves Lefevre/BJOS/OKAPIA, Berlin;
S. 92 oben: OKAPIA, Berlin
S. 92 unten, 210, rechts: NAS/ Ron Sanford/OKAPIA, Berlin;
S. 93: NASR.Elis/OKAPIA, Berlin;
S. 94, 211 oben Carlos Virgili Global Pic/ OKAPIA, Berlin;
S. 95: Photri Inc./OKAPIA, Berlin;
S. 96 oben, 211 unten: Francois Gohier/ OKAPIA, Berlin;
S. 97, 228: Cover von: Jean Craighead George, Der Ruf des weißen Wals, Arena Verlag, Würzburg 1994;
S. 97, 106: Cover von: Federoca de Cesco, Das Lied der Delfine, Ravensburger Buchverlag, Ravensburg 1998, Bd. 8063, Illustration Jens Schmidt;
S. 97: Cover von: Was ist was, Bd. 85: Wale und Delphine, Tessloff Verlag, Nürnberg 1999, Umschlagillustration von Julian Jusim;
S. 102: BMG Ariola GmbH, Quickborn, Illustration von Aiga Rasch. Leinfelden Echterdingen;
S. 105: Cover von: Anna-Maria Radke, Wenn Katzen reden könnten ... Franckh'sche Verlagshandlung, W. Keller & Co., Stuttgart 1990, Umschlag v. Ulrich Kolb unter Verwendung eines Fotos von Werner Layer;
S. 105: Cover von: Marilyn Baillie, Meine Katze, hpt-Verlagsgesellschaft, Wien 1995;
S. 105, 107: Cover von: Hansjörg Martin, Die Sache mit den Katzen, Rowohlt Taschenbuch Verlag, Reinbek 1984, Umschlag von Manfred Waller, Foto v. Per Koopmann;
S. 105, 178: Cover von:Antje Breuer, Katzen, unsere zärtlichen Freunde, Isis Verlag, Chur/Schweiz, 1995, Fotos von Reinhard-Tierfoto, Heiligkreuzsteinach;
S. 105: Cover von: Rainer Köthe, Was ist was, Bd. 59: Katzen, Tessloff Verlag, Nürnberg 1991, Illustrationen von Reiner Zieger, Berlin, Fotos von Rolf Hinz, Wedel;
S. 105, 110: Cover von: Hanna Johansen, Felis, Felis, Ravensburger Buch Verlag, Ravensburg 1990, Illustration von Käthi Bhend;
S. 105: Cover von: Sigrid u. Harald Theilig, So lernt meine Katze, Franckh-Kosmos Verlagsgesellschaft, Stuttgart 1992, Umschlag: Atelier Reichert, Stuttgart unter Verwendung von Fotos von Ingeborg's Animals/Aschermann, Reinhard-Tierfoto, Heiligkreuzsteinach;
S. 106: Cover von: R. L. Stine, Gänsehaut, Die Nacht im Turm der Schrecken, Bertelsmann Jugendbuch Verlag, München 1998;
S. 106: Cover von: Els de Groen, Wo ist Hamid?, Ravensburger Buchverlag, Ravensburg 2000, Umschlagillustration von: Susanne Haberer;
S. 108, 109, 178, 231: Cover von: Was ist was, Bd. 6: Die Sterne, Tessloff Verlag, Nürnberg 1990;
S. 108, 178, 230: Cover von: Klaus Kordon, Die tausendundzweite Nacht und der Tag danach, Beltz Verlag, Weinheim, Basel 1992, Programm Beltz & Gelberg, Weinheim, Umschlag von Wolfgang Rudelius, Illustration von Erika Rapp;
S. 108, 178: Cover von: Kirsten Boie, Eine wunderbare Liebe, Verlag Friedrich Oetinger, Hamburg, 1996, Umschlagillustration von Dorothea Göbel;
S. 108, 178: Cover von: Tonke Dragt, Das unheimliche Fenster, Beltz Verlag, Weinheim, Basel 1999, Programm Beltz & Gelberg, Weinheim, Umschlag von Max Bartholl, Illustration von Jindra Capek;
S. 111: Cover von: Max Lundgren, Wenn du eine Kröte küsst, kriegst du Warzen auf der Nase, Bertelsmann Jugendbuch Verlag, München 1997; omnibus Taschenbuch Nr. 20597, Umschlag Klaus Renner, Illustration von Brian Fitzgerald;
120: Volkhard Binder, Berlin;
S. 128, 129: aus: Wilhelm Busch, Gesammelte Werke in 6 Bänden, Fackel Verlag, Herschingen o. J.;
S. 130: AKG, Berlin, © Cordan Art, Baarn, Holland;
S. 132, 135: Cover von: Andreas Schlüter, Level 4 - Die Stadt der Kinder, Deutscher Taschenbuch Verlag, München 1998;
S. 138: Cover von: Pamela Travers, Mary Poppins, Cecilie Dressler Verlag, Hamburg 1999, Umschlag von Klaus Steffens;
S. 139: Artothek, Peissenberg; © VG Bild-Kunst, Bonn 2001;
S. 140: Cover von: Michael Ende, Die unendliche Geschichte, Thienemann Verlag, Stuttgart 1979, Illustration von Roswitha Quadflieg;
S. 141: aus: Hermann Kern, Labyrinthe, Prestel Verlag, München 1982;
S. 150, 152 (2): H. Reinhard, Heiligkreuzsteinach;
S. 152 links: Project Foto, Augsburg;
S. 108, 154, 172: Cover von A. Jacobsson/ S. Olsson, Berts gesammelte Katastrophen, Verlag Friedrich Oetinger, Hamburg;
S. 155 oben: Sabine Kaehne, Berlin;
S. 156: Cover von: Jean Ure, Reiner Speck muss weg! Cecilie Dressler Verlag, Hamburg, Umschlag und Illustration von Axel Scheffler;
S. 156: Mirjam Pressler, Wenn das Glück kommt, Beltz Verlag, Weinheim, Basel 1992, Programm Beltz & Gelberg, Weinheim
S. 157, 160, 163, 232: Illustration aus: A. Jacobsson/S. Olsson, Berts gesammelte Katastrophen, Verlag Friedrich Oetinger, Hamburg;
S. 162: Verlag Friedrich Oetinger, Hamburg;
S. 171: Kirstin Otto, Frankfurt/M;
S. 258 oben: AKG, Berlin;
S. 258 unten links: VCP/Bavaria, Gauting;
S. 258 unten Mitte: Taubenberger/Bavaria, Gauting;
S. 258 unten rechts: Corel Library.

Textartenverzeichnis

Sachregister

Illustrationen

Thomas Binder, Magdeburg: S. 202–205, 254–259

Manfred Bofinger, Berlin: S. 11–20, 176, 180–183, 216, 238, 267

Sylvia Graupner, Annaberg: S. 62–71, 131–137, 221

Egbert Herfurth, Leipzig: S. 247, 249, 259

Carsten Märtin, Oldenburg: S. 22–33, 34–47, 98–113, 184, 190–191, 194, 196, 218, 237, 239, 240, 250–253, 260–263

Thomas Müller, Leipzig: S. 72–85, 226, 241

Detlev Schüler, Berlin: S. 103, 199–201, 206–209, 213–215, 229, 233

Juliane Steinbach, Wuppertal: S. 114–118, 120–123, 126–127, 176 oben, 177, 234, 235, 243

Barbara Schumann, Berlin: 142–148

Dorina Teßmann, Berlin: S. 48–59, 88–97, 195, 224, 241, 244, 245

Redaktion Gabriele Biela, Heike Tietz

Gestaltung und technische Umsetzung Anna Bakalović und Annika Preyhs, Berlin

Umschlagestaltung Anna Bakalović und Annika Preyhs, Berlin

Umschlagillustration Bernhard Skopnik, Kassel

Cornelsen online http://www.cornelsen.de

1. Auflage Druck 5 4 3 2 Jahr 05 04 03 02

Alle Drucke dieser Auflage können im Unterricht nebeneinander verwendet werden.

Druck CS-Druck CornelsenStürtz, Berlin

ISBN 3-464-60875-1

Bestellnummer 608751

Gedruckt auf säurefreiem Papier,
umweltschonend hergestellt aus chlorfrei gebleichten Faserstoffen.